Berlitz

Italienisch

Wortschatz

Basiswissen

W0382648

Berlitz Publishing Company, Inc.

Princeton Mexiko Dublin Eschborn Singapur

Italienisch: Wortschatz

400 Alexander Park, Princeton, NJ 08540 USA
9 - 13 Grosvenor Street, London W1X 9FB UK

1. Ausgabe, 1. Auflage Juni 1999

ISBN: 3-8043-4540-9

Printed in Spain

Der Herausgeber der Reihe:
Christopher Wightwick hat Großbritannien beim Fremdsprachenprojekt des Europarates vertreten und war Oberinspektor für Neuere Sprachen im englischen Schulwesen.

Redaktion:
Frederike Holz, Jürgen Lorenz, Karen Möller, Francesca Onofri, Christiane Paul

INHALT

Wie man dieses Buch verwendet

Dieses Buch ist ein sorgfältig zusammengestelltes Nachschlagewerk, das Wörter und idiomatische Ausdrücke aus allen Gebieten des italienischen Sprachgebrauchs umfasst. Es basiert auf den vom Europarat festgelegten Richtlinien, die durch weitere wichtige Themenbereiche, vor allem auf den Gebieten Handel, Bildung und Informationstechnik, erweitert wurden. Im Gegensatz zu herkömmlichen Wörterbüchern sind hier Vokabeln und Redewendungen in verwandten Gruppen zusammengefasst. Mit diesem Buch können alle, die die Sprache lernen und aktiv gebrauchen wollen,

- ihren Wortschatz auffrischen und erweitern;
- sich systematisch auf Prüfungen vorbereiten, indem sie ihre Kenntnisse vom Italienischen ins Deutsche und umgekehrt anhand der Wortgruppen testen;
- ihre Kenntnisse der italienischen Umgangssprache durch das Studium der Beispielsätze erweitern;
- ihre mündlichen und schriftlichen Kenntnisse zu einem bestimmten Thema untermauern, da die logische Anordnung der einzelnen Abschnitte oft Anregung zu neuen Ideen gibt und gleichzeitig die Mittel liefert, sie auszudrücken.

DER AUFBAU DIESES BUCHS

Dieses Buch gliedert sich in vier Abschnitte:

A Einleitung: Wortbildung im Italienischen

Eine kurze Zusammenfassung der Art und Weise, in der im Italienischen zusammengesetzte Wörter und Redewendungen gebildet werden. (Eingehendere Behandlung dieses Themas finden Sie in *Basiswissen Italienisch: Grammatik*, ebenfalls in dieser Reihe bei Berlitz erschienen.)

B Wortschatzlisten nach Themenkreisen

96 Wortschatzlisten, die nach 27 größeren Erfahrungsgebieten zusammengestellt sind. Die meisten Listen sind in

mehrere Abschnitte unterteilt, so dass Wörter und Redewendungen in eng verwandten Gruppen zusammengefasst sind. Fast alle Abschnitte enthalten Beispielsätze, die den Gebrauch der Vokabeln verdeutlichen. Wo immer es angebracht erscheint, werden diese Sätze zu einer kurzen Erzählung oder zu einem Dialog verbunden, damit sie besser im Gedächtnis bleiben. In manchen Themenkreisen sind die Listen der Wörter und Redewendungen umfangreicher und weniger kontextgebunden, so dass die Beispielsätze eine geringere Rolle spielen.

C Anhänge

Listen ganz bestimmter Begriffe, wie z.B. Ländernamen oder Namen von Musikinstrumenten. Sie würden die Vokabellisten nur überfüllen, sind jedoch durch deutliche Querverweise mit ihnen verbunden.

D Stichwortverzeichnis

Ein alphabetisches Verzeichnis von Gegenständen und Themen, anhand dessen Sie schnell das Gebiet ermitteln, an dem Sie interessiert sind.

WIE MAN DEN RICHTIGEN ABSCHNITT FINDET

Sie können das Buch auf zweierlei Art benutzen.

- Wenn Sie nicht sicher sind, welcher Themenkreis Ihren Bedürfnissen am besten entspricht, schauen Sie sich das *Inhaltsverzeichnis* auf Seite iii an. Es gibt Ihnen einen Überblick der allgemeinen Gebiete, die behandelt werden. Sie können dann unter den einzelnen Abschnitten den für Sie zutreffenden aussuchen.

- Wenn Sie andererseits an einem bestimmten Themenkreis interessiert sind, suchen Sie ihn im *Stichwortverzeichnis* am Ende des Buchs. Dort werden Sie auf die entsprechende Wortschatzliste bzw. den zutreffenden Anhang verwiesen. Um Ihnen die Suche leichter zu machen, sind die Themenkreise unter verschiedenen Überschriften oft mehrmals aufgeführt. In den meisten Abschnitten gibt es auch Querverweise zu verwandten Themengebieten.

A

EINLEITUNG

Der Wortschatz der italienischen Sprache

Die in diesem Buch verwendeten Prinzipien

The Lord is my rock, my fortress & my deliverer. 2 Samuel 22:2

Der Wortschatz der italienischen Sprache

Die italienische Sprache leitet sich vom Lateinischen ab, auf das auch andere romanische Sprachen wie Französisch, Spanisch und Portugiesisch zurückgehen. Das heutige moderne Italienisch entstand im letzten Jahrhundert, als der berühmte italienische Schriftsteller Alessandro Manzoni (1785–1873) Italien eine Nationalsprache gab, indem er das in der Toskana gesprochene Italienisch, angereichert durch Entlehnungen aus den regionalen Dialekten Italiens, als Basis festlegte. Die in der Toskana gesprochene und geschriebene Sprache hatte vom 12. Jahrhundert bis zu Manzonis Zeiten aufgrund der politischen, künstlerischen und sozialen Bedeutung der Stadt Florenz eine Vorrangstellung gegenüber anderen regionalen Formen eingenommen.

1 *Verwandte Wörter*

Obwohl die deutsche Sprache zu den germanischen und die italienische zu den romanischen Sprachen gehört, gibt es zwischen beiden einige Ähnlichkeiten. Sie sind besonders im Bereich der deutschen Fremdwörter erkennbar, die ihren Ursprung ebenfalls häufig im Lateinischen haben, in der Schreibweise aber der deutschen lautgetreu angeglichen wurden.

a) Viele Substantive haben ähnliche Endungen:

Deutsch	*Italienisch*	*Bedeutung*	*Beispiele*
-ismus	**-ismo**	Einstellung, Ideologie	**femminismo, comunismo, marxismo, snobismo**
-ist	**-ista**	i) Einstellung Ideologie	**razzista, fascista, umanista, pessimista**
		ii) Musiker	**violinista, pianista, violoncellista**
		iii) Glaube	**buddista, calvinista**
		iv) Sachkenntnis auf einem Gebiet	**linguista, specialista**
-em	**-ema**		**sistema, problema, fonema**
-anz / -enz	**-anza / -enza**		**assistenza, arroganza, consistenza, coerenza**
-am / -amm	**-amma**		**telegramma, programma, anagramma**

Jesus said, "In this world you will have trouble. But take heart. I have overcome the world" John 16:33

b) Der Einfluss des Griechischen auf beide Sprachen wird in den Stamm- und Vorsilben vieler Worte deutlich:

auto-	selbst-	**autonomo, automatico**
cata-	Veränderung	**cataclisma, catastrofe**
-crazia	Macht	**democrazia, meritocrazia**
crono-	Zeit	**cronometro, cronologico**
fono-	Ton, Klang	**microfono, fonetica, fonologia**
foto-	Licht	**fotografia, fotoamatore**
geo-	Erde	**geologia, geografico, geotermico**
iper-	Übermaß	**iperattivo, ipersensibile, ipertensione**
ipo-	unter	**ipodermico, ipofunzionante**
-metria	Messen	**geometria**
-iatria	Medizin	**psichiatria**
-logia	Wissenschaft	**biologia, astrologia, psicologia**
mono-	ein-	**monologo, monotono**
poli-	viel	**poliglotta, politecnico**
termo-	Hitze	**termometro**

c) Im Deutschen und Italienischen gibt es einige aus dem Lateinischen stammende Vorsilben:

bis-	zwei	**bilaterale, bisessuale**
cum-	Zusammenschluss	**compagnia, coordinatore**
dis-	Kontrast	**disassociazione, discordante**
sub-	unter	**sommergere, sotterraneo**

d) Das Italienische verwendet auch eine Reihe von Endungen, die die Bedeutung von Substantiven und Adjektiven verändern.

- Manche dieser Endungen deuten an, dass etwas besonders klein, hübsch oder angenehm ist: **-ino, -etto, -ello, -icciolo** wie z.B. in **casetta, manina, piedino, sorellina, cittadina, porticciolo.**
- Andere beziehen sich auf 'Größe': **-one** findet sich z.B. in **piedone, bottiglione.**
- Wieder andere betonen Hässlichkeit oder Grobheit, wie z.B. **-accio** in **ragazzaccio, vitaccia, nasaccio.**
- Andere, wie **-ucolo, -uzzo** deuten Mittelmäßigkeit an und werden ironisch verwendet, z.B. in **artistucolo, medicuzzo, omunculo.**

Ein Word wie **scarponcino** besteht aus **scarpa** 'Schuh' und **-one** 'groß' = Stiefel plus **-ino** 'klein.' Das Ergebnis ist 'ein kleiner Stiefel.'

e) Gewisse Muster in der Rechtschreibung können eine zusätzliche Hilfe sein:

Deutsch	*Italienisch*	
ph	**f**	**fotografia, filosofo**
kt	**z**	**azione, frazione**
pt	**tt/z**	**corruzione**

2 *Wichtige grammatikalische Eigenheiten*

Sich dieser Eigenheiten bewusst zu sein, hilft Ihnen, Wörter bestimmten Kategorien zuzuordnen und dadurch ihre Grundform zu erkennen (eine genauere Behandlung italienischer Grammatikstrukturen finden Sie in *Basiswissen Italienisch: Grammatik* von Berlitz).

a) Substantive

• Im Italienischen sind alle Substantive entweder maskulin oder feminin. Bestimmte Endungen geben Aufschluss über das Geschlecht der Substantive. Es gibt allerdings Ausnahmen von dieser Regel:

maskulin		*feminin*	
-o	**fratello, presagio**	**-a**	**orchestra, casa, carta**
-amma	**telegramma, programma**	**-à**	**città, verità, felicità**
-ema	**problema, sistema, teorema**	**-ione**	**azione, colazione**
-igma	**stigma, paradigma**		

• Substantive, die mit **-ista** enden, können je nach Geschlecht der Person entweder maskulin oder feminin sein, also **un dentista** (m) oder **una dentista** (f), **un artista** (m) oder **un'artista** (f).

• Substantive, die mit **-e** enden, sind entweder maskulin oder feminin. Die korrekte Form lässt sich in einem Wörterbuch oder in diesem Buch finden und sollte zusammen mit dem entsprechenden bestimmten Artikel gelernt werden:

il televisore	Fernseher	**la neve**	Schnee
il giornale	Zeitung	**la gente**	Leute

• Manche Substantive setzen sich aus zwei Wörtern zusammen. Die Regeln zum Geschlecht und zur Pluralform zusammengesetzter Hauptwörter sind komplex, aber logisch:

Substantiv + Substantiv	**il terremoto**	Erdbeben	**i terremoti** (pl)
Substantiv + Adjektiv	**la cassaforte**	Safe	**le casseforti** (pl)
Adjektiv + Substantiv	**il cortocircuito**	Kurzschluss	**i cortocircuiti** (pl)
Verb + Substantiv	**la lavastoviglie**	Geschirrspüler	**le lavastoviglie** (pl)
Adjektiv + Adjektiv	**il pianoforte**	Klavier	**i pianoforti** (pl)

• Das Geschlecht mancher Substantive ändert sich vom Singular zum Plural. Die am häufigsten benutzten sind:

Singular (maskulin)	*Plural (feminin)*
l'uovo	**le uova**
il lenzuolo	**le lenzuola**
il braccio	**le braccia**
il paio	**le paia**

Jesus said, "Zacchaeus, hurry & come down; for I must stay at your home today." So he hurried down & was happy to welcome Him. Luke 19:5-6

Alle Substantive in diesem Buch werden im Singular aufgeführt, der Plural wird jedoch angegeben, wenn er unregelmäßig ist. Der bestimmte Artikel wird ebenfalls angegeben. Die genauen Regeln zu Substantiven finden Sie in *Basiswissen Italienisch: Grammatik* ➤20.

b) Das Adjektiv

Adjektive nehmen dasselbe Geschlecht an wie das Substantiv, auf das sie sich beziehen. Wie Substantive enden sie gewöhnlich mit **-o** (m), **-a** (f) oder **-e** (m oder f). Ein Substantiv mit dazugehörigem Adjektiv könnte also so aussehen: **la ragazza italiana** (f) oder **il ragazzo italiano** (m). Dies erscheint logisch, aber das Beispiel könnte auch so lauten: **la ragazza inglese**. Adjektive können einfach zur Beschreibung benutzt werden (in diesem Fall stehen sie gewöhnlich vor dem Substantiv) oder um einen Kontrast auszudrücken (in diesem Fall stehen sie nach dem Substantiv).

Metto le *vecchie foto* nell'album.	Ich ordne die alten Fotos ins Album ein. (Alle Fotos)
Metto le *foto vecchie* nell'album.	Ich ordne die *alten* Fotos ins Album ein. (Nur die alten Fotos)

Manche Adjektive verändern ihre Bedeutung, wenn sich ihre Position ändert:

Una *certa* proposta.	Ein gewisser Vorschlag.
Una proposta *certa.*	Ein sicherer Vorschlag.

Die vollständigen Regeln zu Adjektiven und ihrem Gebrauch finden Sie in *Basiswissen Italienisch: Grammatik* ➤22. Adjektive in diesem Buch erscheinen im Singular maskulin.

c) Das Verb

Italienische Verben gehören, je nach Endung, folgenden Gruppen an:

Gruppe 1	**parl*are*, ascolt*are*, mangi*are* [-are]**
Gruppe 2	**vend*ere*, legg*ere* [-ere]**
Gruppe 3a	**part*ire*, vest*ire* [-ire]**
Gruppe 3b	**fin*ire*, cap*ire*, ag*ire*** (in einigen Zeiten wird **-isc-** zwischen Stamm und Endung eingeschoben)

Es gibt auch viele unregelmäßige Verben. In diesem Buch wird nur die erste Person Präsens, z.B. 'ich esse': **(io) mangio**, und die entsprechende Verbgruppe (**-are**, **-ere** oder **-ire**) angegeben. Die vollständigen Regeln zu Konjugation und Verbformen finden Sie in *Basiswissen Italienisch: Grammatik* ➤Abschnitt C.

3 *Erweiterung des Wortschatzes*

Die beste Methode, sich einen breiten Wortschatz im Italienischen anzueignen, ist, wie in jeder anderen Sprache, das Lernen im Kontext. Je mehr man der realen Sprache und dem sprachlichen Kontext in gesprochener oder geschriebener Form ausgesetzt ist, desto schneller macht man Fortschritte. Mithilfe dieses Buchs kann die systematische Zusammenstellung und Benutzung des neuen Vokabulars auf verschiedene Arten praktiziert werden.

a) Erweiterung des Wortschatzes nach Themen

Ist der größere Zusammenhang, z.B. Film und Kino, dann ist es sinnvoll, das entsprechende Vokabular wie im folgenden Beispiel durch Wortketten zu lernen oder aufzufrischen:

Film

Action	**recitare, girare, produrre**
Ausrüstung	**telecamera, microfono**
Leute	**produttore, attore, regista**

Auf diese Weise können Schüler der italienischen Sprache ihr Erinnerungsvermögen überprüfen, nachdem sie das Vokabular zu einem bestimmten Thema gelernt haben.

b) Erweiterung des Wortschatzes nach grammatikalischen Gruppierungen

Aus einem einzelnen Wortstamm lassen sich, wie im folgenden Beispiel, vier verwandte Wörter ableiten:

Verb	*Substantiv*	*Adjektiv*	*Adverb*
consistere	**consistenza**	**consistente**	**consistentemente**

Eine ausführliche Erklärung zur Bildung von zusammengesetzten Wörtern und dem Gebrauch von Vor- und Endsilben zur Bildung neuer Wörter finden sie in *Basiswissen Italienisch: Grammatik* ➤3.

The Lord said, "When they call to me, I will answer them." Psalm 91:15
The same Lord is Lord of all & is generous to all who call on him. Romans 10:12
I remember the days of long ago; I meditate on all your works & consider what your hands have done. Psalm 143:5

The Lord will send His angels before You
Genesis 24:7

Die in diesem Buch verwendeten Prinzipien

Jesus said "Truly I tell you, just as you did it to one of the least of these who are members of my family, you did it to me. Matthew 25:40

a) Substantive

Substantive erscheinen im Singular mit dem bestimmten Artikel. Der Plural wird jedoch angegeben, wenn er unregelmäßig ist.

– **il / lo** (Pl. **i / gli**) zeigt das Maskulinum an

– **la** (Pl. **le**) zeigt das Femininum an

– **l'** bei Substantiven, die mit einem Vokal beginnen, wird in beiden Geschlechtern verwendet. Das korrekte Geschlecht wird in Klammern angegeben.

Bei Substantiven, die sich auf Berufe beziehen, wird die maskuline Form angegeben. Wenn die feminine Form unregelmäßig ist, wird sie ebenfalls angegeben. Bei einigen Berufen wird die maskuline Form für beide Geschlechter verwendet, z.B. **il politico** *(m / f)*. Die vollständigen Regeln zur Bildung des Femininum finden Sie in *Basiswissen Italienisch: Grammatik* ➤20g.

b) Verben

Regelmäßige Verben haben die Endung ihrer jeweiligen Gruppe, entweder **-are, -ere** oder **-ire**.
Reflexive Verben lassen sich in diesem Buch daran erkennen, dass das Reflexivpronomen **mi,** z.B., **mi lavo [-are],** beigefügt ist. Die Infinitivformen sind **lav*arsi*, sed*ersi*** und **trad*irsi*.**
Wenn im Italienischen eine Präposition benotigt wird, wird sie in der Regel angegeben, z.B., 'ich entscheide' **decido (di)**.
Alle Verben erscheinen in der 1. Person Singular des Präsens, sofern nicht die unpersönliche Form angegeben wird. In den Beispielsätzen wird je nach Zusammenhang entweder 'du' oder 'Sie' verwendet. Wenn im Italienischen 'Sie' gebraucht wird, werden **Lei, Loro, Suo, Voi** etc. mit großen Anfangsbuchstaben geschrieben.

Peter went out & followed him; he did not realize that what was happening with the angel's help was real. Acts 12:9

c) Adjektive

Alle Adjektive erscheinen in der maskulinen Singularform.

Mary said, "He has helped his servant Israel, in remembrance of his mercy, according to the promise he made to our ancestors, to Abraham & to his descendants forever. Luke 1:54-55

Abkürzungen

Adj	Adjektiv	intr	intransitiv
Adv	Adverb	m	maskulin
f	feminin	Pl	Plural
Inf	Infinitiv	tr	transitiv

Symbole

( ) Teil einer Übersetzung, der verwendet werden kann oder auch nicht: **il detersivo (in polvere).**

/ Alternativbegriff: **a buon prezzo / mercato — a buon prezzo** oder **a buon mercato.**

, alternative Übersetzung

➤ Querverweis zu einem bestimmten Vokabular oder Kapitel.

Oh Lord, open my lips, & my mouth will declare your praise Psalm 51:15

LORD YOU'RE LORD OF ALL THE EARTH. COME NOW & IGNITE IN US A SWEET STIRRING OF PRAISE TO YOU.

B

WORTSCHATZTHEMEN

1 Funktionswörter
2 Wo? — Lage & Bewegung
3 Wann? — Zeitbegriffe
4 Wie viel? — Mengenangaben
5 Was für? — Beschreibung & Beurteilung
6 Der menschliche Geist & Charakter
7 Leben & Beziehungen
8 Im Alltag
9 Einkaufen
10 Essen & Trinken
11 Krankheit & Gesundheit
12 Soziale Angelegenheiten
13 Religion
14 Handel & Wirtschaft
15 Zwischenmenschliche Kommunikation
16 Freizeit & Sport
17 Kunst
18 Medien
19 Reisen
20 Urlaub & Ferien
21 Sprache
22 Erziehung & Ausbildung
23 Wissenschaft — Die Welt im Wandel
24 Umwelt & Natur
25 Regierung & Politik
26 Verbrechen & Justiz
27 Krieg & Frieden

1 Funktionswörter

Artikel

ein/eine **un, uno, una, un'**
der/die/das **il, lo, la, l'**
die (Pl) **i, gli, le**

Demonstrativpronomen

dieser/diese/dieses da (betont) **questo / a**
diese (*Pl*) **questi / e**
jener/jenes/jene da (betont) **quel(lo) / la**
jene (*Pl*) **quelli, quegli** (*m*) **/ le**
der/die rote da **quello / a rosso / a**

Pronomen (betont)

ich **io**
du/Sie **tu / Lei**
er **lui**
sie **lei**
es **esso / essa**
wir **noi**
ihr/Sie **voi / Loro / Voi**
sie **loro, essi / esse**
man **si**
ich bin's **sono io**

Unbetontes Personalpronomen (Akk.)

mich **mi**
dich/Sie **ti / La**
ihn **lo**
sie **la**
es **lo, la**
uns **ci**
euch **vi / Vi**
sie **li, le**
sich **si**

Betontes Personalpronomen (Akk.)

mich **me**
dich/Sie **te / Lei**
ihn **lui**
sie **lei**
es **lui / lei (esso / essa)**
uns **noi**
euch/Sie **voi / Loro / Voi**
sie **loro**
sich **sé / se stesso**

Unbetontes Personalpronomen (Dat.)

mir **mi**
dir/Ihnen **ti / Le**
ihm **gli**
ihr **le**
uns **ci**
euch/Ihnen **vi / Loro / Vi**
ihnen **loro, gli**

Betontes Personalpronomen (Dat.)

mir **(a) me**
dir/Ihnen **(a) te / Lei**
ihm **(a) lui**
ihr **(a) lei**
ihm **(a) esso / essa**
uns **(a) noi**
euch/Ihnen **(a) voi / Loro**
ihnen **(a) loro, essi / esse**
sich **a sé / a se stesso**

Reflexivpronomen

mich **mi**
dich/sich **ti / Si**
sich (er/sie/es) **si**
uns **ci**
euch/sich **vi / Si / Vi**
sich **si**
sich selbst (man) **ci si (si + si)**
einander **si**

➤ Eine genauere Erklärung des Gebrauchs von Demonstrativ- und Personalpronomen finden Sie in *Basiswissen Italienisch: Grammatik* von Berlitz.

Possessivpronomen

meine/meiner/meins (das meine) **il mio / la mia**
deine/Ihre/deiner/Ihrer usw. **la tua / la Sua / il tuo / il Suo**
sein/seiner/ihrer usw. **il suo / la sua**
unsere/r **il nostro / la nostra**
eure/Ihre/eurer/Ihrer **il Vostro / il vostro / il Loro**
ihre/r **il loro / la loro**

Possessivpronomen

mein **(il) mio**
dein/Ihr **(il) tuo / (il) Suo**
sein **(il) suo**
ihr **(il) suo**
unser **(il) nostro**
euer/Ihr **(il) vostro / (il) Loro / (il) Vostro**
ihr **(il) loro**

Relativpronomen

welche/welcher/welches **che?**
der/die/das **che**
von dem (der) **di cui**

Unbestimmte Pronomen

alle **tutti / tutte**
alles **tutto**
beide **entrambi**
etwas **qualche cosa, qualcosa**
irgend jemand **chiunque**
jemand **qualcuno**
jeder/jede/jedes **ognuno / a**
jeder **tutti / tutte**
einige (von ihnen) **alcuni (di loro)**
nichts **nulla, niente**
niemand **nessuno**

Fragen

wann? **quando?**
warum? **perché?**
was? **cosa?**
welche/welcher/welches **quale?**
wem? **a chi?**
mit wem? **con chi?**
wer? **chi?**
wessen ... ist es? **di chi è?**
wie? **come?**
wie lang ist es? **quanto è lungo?**
wie weit ist es? **quanto dista / lontano è?**
wie viel kostet es? **quanto fa / viene / costa?**
wo? **dove?**
womit? **con cosa?**
worum geht's? **di cosa si tratta?**

Häufig gebrauchte Präpositionen und Konjunktionen

aber **ma**
als ob **come se**
ausser **eccetto**
bis **fino / sino a**
da / weil **poiché**
dann **allora; poi**
deshalb **perciò, dunque, quindi**
entweder ... oder **o ... o**
mit **con**
nachdem **dopo (che)**
nicht nur, sondern auch **non solo ... ma anche**
nur **solo, solamente**
obwohl **sebbene, benché**
oder **o, oppure**
ohne **senza**
so **così**
sobald **appena**
trotz **malgrado (che)**
und **e / ed**
unter der Voraussetzung, dass **a patto che, a condizione che, sempre che**
während **mentre, durante**
wann **quando**
weder ... noch **né ... né**
weil **perché**
wenn **se**

2 Wo? — Lage & Bewegung

2a Lage

auf/über/oben **su, sopra, al di sopra**
außen **all'esterno, fuori**
äußere(r) **esterno, fuori**
außerhalb **fuori di**
da draußen **là fuori**
danach **dopo, seguente**
da unten **là, laggiù**
dort (drüben) **là**
dort unten **laggiù**
drinnen/darin **(là) dentro**
hinein/herein **(di) dentro**
Ende **fine, termine**
am Ende der **alla fine di**
Entfernung **la distanza la lontananza**
in der Ferne **in lontananza**
entlang/längs **lungo**
fern **distante, lontano**
gegen **contro**
gegenüber **di fronte (a)**
Grund **fondo**
auf dem Grund **in fondo (a), al fondo (di)**
herum **attorno, intorno, in giro**
hier **qui, qua**
hier und dort **qui e là**
hier oben **quassù, lassù**
hinten **dietro, in fondo (a)**
nach hinten **indietro**
hinter **dietro**
Höhe/höchster Punkt **sopra, il più alto**
Gipfel **la cima**
an der Spitze **in cima**
an oberster Stelle **sopra**
im Garten ... herum **in giro nel giardino**in/nach **in**
in der Nähe **vicino a**
irgendwo **da qualche parte**
jenseits **oltre, al di là di**
letzter **ultimo**
der Letzte **l'ultimo** (*m*)
zuletzt **per ultimo**
ich bin der Letzte **sono l'ultimo**
links **sinistra**
zur Linken **alla sinistra**
nach links **a sinistra**
mit (wem) **con, insieme a**
Mitte **mezzo, centro**
in der Mitte (von) **in mezzo (a), al centro di**
nach (*zeitl.*) **dopo**
nach/in Richtung **verso, in direzione di**
Nachbarschaft **il quartiere, il vicinato, le vicinanze**
in der Nachbarschaft (von) **nel quartiere, nelle vicinanze di**
nächster **prossimo, più vicino, successivo**
nah **vicino**
Nähe **la vicinanza**
neben **accanto, vicino a**
nirgendwo **da nessuna parte**
obere(r), im oberen Stock **di sopra, al piano superiore**
quer/schräg **attraverso**
auf der anderen Seite **dall'altra parte**
Rand **bordo**
am Rande von **sul bordo di**
rechts **destra**
von rechts **dalla destra**
auf der Rechten **sulla destra**
zur Rechten **alla destra**
Richtung **direzione, via, senso**
in Richtung Rom **verso Roma**

➤ RICHTUNG & LAGE 2b; BEWEGUNG 2c

rückwärts **all'indietro**
Seite **lato, fianco, canto**
auf der Seite **a fianco, accanto**
zu beiden Seiten **a entrambi i lati**
so weit wie **fino a**
über (räuml.) **sopra, in alto**
obere(r) **di sopra**
überall **dappertutto, dovunque, ovunque**
um ... herum **intorno a, attorno a**
um den Baum herum **intorno all'albero**
unter/darunter **sotto**
unter/zwischen **tra, fra**
untere(r), im Ergeschoss **di sotto, al pian terreno**
von **da**
vor **avanti, davanti (a)**
voraus/vorwärts **(In) avanti**
Vorderseite **fronte, davanti**
an der Vorderseite **davanti**
ich bin an der Vorderseite **sono [essere] davanti**
vor **davanti a, di fronte a**
an der Vorderseite **a fronte di**
weit **lontano**
weit entfernt (von) **lontano (da / di)**
wo? **dove?**
woher? **da dove?**
wohin? **(verso) dove?**
Zentrum **il centro**
im Zentrum **al centro**
zu(r) **a, in, da**
zu/in/auf **a**
zu Hause **a casa**
in der Schule **a scuola**
bei der Arbeit **al lavoro**
zuerst **prima di tutto**
ich bin Erste/r **sono [essere] il primo / la prima**
zwischen **fra, tra**

Dort drüben ist der Fluss. Es ist nicht weit – etwa einen Kilometer von unserem Haus.	**Laggiù (in distanza) c'è il fiume. Non è lontano, solo a circa un chilometro da casa nostra.**
Den Häusern gegenüber steht die Kirche, und die Geschäfte sind in in der Nähe.	**Di fronte alle case c'è la chiesa e vicino ci sono i negozi.**
Auf dem Hügel liegt ein Bauernhof, und mitten im Dorf ist die Post.	**Sulla collina c'è una fattoria e al centro del paese c'è l'ufficio postale.**
Das erste Haus an der Hauptstraße liegt in der Nähe des Flusses. Unser Haus ist das letzte. Das nächste Dorf ist etwa fünf Kilometer entfernt.	**La prima casa della via principale è vicino al fiume. La nostra casa è l'ultima. Il prossimo paese è a circa cinque chilometri.**
Die Entfernung von hier bis Venedig beträgt etwa einhundert Kilometer.	**Da qui a Venezia ci sono circa cento chilometri.**

2b Richtung & Lage

Himmelsrichtungen

Atlas **l'atlante** (*m*)
Breite (*geographisch*) **la latitudine**
geographisches Lexikon **il dizionario geografico**
Kompass **la bussola**
Kompassnadel **l'ago** (*m*) **della bussola**
Koordinate **la coordinata**
Lage **la posizione**
Landkarte **la carta (geografica), la mappa**
Länge (*geographisch*) **la longitudine**

Norden **(il) nord, il settentrione**
im Norden **al nord**
nach Norden **a nord, verso (il) nord**
Nordküste **la costa settentrionale**
Nordwind **il vento del nord, la tramontana**
in Norditalien **nell'Italia settentrionale**
Nordosten **nordest**
Nordwesten **nordovest**
Osten **(l')est** (*m*), **il levante**
im Osten **all'est, a levante**

Florenz liegt nördlich von Rom. Im Norden liegt Mailand. Ich mag den Süden von Italien lieber als den Norden.	**Firenze è a nord di Roma. Al nord c'è Milano. Preferisco l'Italia meridionale a quella settentrionale.**
Sehen Sie auf die Landkarte. Fahren Sie nach Norden.	**Guardi la carta geografica. Prenda la direzione nord.**
Südlich vom Wald sieht man die Kirchturmspitze.	**A sud del bosco si vede la punta del campanile.**
—Haben Sie sich verlaufen?	**—Si è smarrito?**
—Ja. Können Sie mir den kürzesten Weg zur Post sagen?	**—Sì. Può indicarmi il percorso più breve per (raggiungere) l'ufficio postale?**
—Sie ist dort unten auf der linken Seite.	**—È laggiù a sinistra.**
—Wie komme ich nach Assisi?	**—Come si va ad Assisi?**
—Sie fahren geradeaus bis zur zweiten Kreuzung.	**—Vada diritto (fino) al secondo incrocio.**
An der Ampel biegen Sie rechts ab und nehmen die Straße nach Perugia.	**Giri a destra al semaforo e prenda la strada per Perugia.**
Es ist fünfundzwanzig Kilometer von hier.	**È a venticinque chilometri da qui.**

➤ LÄNDER Anh. 20a;

nach Osten **verso (l')est**
Ostwind **il vento di levante**
auf der Ostseite **al lato est**
Ostitalien **l'Italia orientale**
Süden **(il) sud, il meridione** [*siehe auch Norden*]
Westen **(l')ovest, l'occidente** [*siehe auch Osten*]
im Westen **all'ovest, a ponente**
Westwind **il vento di ponente**

Lage & Existenz

anwesend **presente**
ich bin anwesend (bei/auf) **sono [essere] presente (a), presenzio [-are]**
Besitz **il possesso**
es liegt/befindet sich **sta [-are], si trova [-arsi]**
Existenz **l'esistenza** (*f*)
ich befinde mich **sono [essere] situato, mi trovo [-are]**
ich besitze **possiedo [possedere]**
ich bin **sono [essere]**
es gibt **c'è / ci sono**
es gibt kein/-e/-en **non c'è / ci sono**
ich existiere **esisto [-ere]**
ich habe **ho [avere]**
ich werde **divento [-are]**

Die Stadt liegt auf dem 32. Längengrad.	**La città si trova a una longitudine di 32°.**
Wie kommt man auf die andere Seite?	**Come si raggiunge l'altro lato?**
—Gibt es hier in der Nähe eine Bank?	**—C'è una banca qui vicino?**
—Sie ist hinter dem Supermarkt.	**—È dietro al supermercato.**
—Wo ist das Fremdenverkehrsbüro?	**—Dov'è l'ufficio turistico?**
—Gegenüber vom Rathaus.	**—Di fronte al municipio.**
—Wer ist da?—Ich bin's.	**—Chi è?—Sono io.**
—Wie viele Kinder sind anwesend?	**—Quanti bambini sono presenti?**
— Gibt es noch Kuchen ?	**—C'è ancora della torta?**
—Es tut mir Leid, es gibt keinen Kuchen mehr, aber es gibt noch belegte Brote.	**—Mi dispiace, non c'è più torta, ma ci sono dei panini.**

➤ BEWEGUNG 2c; LÄNGE & FORM 4a

2c Bewegung

Bewegung **il movimento**
gerade **dritto, diritto**
geradeaus **sempre dritto**
ich beeile mich **mi affretto [-are], mi sbrigo [-are]**
ich bewege **muovo [-ere]**
ich bewege mich **mi muovo**
ich bleibe stehen **mi fermo [-are]**
ich bringe (mit) **porto [-are]**
ich drehe (mich) **(mi) giro [-are]**
ich mache (es) aus **spengo [-ere]**
ich drehe mich herum **mi giro [-are]**
ich drehe/wende mich zu **mi giro [-are] verso**
ich drücke **spingo [-ere]**
ich fahre **guido [-are]**
ich fahre auf der rechten Seite **guido a destra**
ich fahre (mit) **vado [andare] in**
ich falle **cado [-ere]**
ich falle (hin) **cado giù**
ich folge **seguo [-ire]**
ich gehe **vado [andare]**
ich gehe herum **giro [-are] intorno**
ich gehe hinunter **scendo [-ere]**
ich gehe hinauf **salgo [salire]**
ich gehe nach links **giro [-are] a sinistra**
ich gehe spazieren **vado a fare una passeggiata / un giro**
ich gehe vorbei **passo [-are]**
ich überhole (*im Auto*) **sorpasso [-are]**
ich gehe/laufe **cammino [-are]**
ich komme **vengo [venire]**
ich komme heraus **esco [uscire]**
ich komme herein **entro [-are]**
ich komme herunter **scendo [-ere]**
ich komme herauf **vengo su, salgo [salire]**
ich komme zurück (nach Hause) **rientro [-are]**
ich komme an **arrivo [-are]**
ich laufe weg **corro [-ere] via, scappo [-are]**
ich lege (hin) **stendo [-ere]**
ich lege (hinein) **introduco [-durre]**
ich lege (auf) **poso [-are]**
ich lege mich hin **mi sdraio [-are] mi stendo [-ere]**
ich mache eine Fahrt (mit) **faccio [fare] un giro (in)**
ich mache einen Schritt **faccio**

Ich fahre mit dem Auto, aber manche werden zu Fuß gehen. Giovanni fährt mit dem Fahrrad.	**Io vado in auto, ma alcuni di loro andranno a piedi. Giovanni va in bicicletta.**
Hast du den Picknickkorb ins Auto gestellt? Vergiss nicht, deinen Korkenzieher mitzubringen.	**Hai messo il cestino del picnic in auto? Non dimenticare di portare il cavatappi.**
Ich nehme dich bis zum Fluss mit. Dann musst du aussteigen und zu Fuß weitergehen.	**Ti do un passaggio fino al fiume. Poi devi scendere e continuare a piedi.**

➤ REISEN 19

[fare] un passo
ich marschiere **marcio [-are], avanzo [-are]**
ich nehme **prendo [-ere]**
ich reite **vado [andare] a cavallo, faccio [fare] equitazione**
ich renne **corro [-ere]**
ich rutsche aus **scivolo [-are]**
ich schlendere **faccio [fare] quattro passi**
ich setze mich (auf) **mi siedo [sedere] (diritto)**
ich springe **salto [-are]**
ich stehe **sto [-are] in piedi**
ich stehe still **resto [-are] fermo, immobile**
ich stehe auf **mi alzo [-are] (in piedi)**
ich stelle (auf) **metto [-ere], diritto, raddrizzo [-are]**
ich trage **porto [-are], trasporto [-are]**
ich verlasse (*Ort*) **parto [-ire] da**
ich verlasse (*etwas*) **lascio [-are]**
ich verlasse (*Person*) **abbandono [-are], lascio [-are]**
ich wandere **faccio [fare] un' escursione a piedi**
ich wandere herum **vago [-are]**
ich ziehe **tiro [-are]**
im Auto **in macchina, in auto**
Spaziergang **la camminata, la passeggiata**
Weg **la via, il cammino**
zu Fuß **a piedi**

Hier und dort

ich eile **accorro [-ere]**
ich gehe dorthin **vado [andare] là, ci vado**
ich reise **viaggio [-are]**
Komm her! **Vieni qui!**

Nach oben und unten

ich besteige den Berg **scalo la montagna [-are]**
ich klettere den Berg hinauf **mi arrampico [-are] su per la montagna**
ich falle **cado [-ere] giù**
ich gehe den Weg hinunter **seguo [-ire] il sentiero, scendo [-ere] per il sentiero**
Setz dich/Setzen Sie sich! **Siediti! / Si sieda! Accomodati! / Si accomodi!**
Steh auf! **Alzati! [-are]**

Rundherum

ich gehe durch die Stadt **giro [-are] per la città**
um die Welt **attorno / intorno al mondo**

Geh den Abhang hinunter, den Fluss entlang, dann bieg nach links zum Wald hin ab. Auf halber Strecke kommst du an einem Bauernhof vorbei.	**Scendi la collina, lungo il fiume poi gira a sinistra verso il bosco. A metà strada passerai una fattoria.**
Wenn du das Dorf erreichst, nimm die erste Straße links und folge ihr bis zum Marktplatz.	**Quando arrivi in paese, prendi la prima strada a sinistra poi prosegui fino alla piazza del mercato.**

➤ LAGE 2a; RICHTUNG 2b

3 Wann? — Zeitbegriffe

3a Vergangenheit, Gegenwart & Zukunft

ab und zu **ogni tanto**
alle **ogni, tutti**
Anfang **l'inizio** (*m*)
Augenblick **l'istante** (*m*), **l'attimo** (*m*)
augenblicklich **subito, tra poco**
bald **fra poco**
bevor **prima (di)**
  bevor man geht **prima di partire**
bis **fino a, sino a**
bis (nächsten Monat) **entro (il mese prossimo)**
dann **poi, allora**
  zu dem Zeitpunkt **all'epoca, a quel tempo**
dann und wann **di quando in quando**
Datum **la data, il tempo, il periodo**
der/die/das erste ... **la/il prima/o**
  an erster Stelle **prima di tutto, in primo luogo**
Eile **la fretta, la furia, la precipitazione**
  ich bin in Eile **ho [avere] fretta**
ein Jahrtausend **un millennio**
eines Tages **un giorno (quando)**
einmal **una volta**
  (es war) einmal **c'era [essere] una volta**
  einmal am Tag **una volta al giorno**
Ende **la fine**
endlich **finalmente**
es dauert eine lange/kurze Zeit **dura [-are] molto / poco tempo**
es dauert eine Stunde **ci vuole [volere] un'ora**
es geschieht **succede [-ere], capita [-are]**
Ferien **le ferie** (*Pl*), **le vacanze** (*Pl*)
fortlaufend **continuo**
früh **presto, di buon'ora**
  ich bin zu früh **sono [essere] in anticipo**
für **per**
für einen Tag **per una giornata, per un giorno**
für immer **per sempre**
früher **prima d'ora, già**
  früher oder später **prima o poi, presto o tardi**
Geburtstag **il compleanno**
Gegenwart **il presente**
  gegenwärtig **presente, esistente**
gelegentlich **a volte, occasionalmente**
genau **esattamente, precisamente**
gerade **appena, poco fa**
  gerade jetzt **proprio adesso**
gestern Abend **ieri sera**
gewöhnlich **di solito, usualmente**
gleich **fra poco, in un attimo**
Hälfte/Mitte **la metà**
häufig **frequente, frequentemente, spesso** (*Adv.*)
halb **la metà, il mezzo**
  eineinhalb **uno e mezzo**
heutzutage **al giorno d'oggi, oggigiorno**
Hundertjahrfeier **il centenario**
ich beeile mich **mi affretto [-are], mi sbrigo [-are]**
ich beende **finisco [-ire] (di** + *Inf*)
ich beende (etwas) **finisco [-ire]**
  es endet **finisce [-ire]**

➤ ZEIT, TAGE & DATEN 3b

ich beginne **comincio [-are], inizio [-are] (a +** *Inf***)**
ich bleibe **resto [-are], rimango [rimanere]**
ich brauche eine Stunde **ci metto [-ere] un'ora**
ich höre auf **smetto [-ere] (di +** *Inf***)**
ich mache weiter **continuo [-are] (a +** *Inf***)**
ich warte **attendo [-ere], aspetto [-are]**
im Augenblick **proprio adesso**
immer **sempre**
in Kürze **a breve termine**
in kurzer Zeit **presto, tra poco, fra poco**
in letzter Zeit **recentemente, ultimamente**
inzwischen **mentre, intanto**
in der Zwischenzeit **intanto, nel frattempo**
irgendwann **qualche volta**
Jahr **l'anno** (*m*)
jährlich **ogni anno, annualmente** (*Adv.*)
Jahrestag **l'anniversario** (*m*)
Jahreszeit **la stagione**
... der Saison **di stagione**
Jahrhundert **il secolo**
im zwanzigsten Jahrhundert **nel ventesimo secolo**
jährlich **annuo, annuale**
Jahrzehnt **il decennio**
je/jemals **mai**
jedesmal **ogni volta, tutte le volte**
jetzt **adesso, ora**
Kalender **il calendario**
kurz **breve, corto, in breve, brevemente**
lang **lungo**
langfristig **a lunga scadenza**
langsam **lento, lentamente**
letzte(r) **ultimo, finale**
manchmal **a volte**
mehrere **diversi, parecchi**
mehrmals **diverse volte**
meine Uhr geht nach **il mio orologio va [andare] indietro**
meine Uhr geht vor **il mio orologio va [andare] avanti**
Moment **il momento, l'istante** (*m*), **l'attimo** (*m*)
im Moment **in questo momento**
in dem Moment **a / in quel momento**
Moment/Zeitpunkt **il momento, la volta**
zu einem anderen Zeitpunkt **in un altro momento**
Monat **il mese**
monatlich **mensile, mensilmente**
nach **dopo, poi**
nachdem **in seguito, dopo, più tardi**
nächste(r) **prossimo, successivo**
nächste Woche **la settimana prossima**
nachher **poi, dopo, in seguito**
Namenstag **l'onomastico** (*m*)
neulich/kürzlich **recente, di recente, recentemente**
niemals **mai**
noch **ancora**
noch nicht **non ancora**
nur **solo, solamente**
oft **spesso, sovente**
plötzlich **all'improvviso, di colpo**
pro Tag **al giorno**
pünktlich **puntuale**
pünktlich (um) **alle (due) in punto**
rechtzeitig **con (buon) anticipo**
schnell **veloce, rapido**
schon **già, di già, ormai**
seit heute **da oggi (in poi)**

VERGANGENHEIT, GEGENWART & ZUKUNFT 3a ➤ FORTSETZUNG

WANN? — ZEITBEGRIFFE

seitdem **da allora**
selten **raramente, di rado**
sobald **appena**
sofort **subito, immediatamente**
solange **finché**
Sonnenaufgang **l'alba, l'aurora** (*f*)
bei Sonnenaufgang **all'alba, all'aurora**
Sonnenuntergang **il tramonto**
bei Sonnenuntergang **al tramonto**
spät **tardi, in ritardo**
ich bin spät **sono [essere] in ritardo**
es ist spät **è [essere] tardi**
später **più tardi, in seguito, dopo**
Tag **il giorno, la giornata**
bei Tag **di giorno**
jeden Tag **ogni giorno, tutti i giorni**
eines Tages **un giorno (quando)**
täglich **giornaliero**
Termin **la data fissa, l'appuntamento** (*m*)
Trimester **il trimestre**
ungefähr **verso, circa**
ununterbrochen **ininterrottamente**
Vergangenheit **il passato**
vergangen **scorso**
Verspätung **il ritardo**
verspätet **ritardato**
viele **tanti, vari, diversi**
oftmals **tante volte, diverse volte**
vierzehn Tage **quindici giorni**
von **da**
von jetzt an **da adesso in poi, d'ora in poi**

—Hallo Pietro, Gianni Rossi hier. Ich arbeite seit einigen Tagen an diesem Projekt. Bist du mit deinem schon fertig? Ruf mich heute Nachmittag an.

—Pronto, Pietro? Sono Gianni Rossi. Lavoro a questo progetto da alcuni giorni. Hai già finito il tuo? Richiamami questo pomeriggio.

—Hallo, Gianni, Pietro hier. Danke für deinen gestrigen Anruf. Entschuldige, dass ich nicht zurückrufen konnte. Ich bin erst sehr spät aus London zurückgekommen.

—Pronto, Gianni? Sono Pietro. Grazie per la telefonata di ieri. Scusa se non ho potuto richiamare. Sono ritornato da Londra molto tardi.

Nachdem ich zurückgekommen bin, habe ich lange mit Anna gesprochen; sie glaubt, dass das Projekt den ganzen Monat dauern wird.

Dopo essere rientrato ho parlato a lungo con Anna—lei pensa che il progetto durerà tutto il mese.

Wir sollten Anfang Juni mit der Arbeit beginnen. Dann können wir sie rechtzeitig beenden.

Dovremmo cominciare il lavoro all'inizio di giugno. Così possiamo terminarlo in tempo.

➤ ZEIT, TAGE & DATEN 3b

vor (zwei Tagen) **(due giorni) fa**
vor Kurzem **poco fa, recentemente**
vorher **in anticipo, prima**
vorhergehend **precedentemente, in precedenza**
vorige(r)... **scorso**
vorige Woche **la settimana scorsa**
während **durante**
während **mentre, invece**
wann **quando, nel momento in cui**
wann auch immer **in qualsiasi momento**
wieder **di nuovo, ancora**
immer wieder **più volte, ripetutamente**
Woche **la settimana**
diese Woche **questa settimana**
wöchentlich **settimanalmente**
Wochentag **il giorno feriale**
Wochenende **il fine settimana**
Zeit **il tempo**
die ganze Zeit **tutto il tempo**
für eine lange Zeit **per molto tempo, a lungo**
jederzeit **in qualsiasi momento**
von Zeit zu Zeit **di quando in quando, di tanto in tanto**
vor langer Zeit **molto tempo fa**
zur gleichen Zeit **nello stesso momento / tempo**
Zeitzone **il fuso orario**
zuerst **per incominciare, per prima cosa**
zur Zeit **attualmente**
zuweilen **una volta ogni tanto**
zweimal **due volte**

—Letzten Freitag hatte der Zug Verspätung, und du kamst erst um Viertel vor drei an.	**—Venerdì scorso il treno era in ritardo e tu non sei arrivato che alle tre meno un quarto.**
—Ich bin spätestens um drei da. Wie lange braucht dein Bus?	**—Ce la farò per le tre al massimo. Quanto ci mette il tuo autobus?**
—Eine halbe Stunde.	**—Mezz'ora.**
—Wenn ich mich verspäte, trink einen Kaffee, während du auf mich wartest.	**—Se sono in ritardo, prendi un caffè mentre aspetti.**
—Ich möchte nicht meinen ganzen Nachmittag mit Kaffeetrinken verbringen. Dann bleibt keine Zeit mehr zum Einkaufen.	**—Non voglio passare tutto il pomeriggio a bere caffè. Poi non ci sarà più tempo per fare gli acquisti.**
—Du kommst auch manchmal zu spät.	**—Anche tu sei in ritardo qualche volta.**
—Ja, aber nur bei schlechtem Wetter.	**—Sì, ma solo quando fa maltempo.**
—Letzte Woche musste ich zwanzig Minuten warten.	**—La settimana scorsa ho dovuto aspettare per venti minuti.**

3b Zeit, Tage & Daten

Die Tageszeit

Abend **la sera**
abends **durante la sera, in serata**
am Abend **di sera**
gegen Abend **verso sera**
gestern **ieri**
gestern Abend **ieri sera**
gestern Morgen **ieri mattina**
vorgestern **l'altro ieri**
heute **oggi**
in einer Woche **fra una settimana (sette giorni)**
heute Abend **stasera, questa sera**
mittags **mezzogiorno**
Mitternacht **mezzanotte**
um Mitternacht **a mezzanotte**
morgen **domani**
morgen Abend **domani sera**
morgen früh **domani mattina, domattina**
morgen Nachmittag **domani pomeriggio**
übermorgen **dopodomani**
Morgen **la mattina**
am Morgen **di mattina**
frühmorgens **la mattina presto**
vormittags **durante la mattina, in mattinata**
Nachmittag **il pomeriggio**
am Nachmittag **di pomeriggio**
nachmittags **nel pomeriggio, durante il pomeriggio**
Nacht **la notte**
in der Nacht **la notte, di notte**
vormittags **di mattina**

Die Uhrzeit

12.00 mittags **mezzogiorno** (*m*), **la mezza** (*fam*)
17.45 **le diciassette e quarantacinque**
2.30 **(le due) e mezzo / mezza**
acht Uhr abends **le otto di sera**
acht Uhr morgens **le otto di mattina**
ein Viertel **un quarto**
eine Dreiviertelstunde **tre quarti d'ora**
eine Viertelstunde **un quarto d'ora**
Viertel nach zwei **le due e un quarto**
Viertel vor drei **le tre meno un quarto**
fünf nach sechs **le sei e cinque**
fünf vor sechs **le sei meno cinque**
Minute **il minuto**
mittags **mezzogiorno**
Mitternacht **mezzanotte**
Sekunde **il secondo**
Stunde **l'ora** (*f*)
eine halbe Stunde **mezz'ora**

— Welches Datum ist heute?	**— Che giorno è oggi?**
— Einen Moment, bitte. Ah ja, der einundzwanzigste Januar.	**— Un momento, per favore! Ah sì, il ventun gennaio.**
— Um wie viel Uhr beginnt der Film heute Abend?	**— A che ora comincia il film questa sera?**
— Um zwanzig Uhr.	**— Alle venti.**
— Wie lange dauert er?	**— Quanto dura?**
— Eineinhalb Stunden.	**— Un'ora e mezza.**

➤ FEST- & FEIERTAGE Anh. 13b; ZAHLEN 4c

in einer Stunde **fra un'ora**
stündlich **ogni ora**
zwei Uhr morgens **le due di mattina**
zwei Uhr nachmittags **le due del pomeriggio**

*Die Wochentage**

Montag **lunedì**
Dienstag **martedì**
Mittwoch **mercoledì**
Donnerstag **giovedì**
Freitag **venerdì**
Samstag **sabato**
Sonntag **domenica** *(f)*

*Die Monate**

Januar **gennaio**
Februar **febbraio**
März **marzo**
April **aprile**
Mai **maggio**
Juni **giugno**
Juli **luglio**
August **agosto**
September **settembre**
Oktober **ottobre**
November **novembre**
Dezember **dicembre**

Die Jahreszeiten

Frühling **la primavera**
frühlingshaft **primaverile**
Sommer **l'estate** *(f)*
sommerlich **estivo**
Herbst **l'autunno** *(m)*
herbstlich **autunnale**
Winter **l'inverno** *(m)*
winterlich **invernale**
im Frühjahr **in primavera**
im Sommer **in estate**
im Herbst **in autunno**
im Winter **in inverno**

Das Datum

1. Januar 1998 **1 gennaio, 1998**
1.1.1998 **1-1-1998**
am Dienstag **martedì**
am dritten Januar **il tre gennaio**
Ende 1999 **alla fine del 1999**
Anfang (Juli) **all'inizio (di luglio)**
bis Anfang (Juli) **entro l'inizio (di luglio)**
bis Freitag **entro venerdì**
der erste Januar **il primo gennaio**
dienstags **il (di) martedì**
Ende 1999 **alla fine del 1999**
Ende März **a fine marzo**
im Dezember **a dicembre**
im Jahr Zweitausend **nel 2000**
letzten Freitag **venerdì scorso**
Mitte Januar **a metà gennaio**

Wir fahren nächste Woche in Urlaub. In fünf Tagen werden wir in Sardinien sein. Der Flug dauert nicht lange, aber 1997 mussten wir lange am Flughafen warten. Wir sind mit drei Stunden Verspätung angekommen.
Wie auch immer, ich rufe dich an, sobald wir ankommen.

Andiamo in ferie la settimana prossima. Fra cinque giorni saremo in Sardegna. Il volo dura poco, ma nel 1997 abbiamo dovuto aspettare a lungo all'aeroporto — siamo arrivati con tre ore di ritardo. Comunque, ti telefono appena arriviamo.

* Alle Tage (außer **la domenica**) und alle Monate sind männlich.

4 Wie viel? — Mengenangaben

4a Länge & Form

breit **largo**
Breite **la larghezza**
diagonal **diagonale**
dick **spesso**
Distanz **la distanza**
dünn **sottile**
es misst **misura [-are]**
Fläche **l'area** (*f*), **la superficie**
Form **la forma**
gerade **dritto, diritto**
gewölbt **curvo**
Grad **il grado**
groß **grande, largo**
Größe **la misura**
hoch **alto**
Höhe **l'altezza** (*f*), **l'altitudine** (*f*)
horizontal **orizzontale**
ich zeichne **traccio [-are]**
klein **piccolo**
konkav **concavo**
konvex **convesso**
kurz **corto**
lang **lungo**
Länge **la lunghezza**
Lineal **la riga, il righello**
Linie **la linea**
niedrig **basso**
parallel **parallelo**
Punkt **il punto**
Raum **lo spazio**
rund **rotondo**
schmal **stretto**
senkrecht **perpendicolare, verticale**
tief **profondo**
Tiefe **la profondità**
Winkel **l'angolo** (*m*)
Zentrum **il centro**

Formen

Dreieck **il triangolo**
dreieckig **triangolare**
Hektar **l'ettaro** *(m)*
Kreis **il cerchio, il circolo**
  kreisförmig **circolare**
Kubus **il cubo**
  kubisch **cubico**

Du brauchst ein Lineal und einen Bleistift. Miss die Fläche und zeichne dann einen Plan.	**Hai bisogno di una riga e di una matita. Prendi le misure e poi disegna una pianta.**
Die Entfernung vom Haus bis zum Zaun beträgt zwölf Meter.	**La distanza tra la casa e il recinto è di dodici metri.**
— Wie hoch ist der Baum? — Etwa fünf Meter.	**— Quanto è alto l'albero? — Circa cinque metri.**

➤ MESSEN 4b; ZAHLEN 4c; GEOMETRISCHE BEGRIFFE Anh. 4d

Pyramide **la piramide**
Rechteck **il rettangolo**
rechteckig **rettangolare**
Zylinder **il cilindro**
zylindrisch **cilindrico**

Längeneinheiten

Fuß **il piede**
Inch **il pollice**
Kilometer **il chilometro**
Meter **il metro**
Meile **il miglio, le miglia** (*Pl*)
Millimeter **il millimetro**
Zentimeter **il centimetro**
Yard **la iarda**

Mengenangaben

annähernd **approssimativo**
ausreichend **sufficiente**
es enthält **contiene [contenere]**
es verkleinert sich **diminuisce [-ire]**
es vermehrt sich **aumenta [-are]**
fast **quasi**
ganz **totale, completo, intero**
genug **sufficiente**
ich fülle **riempio [-ire]**
ich leere **svuoto [-are], vuoto [-are]**
ich messe **misuro [-are]**
Kapazität **la capacità**
kaum **appena**
klein **piccolo**
ein wenig **un po', un poco**
Kubikinhalt **la capacità cubica**
leer **vuoto**
mehr **ancora, più**
Menge **la quantità**
Metermaß **il metro**
mindestens **almeno**
Nummer **il numero**
so viel wie **quanto**
Teil **la parte**
ungefähr **circa, approssimativamente**
Unterschied **la differenza**
Vergrößerung **l'aumento** (*m*), **l'incremento** (*m*)
viel **molto, tanto**
voll **pieno (di)**
Volumen **il volume**
zu viel **troppo**

Der Schuppen wird in einem Winkel von vierzig Grad zum Haus stehen, diagonal zum Tor.	**La capanna sarà a un angolo di circa quaranta gradi dalla casa, in diagonale rispetto al cancello.**
Die Fläche unseres Gartens beträgt einhundert Quadratmeter. Er ist zehn Meter lang und zehn Meter breit, bildet also ein Quadrat.	**Il nostro giardino misura cento metri quadrati. È lungo dieci metri e largo dieci; è quindi un quadrato.**
Wir haben einen runden Teich angelegt, nur achtzig bis hundert Zentimeter tief.	**Ci abbiamo messo un laghetto rotondo, non più profondo di ottanta - cento centimetri .**

➤ RECHNEN 4d

4b Messen

Raummaße

Flasche **la bottiglia**
Gallone **il gallone**
Gefäß **il recipiente**
Gepäck **il pacco**
Glas **il bicchiere**
Kiste **la scatola**
Liter **il litro**
  Zentiliter **il centilitro**
  Milliliter **il millilitro**
Paar **il paio, le paia** *(fPl)*
Päckchen **il pacchetto**
Paket **la confezione, il pacco**
Portion **la porzione**
Sack **il sacco, il sacchetto**
Schoppen **la pinta**
Stück **il pezzo**
Tasse **la tazza**
Topf **il vaso**
Tube **il tubo**
Tüte **la borsa, il sacchetto**

—Wie viele Zentiliter sind in der Flasche?
—Fünfundsiebzig, man kann aber auch Literflaschen bekommen.

—Quanti centilitri ci sono nella bottiglia?
—Settantacinque, ma si può comprare anche in bottiglie da un litro.

—Möchten Sie eine Tasse Tee?
—Nein danke, ich hätte lieber ein Glas Wasser.

—Vuole una tazza di tè?
—No, grazie. Preferirei un bicchiere d'acqua.

Könnte ich bitte zwei Päckchen Papiertaschentücher und eine Schachtel Aspirin haben?

Vorrei due pacchetti di fazzoletti di carta e un tubetto di aspirina, per favore.

—Wie groß ist das Wasservolumen des Schwimmbeckens?
—Zehntausend Gallonen; das sind ungefähr 45.000 Liter.

—Qual è il volume d'acqua nella piscina?
—Diecimila galloni, cioè circa quarantacinquemila litri.

—Wie viel Holz möchten Sie?
—Genug für den ganzen Zaun. Ich darf nicht zuviel kaufen. Ja, das wird reichen. Geben Sie mir bitte auch einen Sack Zement.

—Quanto legno vuole?
—Sufficiente per tutto il recinto. Non devo comprarne troppo. Sì, quello basta. Mi dia anche un sacco di cemento, per favore.

 ➤ EINKAUFEN 9a; KOCHEN 10d

Temperatur

es kocht **bolle [-ire]**
Grad **il grado**
heiss **caldo**
Hitze **il calore, il gran caldo**
ich erhitze **scaldo [-are], riscaldo**
ich heize (das Haus) **scaldo [-are] la casa**
ich friere **congelo [-are]**
ich kühle (ab) **raffreddo [-are], rinfresco [-are]**
ich wärme auf **riscaldo [-are]**
Kälte **il freddo**
kalt **freddo**
kühl **fresco**
Temperatur **la temperatura**
Wärme **il calore**

Gewichte & Dichte

dicht **denso**
Dichte **la densità**
Gewicht **il peso**
Gramm **il grammo**
ich wiege **peso [-are]**
Kilogramm **il chilogrammo**
leicht **leggero**
Masse **la massa**
Pfund **la libbra** *(f)*
schwer **pesante**
Tonne **la tonnellata**
Unze **l'oncia** *(f)*
Waage **la bilancia**

Es ist so heiß! Wie viel Grad haben wir? Es werden etwa dreißig Grad sein. Mir ist viel zu heiß.

Fa così caldo! Quanti gradi sono? Saranno quasi trenta gradi. Ho troppo caldo.

Im Winter ist es hier kalt. Uns allen ist kalt in diesem Haus, und wir müssen schon im Oktober die Heizung anstellen.
Wenn die Temperatur auf Null sinkt, müssen wir zwei Kamine anzünden.

In inverno, qui fa freddo. Congeliamo tutti in questa casa e dobbiamo accendere il riscaldamento in ottobre. Quando la temperatura tocca lo zero dobbiamo accendere due camini.

— Lass uns die Zutaten wiegen. Wie viel Gramm Zucker brauchen wir?
— Ich möchte ein Pfund, das sind fünfhundert Gramm.

— Pesiamo gli ingredienti. Quanti grammi di zucchero occorrono?
— Ne vorrei una libbra, questi sono cinquecento grammi.

Ich brauche etwas Mehl und viel Zucker. Gib mir ein Stück Butter — ein halbes Päckchen wird reichen.

Mi occorrono un po' di farina e molto zucchero. Dammi un po' di burro — metà panetto dovrebbe bastare.

— Das ist nicht genug. Wir brauchen noch mehr Kuchen. Mach noch etwas mehr.

— Così è troppo poco. Abbiamo bisogno di altre torte. Fanne un po' di più.

➤ WETTER 24d

4c Zahlen

Grundzahlen

null **zero**
eins **uno**
zwei **due**
drei **tre**
vier **quattro**
fünf **cinque**
sechs **sei**
sieben **sette**
acht **otto**
neun **nove**
zehn **dieci**
elf **undici**
zwölf **dodici**
dreizehn **tredici**
vierzehn **quattordici**
fünfzehn **quindici**
sechzehn **sedici**
siebzehn **diciassette**
achtzehn **diciotto**
neunzehn **diciannove**
zwanzig **venti**
einundzwanzig **ventuno**
zweiundzwanzig **ventidue**
dreiundzwanzig **ventitré**
achtundzwanzig **ventotto**
dreißig **trenta**
einunddreißig **trentuno**
zweiunddreißig **trentadue**
dreiunddreißig **trentatré**
achtunddreißig **trentotto**
vierzig **quaranta**
einundvierzig **quarantuno**
zweiundvierzig **quarantadue**
achtundvierzig **quarantotto**
fünfzig **cinquanta**
sechzig **sessanta**
siebzig **settanta**
achtzig **ottanta**
neunzig **novanta**
(ein)hundert **cento**
(ein)hunderteins **cento uno**
zweihundert **duecento**
fünfhundert **cinquecento**
(ein)tausend **mille**
(ein)tausendzweihundert **milleduecento**
zweitausend **duemila**
dreitausend **tremila**
eine Million **un milione**
zwei Millionen **due milioni**
eine Milliarde **un miliardo**

Die Hälfte des Hauses gehört meinem Bruder. Wir haben es zwischen uns beiden aufgeteilt. Er zahlt aber dennoch nur ein Viertel der Kosten, denn ich vermiete meine Hälfte im Sommer.
—Wie alt bist du?
—(Ich bin) dreißig.

Metà della casa è di mio fratello. L'abbiamo divisa tra noi due. Comunque lui paga solo un quarto delle spese, visto che io do in affitto la mia metà in estate.
—Quanti anni hai?
—(Ne ho) trenta.

 ➤ RECHNEN 4d

Ordinalzahlen

erster/e/es **primo / a**
zweiter/e/es **secondo / a**
dritter **terzo**
vierter **quarto**
fünfter **quinto**
sechster **sesto**
siebter **settimo**
achter **ottavo**
neunter **nono**
zehnter **decimo**
neunzehnter **diciannovesimo**
zwanzigster **ventesimo**
einundzwanzigster **ventunesimo**
hundertster **centesimo**

Nomen

Eins **uno**
ein paar/Paar **un paio**
Einheit **l'unità**
Zehn **dieci**
Zehner **decine (di)**
ein Dutzend **una dozzina**
das Dutzend zu 18 DM **diciotto marchi la dozzina**
etwa vierzehn Tage **una quindicina di giorni**
Hundert **cento**
etwa hundert ... **un centinaio ...**
Hunderte (von) **centinaia di**
ungefähr tausend ... **un migliaio ...**

Zahlen schreiben

1000 **1000**
1.525.750 **1.525.750**
1. **1º**
2. **2º**
1,56 **1,56**
0,5 **0,5**

Brüche

halb **mezzo, metà**
eine Hälfte **una metà**
eineinhalb **uno e mezzo**
zweieinhalb **due e mezzo**
Viertel **il quarto**
ein Viertel **un quarto (di)**
ein Drittel **un terzo**
ein Fünftel **un quinto**
ein Zehntel **un decimo**
ein Sechstel **un sesto**
ein Hundertstel **un centesimo**

Jahreszahlen

1990 **il millenovecentonovanta**
1962 **nel millenovecentosessantadue**
79 **nel settantanove**
die Sechziger **gli anni sessanta**

— Ihr könnt nicht alle eine halbe Tafel Schokolade haben.
Es reicht nur für ungefähr ein Viertel für jeden.
Und einen Viertelliter Apfelsaft für jeden.
— Ich möchte kein Viertel, ich möchte die Hälfte.

— Non potete avere tutti mezza tavoletta di cioccolato.
Ce n'è solo abbastanza per un quarto a testa.
E un quarto di litro di succo di mela a testa.
— Non ne voglio un quarto, ne voglio metà.

4d Rechnen

Addition **la somma, l'addizione** (*f*)
Berechnung **il calcolo**
Daten **i dati** (*Pl*)
Datenwert **l'informazione** (*f*) **di dati**
dezimal **decimale**
Dezimalpunkt **la virgola**
drei mal vier ist zwölf **tre (moltiplicato) per quattro fa [fare] dodici**
Dreifaches **il triplo**
Durchmesser **il diametro**
entspricht **è [essere] uguale a**
Ergebnis **la soluzione**
falsch **sbagliato**
Fehler **l'errore** (*m*), **lo sbaglio**
gerade **pari**
Gesamtsumme **il totale**
gesamt **in totale**
Gleichung **l'equazione** (*f*)
ich addiere **aggiungo [-ere]**
ich berechne **calcolo [-are]**
ich erhöhe **elevo [-are] al quadrato**
ich löse **risolvo [-ere], elaboro [-are]**
ich multipliziere **moltiplico [-are]**
drei mal zwei **tre (moltiplicato) per due**
ich schätze **valuto [-are]**
ich subtrahiere **sottraggo [-trarre]**
ich teile durch **divido [-ere] per**
sechs geteilt durch zwei **sei diviso (per) due**
ich verdoppele **raddoppio [-are]**
ich verdreifache **triplico [-are]**
ich zähle **conto [-are]**
ist gleich **è [essere] uguale a, equivale [-ere] a**
ist größer als **è [essere] superiore a**

Ein Kilometer sind 1000 Meter.	**Un chilometro equivale a 1000 metri.**
Wie viel ist vierzehn plus acht? Zweiundzwanzig. Hast du das richtige Ergebnis?	**Quanto fa quattordici più otto? Fa ventidue. Hai (ottenuto) il risultato corretto?**
Zwanzig minus fünf ist fünfzehn, zwanzig geteilt durch fünf ist vier.	**Venti meno cinque fa quindici, venti diviso cinque fa quattro.**
Multipliziere zwölf mit zweiundzwanzig. Das ist eine leichte Rechenaufgabe.	**Moltiplica dodici per ventidue. È una moltiplicazione facile.**
Wie rechnet man die Quadratwurzel einer Zahl aus ?	**Come si calcola la radice quadrata di un numero?**
Du hast da einen Fehler gemacht.	**Hai fatto un errore qui.**
Eine Schnecke bewegt sich mit einer Geschwindigkeit von 0,041 Kilometer pro Stunde.	**Una lumaca viaggia ad una velocità di 0,041 chilometri all'ora.**

➤ ZAHLEN 4c

ist kleiner als **è minore di**
korrigiere **correggo [-ere]**
Maximum **il massimo**
maximal **massimo**
bis zu einem Höchstwert von **per un massimo di**
Menge **la quantità**
Minimum **il minimo**
minimal **minimo**
minus **meno**
Minuszeichen **il meno**
Mittel **la media**
im Durchschnitt **in media**
ich ermittle den Durchschnitt **faccio [fare] la media**
Multiplikation **la moltiplicazione**
plus **più**
zwei plus zwei **due più due**
positiv **positivo**
Potenz **la potenza**
die fünfte Potenz **fino al quinto**

Problem **il problema**
Prozent **percento**
10% **10 percento**
Prozentsatz **la percentuale**
Quadratwurzel **la radice quadrata**
Kubikzahl **la radice cubica**
Rechner **la calcolatrice**
Resultat **il risultato**
Statistik **la statistica**
statistisch **statistico**
Subtraktion **la sottrazione**
Summe **la somma**
Symbol **il simbolo**
Teilung **la divisione**
ungerade **dispari**
Verhältnis **il rapporto**
im Verhältnis 100 :10 **il rapporto di 100 a 1**
Zahl **il numero**
Zahlwort **il numerale**
Ziffer/Zahl **la cifra**
zwei Ziffern **due cifre**

— Ich schätze, dass wir etwa 500 Besucher im Jahr haben.
— Welcher Prozentsatz der Besucher kommt aus der Gegend?
— Zwanzig Prozent.
— Haben Sie eine Statistik darüber?

— Ritengo che abbiamo circa cinquecento visitatori all'anno.
— Quale percentuale di visitatori è della zona?
— Il venti per cento.
— Ha una statistica al riguardo?

— Bei diesem Spiel werden die Punkte der ganzen Woche zusammengezählt.

— In questo gioco vengono sommati i punti di tutta la settimana.

— Was war das Endergebnis?

— Qual è stato il punteggio finale?

— Ich habe insgesamt fünfhundert Punkte. Um den Durchschnitt zu errechnen, addierst du die Endergebnisse und teilst sie durch die Zahl der Spiele.

— Io ho ottenuto cinquecento punti. Per calcolare la media devi fare la somma dei totali e dividere per il numero dei giochi.

➤ MATHEMATISCHE & GEOMETRISCHE BEGRIFFE Anh. 4d

5 Was für? — Beschreibung & Beurteilung

5a Menschen beschreiben

Ähnlichkeit **la somiglianza**
so ähnlich wie **simile a**
anders als **diverso (da)**
attraktiv **attraente**
Ausdruck **l'espressione** (f)
Aussehen **l'aspetto** (*m*), **l'apparenza** (*f*)
Bart **la barba**
Bauch **la pancia**
beeindruckend **che fa colpo, impressionante**
beleibt **corpulento**
Beschreibung **la descrizione**
blond **biondo**
Brille **gli occhiali** (*Pl*)
dunkel **scuro**
dünn **magro**
durchschnittlich **normale, medio**
elegant **elegante**
Energie **l'energia** (*f*)
er hat einen Bart **ha [avere] la barba**
feminin **femminile**
fett **grasso**
Figur **la figura, il personale**
finsterer Blick **lo sguardo minaccioso**
fit **in forma**
fleckig **macchiato**
Frisur **l'acconciatura** (*f*), **la pettinatura**
Gang **l'andatura** (*f*)
gedrungen **corpulento, tozzo**
gelockt **riccio**
Geschlecht **il sesso**
Gesichtszüge **i lineamenti** (*Pl*)
Gewicht **il peso**
glattrasiert **ben rasato**

alt **anziano**
älter **più anziano**
ältlich / ältere/r **anziano**
Alter **l'età** *(f)*
erwachsen **adulto**
Erwachsene/r **l'adulto** *(m)*
Jugend **la gioventù**
Jugendalter **l'adolescenza** *(f)*
jugendlich **giovanile**
Jugendliche/r **l'adolescente** *(m / f)*
jung **giovane**
junge Leute **i giovani**
junger Mensch **il giovane**
mittleren Alters **di mezza età**

ich bürste mein Haar **mi spazzolo [-are] i capelli**
ich kämme mein Haar **mi pettino [-are] i capelli**
ich mache eine Diät **faccio [fare] una dieta**
ich nehme ab **dimagrisco [-ire]**
ich nehme zu **ingrasso [-are]**
ich schminke mich **mi trucco [-are]**
ich schneide mein Haar **mi taglio i capelli**
ich wasche mein Haar **mi lavo [-are] i capelli**
ich werde dünner **dimagrisco [-ire]**

➤ KÖRPERTEILE Anh. 5b; CHARAKTER 6; PHYSISCHER ZUSTAND 11d

glatzköpfig **calvo**
groß **alto**
Größe **l'altezza** (*f*)
Größe (*Kleidung*) **la taglia, la misura**
gut aussehend **bello, attraente**
gutaussehend **bello, di bell'aspetto**
Haar **i capelli** (*Pl*)
hässlich **brutto**
Hautfarbe **la carnagione**
hübsch **grazioso, carino**
ich beschreibe **descrivo [-ere]**
ich bin Linkshänder **sono [essere] mancino**
ich bin Rechtshänderin **uso [-are] la mano destra**
ich bin übergewichtig **peso [-are] troppo**
ich runzele die Stirn **aggrotto [-are] le sopracciglia**
ich sehe aus wie **assomiglio [-are] a**
ich sehe gut aus **ho [avere] un bell'aspetto**
ich wachse **cresco [-ere]**
ich wiege **peso [-are]**
klein **piccolo, basso**
körperlich **fisico**
kurzsichtig **miope**
Lachen **il riso**
Lächeln **il sorriso**
leicht **leggero**
maskulin **maschile**
modisch **alla moda**
ordentlich **accurato, ordinato**
Ordentlichkeit **l'accuratezza** (*f*)
plump **goffo**
rothaarig **con i capelli rossi**
schick **elegante, alla moda**
schlank **snello**
schmal **magro**
Schnurrbart **i baffi** (*Pl*)
schön **bello**
Schönheit **la bellezza**
schwer **pesante**
stark **forte**
Stärke **la forza**
unbeholfen **goffo**
unfreundlich **sgraziato**
wallend **ondulato**
weitsichtig **presbite**
winzig **minuscolo**

— Was für ein schönes Familienfoto!	**— Che bella foto di famiglia!**
— Wie sieht dein Onkel aus? Kannst du ihn beschreiben?	**— Com'è tuo zio? Puoi descriverlo?**
— Er sieht meinem Vater sehr ähnlich, aber er trägt eine Brille.	**— Assomiglia molto a mio padre, ma porta gli occhiali.**
— Sieh' mal, wer ist dieser große Typ?	**— Guarda, chi è quel tipo alto?**
— Der mit dem Bart ist mein Bruder.	**— Quello con la barba è mio fratello.**
— Was für ein hübsches Mädchen! Ist das deine Cousine?	**— Che ragazza carina! È tua cugina?**
— Ben ist ungefähr einen Meter groß.	**— Ben è alto circa un metro.**
— Er sieht gut aus, ist aber sehr schmal.	**— Ha (un) bell'aspetto ma è molto magro.**
— Ja, er wiegt nur sechszehn Kilo.	**— Sì, pesa solo sedici chili.**

➤ DIE SINNE 5b; DINGE BESCHREIBEN 5c; DINGE BEWERTEN 5d

5b Die Sinne

abscheulich **disgustoso**
Berührung **il tatto**
bitter **amaro**
dunkel(blau) **(blu) scuro**
durchsichtig **trasparente**
es klingt **suona [-are]**
es klingt wie **suona come**
es schmeckt nach **ha [avere] sapore di, sa [sapere] di**
Geruch **l'odore** (*m*), **l'olfatto** (*m*)
Geschmack **il sapore, il gusto**
heiß **caldo, bollente**
hell (*Farbe*) **chiaro**
hell (*Licht*) **intenso**
ich berühre **tocco [-are]**
ich fühle ... **sento [-ire]**
es fühlt sich (an) **sembra [-are]**
ich höre **sento [-ire]**
ich höre zu **ascolto [-are]**
ich rieche **sento [-ire] odore di**
es riecht nach **odora [-are] di, profuma [-are] di**
ich schmecke **assaggio [-are]**
ich sehe **vedo [-ere]**
ich sehe an **guardo [-are]**
kalt **freddo**
Kälte **il freddo**
klebend **appiccicaticcio, appiccicoso**
köstlich **delizioso, squisito**
Lärm **il rumore**
lau **tiepido**
laut **forte, rumoroso**
leise **tenue, attenuato, piano**
weich **soffice**
leuchtend **luminoso, chiaro, brillante**
Licht **la luce**
Parfüm **il profumo**
parfümiert **profumato**
rauh **ruvido, scabro**
salzig **salato**
sauer **acido, aspro**
Sinn **il senso**
still **silenzioso, taciturno, zitto**
ich bin still **sono silenzioso, rimango [rimanere] in silenzio**
still **tranquillo, calmo, taciturno**
Stille **il silenzio**
stumpf **ottuso, insensibile**
süß **dolce, amabile**
Ton **il suono, il rumore**

— In welcher Farbe streichst du das Wohnzimmer? — In blassem Blaugrün.	**— Di che colore dipingi il soggiorno? — Verde-blu chiaro.**
— Und das Schlafzimmer? — Blassrosa mit dunklen Streifen.	**— E la camera da letto? — Rosa pallido con delle strisce scure.**
Die Marmelade schmeckt nach Früchten, ist aber sehr bitter.	**La marmellata sa di frutta, ma è molto amara.**
Fass dieses Buch nicht an, du hast klebrige Hände.	**Non toccare quel libro, hai le mani tutte appiccicose.**
Die Kinder sind sehr laut. Wenn sie doch etwas leiser spielen würden.	**I bambini sono così rumorosi. Se solo giocassero senza fare rumore.**

➤ KÖRPERTEILE Anh. 5b

übelriechend **maleodorante, puzzolente**
undurchsichtig **opaco**
unsichtbar **invisibile**
warm **caldo**
Wärme **il calore**

Körperteile

Arm **il braccio, le braccia** *(fPl)*
Auge **l'occhio** *(m)*
Bauch **la pancia**
Bein **la gamba**
Brust **il petto**
Gesicht **la faccia, il viso**
Hals **il collo**
Hand **la mano, le mani** (*Pl*)
Körper **il corpo**
Kopf **la testa, il capo**
Magen **lo stomaco**
Mund **la bocca**
Nacken **la nuca**
Nase **il naso**
Ohr **l'orecchio** *(m)*, **le orecchie** *(fPl)*
Rücken **la schiena**
Schulter **la spalla**
Zahn **il dente**

Farben

beige **beige**
blau **blu**
braun **marrone**
bräunlich **marroncino**
cremefarben **color crema**
gelb **giallo**
gold **oro**
grau **grigio**
grün **verde**
kastanienbraun **rossiccio**
orange **arancio, arancione**
purpurrot **porpora**
rosa **rosa**
rot **rosso**
scharlachrot **scarlatto**
schwarz **nero**
silber **argento**
türkis **turchese**
violett **violetto, viola**
weiß **bianco**

Ihr Cousin ist immer sehr still. Er sagt kaum etwas.

Il loro cugino è sempre molto taciturno. Parla a malapena.

— Was ist denn in dieser Tasche? Es fühlt sich hart an.
— Lass mich mal fühlen ... Es ist eine Flasche. Was ist darin?
— Es sieht aus wie Orangensaft.
— Ich werde ihn probieren ... Er ist grässlich. Er schmeckt nach Orangen, ist aber viel zu süß.

— Cosa c'è in quella borsa? Sembra dura al tatto.
— Fammi toccare ... È una bottiglia. Cosa c'è dentro?
— Sembra succo d'arancia.
— Lo assaggio ... È disgustoso. Sa d'arancia, ma è troppo dolce.

➤ PHYSISCHER ZUSTAND 11d

5c Dinge beschreiben

Aussehen **l'aspetto** (*m*), **l'apparenza** (*f*)
befleckt **macchiato**
bemalt **dipinto**
blass **pallido, chiaro**
breit **largo, ampio**
dick **spesso, grasso**
Ding **la cosa**
Dingsda **l'affare** (*m*), **il coso**
echt **genuino, vero**
es passt (zu) **armonizza [-are] (con)**
es sieht aus wie **sembra [-are]**
Farbe **il colore**
farbig **colorato, variopinto**
fest **solido, compatto**
fett **grasso**
feucht **umido, madido**
flach **piatto**
Fleck **il punto, la macchia**
fleckig **macchiato, chiazzato**
flexibel **flessibile**
Flüssigkeit **il liquido**
frisch **fresco**
gemustert **a disegni**
geschlossen **chiuso**
geschmeidig **morbido**
gestreift **a striscie**
glänzend **brillante, lucido**
groß **grande**
hart **duro**
hauptsächlich **maggiore, principale**
Höhe **l'altezza** (*f*)
klamm **umido**
klein **piccolo**
kurz **corto**
lang **lungo**

Zehn Fragen

Kannst du es sehen? **Puoi vederlo?**
Was ist das Dingsda? **Cosa è quel coso?**
Was für ein Ding ist das? **Che tipo di cosa è?**
Welche Farbe hat es? **Di che colore è?**
Wie ist es? **Com'è?**
Wie riecht es? **Che odore ha ?**
Wie schmeckt es? **Che sapore ha?**
Wie sieht es aus? **A cosa assomiglia?**
Wofür benutzt du es? **A cosa ti serve?**
Wofür ist es? **A cosa serve?**

— Alle Stühle sind zu niedrig — **Tutte le sedie sono troppo basse.**
— Beide Schränke sind zu hoch. — **Entrambe le credenze sono troppo alte.**
— Hol eine Leiter. — Welche? Diese? — **Prendi una scala. — Quale? Questa?**
— Nein, die dort drüben — **No, quella là.**

➤ MATERIALIEN 5f; DINGE BEWERTEN 5d; LÄNGE & FORM 4a

leer **vuoto**
löslich **solubile**
Material **la stoffa, il materiale**
materiell (*Adj*) **materiale**
modisch **alla moda**
Muster **il disegno**
nass **bagnato**
natürlich **naturale**
neu **nuovo**
niedrig **basso**
oberflächlich **poco profondo, superficiale**
offen **aperto**
plump (*Personen*) **tozzo, pienotto**
riesig **enorme**
sauber **pulito**
Schatten **ombra**
schimmelig **ammuffito**
schmal **stretto**
Schmutz **la sporcizia**
schmutzig **sporco**
Sorte **il tipo**
Stoff **la stoffa, il tessuto**
Streifen **la striscia**
Substanz **la sostanza, l'essenza** (*f*)
synthetisch **sintetico**
tief **profondo**
Tiefe **la profondità**
Tönung **la tinta**
trocken **secco, arido**
unterstützend **sussidiario, ausiliario**
veraltet **antiquato, fuori moda**
verrottet **marcio, fradicio**
vielseitig **vario**
voll (von) **pieno (di)**
wasserdicht **impermeabile**
weich **soffice, morbido**
widerstandsfähig **resistente**
zerbrochen **rotto**

Es ist kein sauberes Geschirr mehr da. Diese dreckigen Tassen da müssen gespült werden.	**Non ci sono più stoviglie pulite. Si devono lavare quelle tazze sporche.**
— Ich suche nach einem gestreiften Stoff, etwas, das zu meinem Mantel passt.	**— Cerco una stoffa a strisce, qualcosa che armonizzi con il cappotto.**
— Dies ist ein wirklich natürlicher Stoff, weich und fest. Das dort ist ein synthetischer Stoff, er ist zwar weich, aber die Farben sind aufdringlich.	**— Questo è un tessuto naturale, morbido e spesso. Quella è una stoffa sintetica, è morbida al tatto ma i colori sono violenti.**
— Haben Sie nicht noch etwas anderes, etwas Billigeres?	**— Non ha nient'altro? Qualcosa di più economico?**
— Nein, wir haben nichts Preiswerteres.	**— No, non abbiamo nient'altro più a buon mercato.**

5d Dinge bewerten

abstoßend **spaventoso**
altmodisch **passato di moda, antiquato**
angenehm **piacevole, gradevole**
anormal **anormale**
arm **povero**
ausgezeichnet **eccellente**
außergewöhnlich **straordinario**
besser **migliore,**
besser (*Adv.*) **meglio**
das Beste **il migliore**
billig **a buon mercato, economico**
defekt **fuori uso, guasto**
durchschnittlich **mediocre**
Erfolg **il successo**
erfolglos **non riuscito, vano**
erfolgreich **di successo, riuscito**
es gefällt mir nicht **non mi piace [-ere]**
es gefällt mir **mi piace [-ere]**
es gelingt mir **riesco [riuscire] (a)**
es kostet **costa [-are]**
essenziell **essenziale**
falsch **sbagliato, falso**
Gebrauch **l'uso** (*m*)
großartig **bravo, grandioso**
gut **bene/buono**
es ist/geht gut **va [andare] bene**
guter Preis **buon prezzo**
Hass **l' odio** (*m*)
hässlich **brutto**
hoch **alto**
ich benutze **uso [-are]**
ich bewundere **ammiro [-are]**

äußerst **estremamente**
besonders **particolarmente**
eher **piuttosto**
ein wenig **un po', un poco**
ganz/genug **abbastanza**
viel besser **molto meglio**
kaum **difficilmente, appena**
mäßig **discretamente**
sehr **molto**
so **così**
überhaupt nicht **niente affatto**
viel **molto**
wenig **poco**
wirklich **veramente, davvero**
zu (gut) **troppo (buono)**

Wie gefällt dir der Garten unseres Nachbarn? Uns gefällt er überhaupt nicht.	**Ti piace il giardino del vicino? A noi non piace affatto.**
Ich befürchte, er ist leider kein sehr erfolgreicher Gärtner.	**Temo non abbia il pollice verde.**
Ich wäre froh, wenn er diesen alten Tisch wegwerfen würde!	**Se solo buttasse via quel vecchio tavolo!**

➤ VERGLEICHE 5e

ich bevorzuge **preferisco [-ire]**
ich hasse **detesto [-are], odio [-are]**
ich verabscheue **aborrisco [-ire]**
ich versage **fallisco [-ire]**
ich versuche **provo [-are], tento [-are]**
ich ziehe vor **preferisco [-ire]**
interessant (un-) **(non) interessante**
korrekt **corretto, esatto**
köstlich **delizioso, squisito**
leicht **facile, leggero**
merkwürdig **strano**
mir gefällt **mi piace [-ere]**
nötig (un-) **(non) necessario (superfluo)**
normal **normale**
nützlich **utile**
nutzlos **inutile**
Ordnung **ordine**
praktisch (un-) **(non) pratico**
Qualität **la qualità**
beste Qualität **la migliore qualità**
schlechte Qualität **la cattiva qualità**
richtig **giusto, corretto**
Scheitern **il fallimento, il fiasco**
schlecht **cattivo**
schlechter/schlimmer **peggiore**
schlechter/schlimmer (*Adv.*) **peggio**
das Schlimmste **il peggiore**
schön **bello**
schwierig **difficile, duro**
Schwierigkeit **la difficoltà**
teuer **caro, costoso**
um ... zu **allo scopo di, per**
unangenehm **sgradevole**
unkorrekt **inesatto, scoretto**
wahr **vero, autentico**
wichtig (unwichtig) **importante (senza importanza)**

Ich habe gestern versucht, dich anzurufen, aber das Telefon war kaputt.	**Ho cercato di telefonarti ieri, ma il telefono non funzionava.**
— Gehst du gern ins Kino? — Ja, ich fand den Krimi letzte Woche sehr intelligent.	**— Ti piace andare al cinema? — Sì, ho trovato il giallo della settimana scorsa veramente intelligente.**
Die neue Komödie ist äußerst interessant. Ich gehe lieber ins Theater als ins Kino.	**La nuova commedia è estremamente interessante. Preferisco andare a teatro che al cinema.**
— Hast du es geschafft, etwas Preiswerteres zu finden? — Ja, dieses Kleid ist besonders günstig und die Qualität ist besser.	**— Sei riuscito a trovare qualcosa di meno costoso? — Sì, questo vestito è particolarmente a buon prezzo. E la qualità è migliore.**

➤ ANSICHTEN ÄUSSERN 6d

5e Vergleiche

Regelmäßige Komparative & Superlative

glücklich **felice**
glücklicher **più felice**
der/die/das glücklichste **il / la più felice**

Unregelmäßige Komparative & Superlative

schlecht **cattivo**
schlechter **più cattivo, peggiore, peggio**
der/die/das schlechteste **il / la peggiore, pessimo / a**

groß **grande**
größer **più grande, maggiore**
der/die/das größte **il / la maggiore, massimo / a**

gut **buono**
besser **più buono, migliore**
der/die/das beste **il / la migliore, ottimo / a**

hoch **alto**
höher **più alto, superiore**
der/die/das höchste **il / la più alto / a, altissimo / a**

klein **piccolo**
kleiner **più piccolo, minore**
der/die/das kleinste **il / la minore, minimo / a**

Sieh dir die Kinder an! Peter, unser ältester Sohn, ist jetzt der größte. Er ist auch der Beste im Fußball. Das macht ihm am meisten Spaß.	**Guarda i bambini! Pietro, il maggiore, è ora il più alto. È anche il migliore nel calcio. È la cosa che gli piace di più.**
Gianni ist jetzt fast so groß wie Peter. Er zieht Schwimmen vor.	**Gianni è ora quasi alto come Pietro. Preferisce nuotare.**
Der kleine Junge dort drüben ist Alan. Er ist im Vergleich zu den anderen ziemlich klein, andererseits ist er aber sehr selbstsicher. Er benimmt sich nicht so gut wie sein Bruder.	**Quel piccolino laggiù è Alan. È piuttosto piccolo rispetto agli altri, d'altra parte è molto sicuro di sè. Non si comporta bene come suo fratello.**
Gianni hat das größte Stück Kuchen gegessen. Er wird immer dicker.	**Gianni ha mangiato la fetta di torta più grande. Sta diventando sempre più grasso.**

 ➤ VERGLEICH & GEGENÜBERSTELLUNG 6d

5f Materialien

Acryl **l'acrilico** (*m*)
Backstein **il mattone**
Baumwolle **il cotone**
Beton **il cemento armato, il calcestruzzo**
Chiffon **lo chiffon**
Dacron/Terylene **il dacron, il terilene**
Eisen **il ferro**
Filz **il feltro**
Flannel **la flanella**
Gas **il gas**
Glas **il vetro**
Gold **l'oro** (*m*)
Holz **il legno**
hölzern **di legno**
Jeansstoff **il tessuto jeans**
Kaschmir **il cachemire**
Keramik **la ceramica**
Kord **il velluto a coste**
Krepp **il crespo**
Kunstfaser **la fibra artificiale**
Leder **il cuoio, la pelle**
Leinen **il lino**
Metall **il metallo**
Mineral **il minerale**
Nylon **il nailon**
Öl **l'olio** (*m*), **il petrolio**
Papier **la carta**
Pappe **il cartone**
Plastik **la plastica**
Polyester **il poliestere**
Porzellan **la porcellana**
Samt **il velluto**
Satin **il raso**
Seide **la seta**
Silber **l'argento** (*m*)
Spitze **il pizzo**
Stahl **l'acciaio** (*m*)
Stein **la pietra**
Stoff **il tessuto, la stoffa**
Viskose **la viscosa**
Wolle **la lana**
wollen **in / di lana**
Zement **il cemento**

Haben Sie unsere neuesten Produkte gesehen? Sie sind genauso preiswert wie die der Konkurrenz.	**Ha visto i nostri ultimi prodotti? Sono economici come quelli della concorrenza.**
Wir können keinen höheren Preis verlangen, denn die stärkste Nachfrage besteht nach dem preiswertesten Produkt.	**Non possiamo chiedere un prezzo più alto, in quanto la maggiore domanda è per i prodotti più economici.**
Welches Kleid wäre dir lieber? Seide ist weicher als Wolle, aber sie ist teuer. Baumwolle ist am billigsten.	**Quale vestito preferisci? La seta è più morbida della lana, ma è cara. Il cotone è il più economico.**

➤ BEKLEIDUNG 9c; CHEMISCHE ELEMENTE Anh. 23b

6 Der menschliche Geist & Charakter

6a Eigenschaften

aktiv **attivo**
Angewohnheit **l'abitudine** (*f*)
argwöhnisch **sospettoso**
begabt **di gran talento, intelligente, dotato**
bekannt **conosciuto, noto**
böse **cattivo, malvagio**
Charakter **il carattere, la personalità**
charakteristisch **caratteristico, tipico**
charmant **attraente, incantevole, delizioso**
Disziplin **la disciplina**
dumm **scemo, stupido**
Dummheit **la stupidità, stupidaggine**
ehrlich **sincero, onesto**
ernst **serio**
Fähigkeit **la capacità**
faul **pigro**
Faulheit **la pigrizia**
fleißig **buon lavoratore, diligente**
freundlich (un-) **(non) gentile**
fröhlich **allegro, di buon umore**
geistig **mentale / mentalmente**
geduldig (un-) **(im)paziente**
gesellig (un-) **(non) socievole**
gesunder Menschenverstand/ Klugheit **il buonsenso**
grob **maleducato**
großzügig **generoso**
Grund **la ragione, il motivo**
gut **bravo, buono**
herzlich **cordiale, simpatico**
hilfreich **utile, servizievole**
höflich **educato, garbato**
Humor **l'umorismo** (*m*)
humorvoll **divertente, spiritoso**
ich ärgere **disturbo [-are], do [dare] fastidio**
ich gehorche (nicht) **(dis)obbedisco [-ire]**
ich helfe **aiuto [-are]**
ich komme gut voran (mit) **mi trovo [-are] bene con**
ich passe mich an **mi adatto [-are]**
ich respektiere **rispetto [-are], tengo [tenere] in considerazione**
ich rühme mich **mi vanto [-are]**
ich sorge **mi importa [-are], ci tengo [tenere]**

Erinnerst du dich an unseren Nachbarn? Er ist ein fauler Typ, aber sehr talentiert. Er hat Sinn für Humor.	**Ricordi il nostro vicino di casa? E' un tipo pigro, ma ha molto talento. Ha un gran senso dell'umorismo.**
Deine Kollegin ist sehr umgänglich und hilfsbereit. Sie wirkt immer entspannt, obwohl sie sehr hart arbeitet.	**La tua collega è molto amabile e disponibile. Lei ha sempre un'aria distesa, eppure è una grande lavoratrice.**

 ➤ MENSCHLICHE EIGENSCHAFTEN Anh. 6a; GEFÜHLE & EMOTIONEN 6b

ich vergesse **(mi) dimentico [-are]**
ich verhalte mich **mi comporto [-are]**
ich vertraue **ho [avere] fiducia in**
intelligent **intelligente, furbo**
Intelligenz **l'intelligenza** (*f*)
kleinlich **pignolo**
launisch **irritabile, lunatico**
lebhaft **vivace**
Liebenswürdigkeit **la cortesia, la gentilezza**
lustig **divertente**
Manieren **le maniere, il comportamento**
merkwürdig **strano, bizzarro**
Moral **la moralità**
moralisch (un-) **(im)morale**
nervös **nervoso**
nett **simpatico**
optimistisch **ottimista**
Persönlichkeit **la personalità**
pessimistisch **pessimista**
populär **popolare, benvoluto**
Qualität **la qualità**
Respekt **il rispetto, la stima**
Ruhe **la calma**
schlecht **cattivo**
schrecklich **tremendo, spaventoso**
schüchtern **timido**
selbstsicher **sicuro di sé**
Selbstsicherheit **la sicurezza di sé**
Selbstwertgefühl **la stima di sé**
Sinn **il senso**
Sympathie **la simpatia**
sympathisch (un-) **simpatico (antipatico)**
taktlos **indiscreto**
taktvoll **delicato, discreto**
talentiert **abile, capace, esperto**
Temperament **il carattere**
temperamentvoll **vivace, pieno di carattere**
traurig **triste**
umgänglich **socievole**
unehrlich **disonesto**
unhöflich **maleducato, sgarbato**
Unschuld **l'innocenza** (*f*)
unschuldig **innocente**
Unsittlichkeit **l'immoralità** (*f*)
unvernünftig **irragionevole**
unvorsichtig **imprudente**
unzivilisiert **maleducato**
vergesslich **smemorato**
Verhalten **il comportamento**
verlässlich (un-) **(in)affidabile**
vernünftig **assennato, ragionevole**
verrückt **pazzo, matto**
verständnisvoll **comprensivo**
vertrauensvoll **fiducioso**
vorsichtig **attento, prudente**
warmherzig **gentile, cordiale**
weise **saggio**
Werte (*moralisch*) **i valori morali / etici**
Witz **lo spirito, l'umorismo** (*m*)
witzig **spiritoso**

Die Kinder haben sehr unterschiedliche Persönlichkeiten. Der Älteste ist sehr vernünftig und ziemlich schüchtern. Unsere Tochter ist geselliger und witzig. Der Jüngste ist musikalisch begabt, ist aber sehr temperamentvoll.

I bambini hanno personalità talmente differenti. Il maggiore è molto assennato e piuttosto timido. Nostra figlia è più socievole e spiritosa. Il minore è dotato per la musica ma è piuttosto vivace.

➤ DENKVORGÄNGE 6c; ANSICHTEN ÄUSSERN 6d

6b Gefühle & Emotionen

Angst **l'ansia** (*f*), **la paura**
ängstlich **ansioso, pauroso**
Ärger **la rabbia**
besorgt über **preoccupato (di)**
dankbar **grato, riconoscente**
Dankbarkeit **la gratitudine**
Eifersucht **la gelosia**
einverstanden mit **d'accordo (con)**
emotional **emotivo**
entzückt über **felice (di), contentissimo**
es gefällt mir **mi piace [-ere]**
es ist mir gleichgültig **mi è indifferente**
es ist mir peinlich **sono [essere] imbarazzato**
Freude **la gioia**
freudig **pieno di gioia, gioioso, lieto**
Gemütsbewegung **l'emozione** (*f*), **il sentimento**
Gleichgültigkeit **l'indifferenza** (*f*)
Glück **la contentezza, la felicità**
glücklich **contento / felice (di)**
Hass **l'odio** (*m*)
Hoffnung **la speranza**
hoffnungsvoll **speranzoso**
ich ärgere mich (über) **mi arrabio [-are]**
ich bereue **mi dispiace [-ere], mi pento [-ire]**
ich billige **approvo [-are]**
ich bin eifersüchtig **sono [essere] geloso**
ich bin erstaunt über **mi stupisco [stupire] che**
ich bin nicht einverstanden mit **non vado [andare] d'accordo (con)**
ich bin überrascht **sono [essere] sorpreso**
ich bin unzufrieden mit **sono [essere] scontento di**
ich frage mich **mi chiedo [-ere] se, chissà se**
ich füchte mich vor **temo [-ere], ho [avere] paura di**
ich fühle **sento [-ire], provo [-are]**
ich genieße **mi piace [-ere]**
ich grolle (ihm/ihr) **ce l'ho [avere] con**
ich habe Angst vor **ho [avere] paura di**

— Ich sorge mich um Elena. Sie sorgt für ihre alte Mutter, die sich noch nicht an das Leben in der Stadt gewöhnt hat. Sie ist oft schlechter Laune und sehr empfindlich.	**— Elena mi preoccupa. Accudisce alla madre, che è piuttosto anziana e che non sè abituata alla vita in città. Spesso è di cattivo umore e molto permalosa.**
— Hilft ihre Schwester ihr?	**— Sua sorella l'aiuta?**
— Nicht viel. Sie hat die erneute Heirat ihrer Mutter abgelehnt und fühlt sich jetzt ihrer Familie nicht sehr verbunden.	**— Non molto. Non ha mai approvato che la madre si risposasse e ora non sente molto attaccamento alla familia.**

➤ BEMERKUNGEN & AUSRUFE 15b

ich hasse **odio [-are]**
ich hoffe **spero [-are]**
ich langweile mich **mi annoio [-are]**
ich liebe **amo [-are], voglio [volere] bene a**
ich mache mir Sorgen um **mi preoccupo [-are] di / per**
ich mag ... nicht leiden **non sopporto [-are]**
ich missbillige **non mi piace [-ere]**
ich rege mich auf **mi arrabbio [-are]**
ich schäme mich **mi vergogno [-are] di**
ich unterhalte **diverto [-ire], intrattengo[-tenere]**
ich amüsiere mich **mi diverto [-ire]**
ich verzeihe **perdono [-are]**
ich wundere mich **mi stupisco [-ire], mi meraviglio [-are]**
ich ziehe vor **preferisco [preferire]**
Idealismus **l'idealismo** (*m*)
Interesse **l'interesse** (*m*)
kleinlich **pignolo**
Langeweile **la noia**
Liebe **l'amore** (*m*), **l'affetto** (*m*)
Neid **l'invidia** (*f*)
neidisch auf **invidioso di**
Schuld **la colpa**
schuldig **colpevole**
Sorge **la preoccupazione**
Stimmung **l'umore** (*m*), **lo stato d'animo**
ich bin guter/schlechter Stimmung **sono di buon umore / malumore**
traurig (über) **infelice (di), triste**
Trübsal **l'infelicità** (*f*)
Überraschung **la sorpresa**
Unglück **l'infelicità** (*f*)
unglücklich **infelice**
Unzufriedenheit **l'insoddisfazione** (*m*), **la scontentezza**
verärgert **arrabbiato**
Verlegenheit **l'imbarazzo** (*m*), **la confusione**
Versöhnlichkeit **il perdono**
Verwunderung **la sorpresa, lo stupore**
wütend **infuriato, furioso**
Zeitvertreib **il divertimento, lo svago**
zufrieden mit **soddisfatto**
Zufriedenheit **la soddisfazione**

Ich schäme mich wirklich wegen meines Benehmens von gestern. Ich war so aufgeregt und besorgt. Bitte verzeih mir.	**Mi vergogno moltissimo del mio comportamento di ieri. Ero così sconvolta e preoccupata. Ti prego di scusarmi.**
Wir haben unseren Onkel sehr gern. Er hat viele gute Eigenschaften. Er hasst es, wenn wir ihm danken. Es macht ihn unglaublich verlegen.	**Vogliamo molto bene allo zio. Ha molte buone qualità. Detesta essere ringraziato. La cosa lo mette molto in imbarazzo.**
Die Chefin hat schlechte Laune. Sie ist verärgert über ihren Sekretär. Er hat seine Arbeit satt, und es interessiert ihn nicht im Geringsten.	**Il capo è di cattivo umore. È arrabbiata con il segretario. Lui è stufo del lavoro e se ne infischia.**

6c Denkvorgänge

Analyse **l'analisi** (*f*)
Ausnahme **l'eccezione** (*f*)
Basis **la base**
Bestimmtheit **la certezza**
Beweis **la prova**
Beweismaterial/Zeugenaussage **le prove, la testimonianza**
Blick **lo sguardo, l'occhiata** (*f*)
in meinen Augen **a mio parere**
die Begleiterscheinung **la conseguenza**
Entscheidung **la decisione**
Erinnerung **il ricordo**
Erwägung **la considerazione**
ich ziehe es in Erwägung **prendo [-ere] in considerazione**
alles berücksichtigt **tutto considerato**
falsch **falso, sbagliato**
ich liege falsch **mi sbaglio [-are], ho [avere] torto**
Frage **la domanda, la questione**
Gedanke **il pensiero**
gegen **contro**
ich bin gegen **sono [essere] contro**
Gerechtigkeit **la giustizia**
Glaube **la credenza, la fede, l'opinione** (*f*)
grundlegend **basilare, essenziale**
grundsätzlich **fondamentale, sostanzialmente** (*Adv.*)
gültig (un-) **(non)valido**
Hypothese **l'ipotesi** (*f*)
ich analysiere **analizzo [-are]**
ich begründe **fondo [-are], motivo [-are]**
ich bestimme **stabilisco [-ire], determino [-are]**
ich beurteile **giudico [-are]**
ich beweise **provo [-are], dimostro [-are]**
ich bin dafür **sono [essere] a favore (di)**
ich denke **penso [-are], credo [-ere], ritengo [-tenere]**
ich entscheide **decido [-ere] di**
ich erinnere (mich) **(mi) ricordo [-are]**
ich erkenne wieder **riconosco [-ere]**
ich erwäge **considero [-are], rifletto [-ere] su**
ich halte es für **lo considero [-are] ritengo [-ere]**
ich glaube an **credo [-ere] (in)**
ich glaube nicht **non credo [-ere] a**
ich lerne auswendig **imparo [-are] a memoria**
ich löse **risolvo [-ere]**

— Zu welchem Entschluss sind Sie gekommen?	**— Qual è la Sua conclusione?**
— Ich möchte meine Position von Anfang an klar machen. Meiner Meinung nach ist er nicht der Richtige für diese Arbeit.	**— Io vorrei chiarire sin dall'inizio la mia posizione. Secondo me non è la persona adatta per questo lavoro.**
— Ich denke, Sie liegen falsch. Worauf stützt sich Ihre Meinung?	**— Penso che Lei abbia torto. Su che cosa basa la Sua opinione?**
— Ich habe seinen früheren Chef angerufen.	**— Ho telefonato al suo vecchio capo.**

➤ ANSICHTEN ÄUSSERN 6d

ich nehme an **suppongo [-porre]**
in der Annahme, dass ... **supponendo che, dato per scontato che**
ich rechtfertige **giustifico [-are]**
ich sehe **vedo [-ere]**
ich stütze mich auf **mi baso [-are]**
ich unterscheide **individuo [-are], distinguo [-ere]**
ich verbiete **proibisco [-ire]**
ich vermute **suppongo [-porre], presumo [-ere]**
ich verstehe **capisco [-ire], comprendo [-ere], intendo [-ere]**
ich weiß **so [sapere]**
ich zweifle **dubito [-are], sospetto [-are]**
ich denke nach (über) **ci penso [-are], rifletto [-ere], considero [-are]**
im Gegenteil **al contrario**
interessant **interessante**
Logik **la logica**
logisch **logico**
Lösung **la soluzione**
offensichtlich **chiaramente, evidentemente**
ohne Zweifel **senza dubbio, indubbiamente**
Philosophie **la filosofia**
Prinzip **il principio**
im Prinzip **per principio, in linea di massima**
Problem **il problema**
richtig **giusto, esatto, corretto**
ich habe Recht **ho [avere] ragione**
es ist richtig **è [essere] giusto**
sicher **sicuro, certo**
Standpunkt **il parere, l'opinione** (*f*), **il punto di vista**
Tatsache **il fatto**
tatsächlich **infatti**
theoretisch **teorico**
Theorie **la teoria**
umstritten **controverso, discutibile**
Unglaube **l'incredulità** (*f*)
Urteil **il giudizio**
Vernunft **la ragione**
Verständnis **la comprensione**
wahr **vero**
Wahrheit **la verità**
wichtig **importante**
Wissen **la conoscenza, la sapienza**
Zusammenhang **la connessione, la relazione**
Zweifel **il dubbio**
zweifelhaft **dubbioso, indeciso**

— Einerseits müssen wir mehr Forschung betreiben, andererseits müssen wir das Budget kürzen. Kurzum, wir können es uns im Moment nicht leisten.

— Da una parte dobbiamo fare ulteriori ricerche, dall'altra dobbiamo ridurre il bilancio. In breve, ora non possiamo permettercelo.

— Wahrscheinlich möchte er, dass wir sofort eine Entscheidung treffen. Vielleicht sollten wir das tun, aber generell bin ich gegen voreilige Entscheidungen.

— Lui probabilmente vorrebbe che noi prendessimo una decisione immediata. Forse dovremmo, ma di regola io sono contrario alle decisioni affrettate.

6d Ansichten äußern

Anfang **l'inizio** (*m*)
Antwort **la risposta**
Argument **l'argomento** (*m*)
Beschreibung **la descrizione**
Definition **la definizione**
Diskussion **la discussione**
Erklärung **l'affermazione** (*f*), **la dichiarazione**
Frage **la domanda**
  eine schwierige Frage **una questione spinosa**
  eine Frage von **si tratta di, è [essere] una questione di**
Gedanke **il pensiero**
ich akzeptiere **accetto [-are]**
ich antworte **rispondo [-ere]**
ich behaupte **sostengo [-tenere]**
ich beschreibe **descrivo [-ere]**
ich bestimme **definisco [-ire], chiarisco [-ire]**
ich bin einverstanden mit **convengo [-venire], sono [essere] d'accordo**
ich bin nicht einverstanden mit **non sono [essere] d'accordo (con)**
ich denke an/nach über **penso [-are] di / a**
ich diskutiere **discuto [-ere]**
ich erkläre **affermo [-are], dichiaro [-are]**
ich erörtere **discuto [-ere]**
ich frage **chiedo [-ere]**
ich hinterfrage **indago [-are]**
ich kritisiere **critico [-are]**
ich meine **voglio [volere] dire**
ich sage **dico [dire]**
ich schlage vor **suggerisco [-ire]**
ich stelle (eine Frage) **faccio [fare] (una domanda)**
ich verneine **nego [-are]**

abschließend **per finire, per concludere**
andererseits **dall'altra parte**
an erster Stelle **in primo luogo**
  an zweiter Stelle **in secondo luogo**
anfänglich **inizialmente**
Anfang **l'inizio** *(m)*
  von Anfang an **dall'inizio**
außerdem **inoltre**
einerseits **da una parte**
endgültig **definitivo**
Ergebnis **il risultato**
ich fasse zusammen **riassumo**
ich schließe **concludo [-ere]**
ich werde mich kurz fassen **sarò breve**
in Kürze **in breve**
Ort **il luogo, il posto**
zuerst **prima di tutto, per cominciare**
zuletzt **in ultimo, in fine**
zum Abschluss **per concludere, in conclusione**
zum Schluss **infine**
zunächst **poi**
zusammenfassend **riassumendo**

— Was hälst du von dem Redner?
— Meiner Meinung nach hat er das Grundproblem nicht berücksichtigt. Ich hätte gerne noch mehr Fragen gestellt.

— Che ne pensi del relatore?
— Secondo me non ha preso in considerazione il problema fondamentale. Avrei voluto fargli altre domande.

 ➤ BEMERKUNGEN & AUSRUFE 15b. VERGLEICHE 5e

ich widerlege **contraddico [-dire]**
in Kürze **brevemente**
meiner Meinung nach **a parere mio, secondo me**
Meinung **l'opinione** (*f*)
Vorschlag **il suggerimento**
Zusammenfassung **il riassunto**

Beispiele geben

Beispiel **l'esempio** *(m)*
zum Beispiel **per esempio**
ich zitiere **cito [-are]**
nämlich **vale a dire, cioè**
u.s.w. **e così via, eccetera**
wie (z.B.) **come, per esempio**
wie bekannt ist **come sappiamo, com'è [essere] noto**

Vergleich und Gegenüberstellung

ähnlich **simile, equivalente (a)**
anders als **diverso (da)**
es kontrastiert mit **contrasta con**
Für und Wider **il pro e il contro**
gleich **stesso, medesimo, identico**
ich bin anderer Meinung **differisco [-ire], sono [essere] di parere diverso**
ich stelle gegenüber **contrasto [-are]**
ich unterscheide **differenzio [-are], distinguo [-ere]**
ich vergleiche **confronto [-are], paragono [-are]**
Kontrast **il contrasto**
im Gegensatz zu **al contrario di**
Nachteil **lo svantaggio**
relativ **relativamente**
unähnlich **diverso, dissimile**
Unterschied **la differenza**
Vergleich **il paragone, il confronto**
im Vergleich zu **a paragone di, a confronto di**
verschieden **diverso, differente**
Vorteil **il vantaggio**

Im Prinzip stimme ich seinen Ansichten zu. Einerseits hat er gezeigt, dass es notwendig ist, neue Häuser zu bauen. Andererseits hat er erörtert, wie problematisch es ist, einen passenden Bauplatz zu finden.

Fondamentalmente sono d'accordo con il suo punto di vista. Da un lato ha dimostrato la necessità di nuove abitazioni. Dall'altro ha discusso il problema di trovare un terreno adatto.

Ich schlage vor, wir analysieren das Problem sorgfältig. Dann sollten wir in der Lage sein, die Situation richtig einzuschätzen und zu einer fundierten Lösung zu kommen.

Propongo di analizzare il problema con attenzione. Saremo allora in grado di valutare la situazione e di raggiungere una conclusione sensata.

Lassen Sie mich meinen Kollegen zitieren. Wie allgemein bekannt ist, sind diese Aussagen widersprüchlich. Zum Beispiel können wir nicht totale Pressefreiheit und Zensur zur gleichen Zeit haben.

Permettetemi di citare il mio collega. Com'è noto, queste affermazioni sono contradditorie. Ad esempio, non possiamo avere totale libertà di stampa e, allo stesso tempo, la censura.

ANSICHTEN ÄUSSERN 6d ➤ FORTSETZUNG

Vorbehalte ausdrücken

auch wenn **anche se**
auf den ersten Blick **a prima vista**
bis zu einem gewissen Grad **fino ad un certo punto**
dennoch **tuttavia, nondimeno**
hauptsächlich **per la maggior parte**
im Allgemeinen **in genere, generalmente**
im Grunde genommen **praticamente**
in gewissem Sinne **in un certo senso**
kaum **appena**
teilweise **in parte**
ungewöhnlich **insolito, insolitamente**
unglücklicherweise **sfortunatamente**
vermutlich **presumibilmente**
vielleicht **forse**
wahrscheinlich **probabilmente**
ziemlich **abbastanza, relativamente**
zum Teil **parzialmente**

Seine Meinung vertreten

abgesehen von **a parte**
als Gegenleistung **in cambio**
ansonsten **altrimenti**
anstatt **invece, piuttosto**
auch **anche**
das mag vielleicht sein **può [potere] darsi, può essere**
ebenfalls **allo stesso modo**
genauso wichtig wie **altrettanto importante**
glücklicherweise **fortunatamente**
in der Regel **di regola**
in vielerlei Hinsicht **sotto molti aspetti**
in Wirklichkeit **in realtà**
insgesamt **tutto sommato, nel complesso**
nichtsdestoweniger **nonostante ciò, tuttavia, nondimeno**
noch ... **ancora, tuttora**
obwohl **sebbene, benché**
sozusagen **per dire**
stattdessen **al posto di, invece di**
tatsächlich **in effetti**
trotz **nonostante, tuttavia**
trotzdem **nonostante questo**
übrigens **per inciso**
um die Wahrheit zu sagen **a dire il vero**
von meinem Standpunkt aus **come la vedo io, dal mio punto di vista**
was ... betrifft **per quanto riguarda**
wie auch immer **comunque**
wie dem auch sei **comunque, in ogni modo, tuttavia**
wohingegen **mentre, laddove**
zugegeben **certo, certamente**

— Wie hat er sich das Bein gebrochen?	**— Come si è rotto la gamba?**
— Als er die Leiter holte, bemerkte er nicht, dass sie kaputt war. Deshalb fiel er herunter.	**— Quando è andato a prendere la scala, non si è accorto che era rotta. Così è caduto.**
— Warum verhält er sich so?	**— Perché si comporta in questo modo?**
— Vielleicht ist er wütend auf mich und ist deshalb gegangen.	**— Forse è arrabbiato con me e per questo se ne è andato.**

➤ BEMERKUNGEN & AUSRUFE 15b

Ursache & Wirkung

als **quando**
aus diesem Grund **per questa ragione**
daher **dunque**
dank des/der **grazie a**
daraus folgt, dass **ne segue che**
deshalb **perciò, quindi**
deswegen **per questo motivo**
die Folge (war, dass) **la conseguenza (era che)**
Effekt **l'effetto** (*m*)
Ergebnis **il risultato**
Grund **la ragione**
infolgedessen **di conseguenza**
Konsequenz **la conseguenza**
seit **da**
solange **finché, purché**
Ursache **la causa**
wann auch immer **ogni volta che**
warum? **perché?**
weil **perché**
wenn **se**
wie **come**
Wie? **come?**

Nachdrücklich betonen

auch **anche**
außerdem **inoltre, per di più**
besonders **specialmente**
ein um so besserer Grund **una ragione in più per**
extrem **estremamente**
ganz im Ernst **in tutta sincerità, sinceramente, seriamente**
gerade als **proprio quando**
hauptsächlich **soprattutto, principalmente**
ich betone/hebe hervor **sottolineo [-are]**
in jeder Hinsicht **sotto ogni aspetto**
insbesondere **particolarmente, in particolare**
natürlich **naturalmente, certo**
nicht im Geringsten **per niente, non affatto**
noch (mehr) **ancora (più)**
offensichtlich **ovviamente, chiaramente**
ohne Ausnahme **senza eccezione**
ohne Zweifel **senza dubbio, chiaramente**
sehr **molto**
sicherlich **certo, sicuro**
sowohl ... als auch **sia ... che ...**
überhaupt nicht **non affatto**
unbestreitbar **incontestabilmente**
unter gar keinen Umständen **in nessun caso**
völlig **completamente**
vor allem **soprattutto**
zusätzlich **in più**

Ehrlich gesagt, ich bin sehr wütend auf ihn. Wegen seiner Nachlässigkeit haben wir das Flugzeug verpasst.	**Sinceramente, sono estremamente arrabbiato con lui. Grazie alla sua noncuranza abbiamo perso il volo.**
Zum Glück gab es noch ein anderes, aber wir kamen völlig erschöpft in London an.	**Per fortuna ce n'era un altro, ma siamo arrivati a Londra completamente esausti.**
Und außerdem war es ihm offensichtlich völlig gleichgültig.	**Per di più, lui chiaramente se ne infischiava completamente.**
Ich werde unter keinen Umständen wieder mit ihm arbeiten.	**Io non lavorerò più con lui in nessun caso.**

7 Leben & Beziehungen

7a Familie & Freunde

Freundschaft

Bekannte(r) **il / la conoscente**
Beziehung **il rapporto**
Brieffreund(in) **il / la corrispondente**
Clique **il gruppo, la banda**
Freund(in) **un amico, un'amica**
Freund/Lebensgefährte **il ragazzo, l'innamorato** (*m*)
Freundschaft **l'amicizia** (*f*)
freundschaftlich **amichevole**
Gefährte **il compagno**
ich lerne kennen **faccio [fare] la conoscenza (di)**
ich stelle vor **presento [-are]**
Kumpel **l'amicone** (*m*)
Schulfreund **il compagno di scuola**
wir kommen gut miteinander aus **ci troviamo [-are] bene insieme, stiamo [-stare] bene insieme**
wir treffen uns **ci incontriamo [-are]**

Familienmitglieder & Verwandte

adoptiert **adottivo**
älter **maggiore**
Baby **il bambino, il bebè**
Bruder **il fratello**
Cousin(e) **il cugino, la cugina**
Cousin(e) zweiten Grades **il cugino / la cugina di secondo grado**
Ehefrau **la moglie**
Ehemann **il marito**
Lebensgefährte/in **il / la convivente**
Ehepartner(in) **il / la coniuge**
Einzelkind **il figlio unico**
Eltern **i genitori**
Enkel **il nipote**
Enkel (*Pl*) **i nipoti**
Enkelin **la nipote**
entfernter Verwandter **il lontano parente**

Als ich ein Teenager war, habe ich die Autorität meiner Eltern in Frage gestellt. Ich habe meinen Vater provoziert. Ich habe alles angezweifelt, was er sagte.	**Quando ero adolescente, sfidavo l'autorità dei miei genitori. Provocavo mio padre. Dubitavo di tutto quello che diceva.**
"Warum akzeptierst du meine Ansichten nicht?" fragte er mich.	**«Perché non rispetti il mio punto di vista?» mi diceva.**
"In diesem Ton kannst du nicht mit deinem Vater reden!" sagte meine Mutter. Unsere Beziehung hat sich jetzt verbessert. Wir verstehen uns sehr gut; ich mag ihn wirklich sehr gern.	**«Non puoi parlare a tuo padre in quel modo!» diceva mia madre. Ora il nostro rapporto è migliorato. Andiamo molto d'accordo; gli voglio veramente molto bene.**

➤ TREFFEN, BEGRÜSSUNG 15a

Familie **la famiglia**
Großeltern **i nonni**
Großenkel **il / la pronipote**
Großmutter **la nonna**
Großneffe **il pronipote**
Großnichte **la pronipote**
Großonkel **il prozio**
Großtante **la prozia**
Großvater **il nonno**
Halbbruder **il fratellastro**
Halbschwester **la sorellastra**
jüngste(r) **minore**
Kind **il figlio, la figlia**
Mama **la mamma**
Mutter **la madre**
naher Verwandter **il parente stretto**
Neffe **il nipote**
Nichte **la nipote**
Oma **la nonna**
Onkel **lo zio**
Opa **il nonno**
Papa **il papà**
Partner(in) **il / la coniuge, il compagno, la compagna**
Pate **il padrino**
Patenkind **il figlioccio** (*m*) **/ la figlioccia** (*f*)
Patin **la madrina**
Pflege- **adottivo**
Schwager **il cognato**
Schwester **la sorella**
Schwiegereltern **i suoceri**
Schwiegermutter **la suocera**
Schwiegersohn **il genero**
Schwiegertochter **la nuora**
Schwiegervater **il suocero**
Sohn **il figlio**
Stammbaum **l'albero** (*m*) **genealogico**
Stiefbruder **il fratellastro**
Stiefmutter **la matrigna**
Stiefschwester **la sorellastra**
Stiefsohn **il figliastro**
Stieftochter **la figliastra**
Stiefvater **il patrigno**
Tante **la zia**
Tochter **la figlia**
Urgroßmutter **la bisnonna**
Urgroßvater **il bisnonno**
Vater **il padre**
Verlobte(r) **il fidanzato, la fidanzata**
verwandt **di parentela**
Verwandte(r) **il / la parente**
Vorfahre **il progenitore, l'antenato** (*m*)
Vorfahre **l'antenato** (*m*)
Vormund **il tutore**
Zwillingsbruder **il (fratello) gemello**
Zwillingsschwester **la (sorella) gemella**

Hat die Kleinfamilie die traditionelle Großfamile ganz verdrängt?	**La famiglia nucleare ha completamente rimpiazzato la famiglia tradizionale estesa?**
Es ist eine Eigenart unserer Familie.	**È una caratteristica di famiglia.**
Kennst du Robert? Er und meine Mutter sind entfernte Verwandte.	**Conosci Roberto? Lui e mia madre sono lontani parenti.**
Er ist seinem Großvater wie aus dem Gesicht geschnitten.	**Assomiglia a suo nonno come una goccia d'acqua.**

➤ LIEBE & EHE, KINDER 7b; HERANWACHSEN, TOD 7c

7b Liebe & Kinder

Liebe & Ehe

Affäre **l'avventura** (*f*), **la relazione**
alleinerziehende Mutter **la madre nubile**
Braut **la sposa**
Bräutigam **lo sposo**
Brautjungfer **la damigella d'onore**
Ehe **il matrimonio**
frisch verheiratetes Paar **la coppia appena sposata**
Geliebte **l'amante** (*f*), **l'amica** (*f*)
geschieden **divorziato**
Geschiedene(r) **il divorziato, la divorziata**
getrennt **separato**
Hochzeit **il matrimonio, lo sposalizio**
Hochzeitsreise **il viaggio di nozze**
ich gehe aus mit **esco [uscire] con, frequento [-are]**
ich heirate **sposo [-are], mi sposo [-are] (con)**
ich lasse mich scheiden von **divorzio [-are]**
ich mache (ihr/ihm) den Hof **corteggio [-are], faccio [fare] la corte a**
ich trenne mich (von) **mi separo [-are] da**
ich verliebe mich (in) **m'innamoro [-are] di**
ich verlobe mich (mit) **mi fidanzo [-are] (con)**
Junggeselle **lo scapolo**
Liebhaber/in **l'amante** (*m / f*)
Paar **la coppia**
Promiskuität **la promiscuità**
Scheidung **il divorzio**
sexuell freizügig **promiscuo**
Trauzeuge **il testimone di nozze**
Trennung **la separazione**
unverheiratet **celibe** (*m*), **nubile** (*f*)
verheiratet **sposato**
verlobt **fidanzato**
Verlobte(r) **fidanzato**
Verlobung **il fidanzamento**
Werben **il corteggiamento**
Witwe(r) **la vedova, il vedovo**

Geburt & Kinder

Abtreibung **l'aborto** (*m*)
Adoption **l'adozione** (*f*)
Au Pair **la ragazza alla pari**
Baby **il bebè**
Babynahrung **gli alimenti per neonati / bebè**
Babysitter **il / la babysitter**
Brutkasten **l'incubatrice** (*f*)
Drillinge **il trigemino**

— Ich bin verrückt nach ihm. Wir sind wie füreinander geschaffen. — Ich kann ohne sie nicht leben. Es war Liebe auf den ersten Blick.	**— Sono pazza di lui. Siamo fatti l'uno per l'altro! — Non posso vivere senza di lei. È stato amore a prima vista.**
— Er versteht mich nicht. Wir haben uns nichts mehr zu sagen.	**— Lui non mi capisce. Non abbiamo più niente da dirci.**
— Sie macht mir ständig Vorwürfe, schreit mich ohne Grund an und treibt mich zum Wahnsinn. Unsere Beziehung geht auseinander.	**— Lei mi fa continui rimproveri, urla per un nonnulla, mi fa impazzire! Il nostro rapporto si sta guastando.**

 ➤ SEXUALITÄT 12e

Empfängnisverhütung **l'anticoncezionale** (*m*), **il contraccettivo**
Erstgeborene **il primogenito**
Fötus **il feto**
fruchtbar (un-) **(in)fecondo**
Fruchtbarkeit **la fecondità**
Geburt **la nascita**
Geburtsrate **il tasso di natalità**
Geburtstag **il compleanno**
ich adoptiere **adotto [-are]**
ich bin geboren **sono nato [nascere]**
ich bin schwanger **sono rimasta [rimanere], incinta**
ich bringe zur Welt **metto [-ere] al mondo, partorisco [-ire]**
ich erwarte ein Kind **sono [essere] incinta**
ich gebäre **partorisco [-ire]**
ich habe eine Abtreibung **abortisco [-ire]**
ich habe eine Fehlgeburt **ho [avere] un aborto spontaneo**
ich liege in den Wehen **ho [avere] le doglie**
ich ziehe auf (*Pflegekind*) **adotto [-are]**
ich ziehe ein Kind auf **allevo [-are] un bambino**
Junge **un maschio, un bambino, un ragazzo**
Kaiserschnitt **il taglio cesareo**
Kinder **(il figlio, la figlia) i figli**
Kindermädchen **la bambinaia**
Kinderwagen **la carrozzina**
Kindheit **l'infanzia** (*f*)
Kleinkind **il bambino ai primi passi**
Kondom **il preservativo**
Krippe **il lettino**
Lätzchen **il bavaglino**
Lebendgeburt **un nato vivo**
Mädchen **una femmina, una bambina, la ragazza**
Milchflasche **il biberon**
Neugeborenes **il neonato**
Periode **il periodo**
Pille **la pillola (anticoncezionale)**
Säugling **l'infante (m / f)**
Säuglingsalter **l'infanzia** (*f*)
Schnuller **la tettarella, il ciuccio**
schwanger **incinta**
Spielzeug **il giocattolo**
stillen **allatto [-are] al seno**
Taufe **il battesimo**
totgeboren **nato morto**
Totgeburt **il parto di un feto morto**
Unfruchtbarkeit **la sterilità**
Waise **l'orfano** (*m*)
Wehen **le doglie**
Windel **il pannolino**
Zwilling **il gemello**

Bei meiner Tochter setzten die Wehen um sieben Uhr abends ein und ihr Sohn kam drei Stunden später auf die Welt.	**Mia figlia ha avuto le doglie alle sette di sera, e il suo primogenito è venuto al mondo tre ore dopo.**
Ich verwöhne mein Kind.	**Vizio mio figlio.**
Die Adoptionsgesetze ändern sich jetzt in vielen Ländern aufgrund der Veränderungen in der Gesellschaft.	**Le leggi sull'adozione stanno cambiando in molti paesi a seguito dei cambiamenti nella società.**

➤ SOZIALE ANGELEGENHEITEN 12

7c Leben & Tod

Heranwachsen

Achtzigjähriger **l'ottantenne** (*m*)
alleinstehend **celibe** (*m*), **nubile** (*f*)
ältlich **anziano**
alt **vecchio, attempato, anziano**
alte(r) Frau/Mann **la vecchia, il vecchio, l'anziano** (*m*), **l'anziana** (*f*)
Alter **l'età** (*f*)
Alter **la vecchiaia, la terza età**
Altersheim **la casa per anziani**
Ausländer **lo straniero**
er/sie kommt aus **viene [venire] da**
erwachsen **maturo, adulto**
Erwachsener **l'adulto** (*m*)
Frau **la donna**
weiblich **femminile**
freizügige Gesellschaft **la società permissiva**
Fremder **lo straniero, il forestiero**
Frührente **il prepensionamento**
Generation **la generazione**
Generationsunterschied **il divario generazionale**
Hundertjähriger **il centenario**
ich bin erfolgreich **ho [avere] successo**
ich werde mündig **divento [-are] maggiorenne**
in Rente **pensionato**
Jugendliche **i giovani**
Jugend **la gioventù**
Jugendliche(r) **l'adolescente** (m / f)
jung **giovane**
jünger **più giovane**
der/die Jüngste **il / la più giovane**
Leben **la vita**
Lebensversicherung **l'assicurazione** (*f*) **sulla vita**
man sieht mir mein Alter an **dimostro [-are] la mia età**
Mann **l'uomo** (*m*)
männlich **maschile, virile**
Männlichkeit **la virilità**
Menschen **la gente**
mittleren Alters **di mezza età**
Nachname **il cognome**
Name **il nome**
Pension **la pensione**
Pensionär **il pensionato**
Person **la persona**
Reife **la maturità**

Wenn sie kein Moped haben, sind Jugendliche zur Fortbewegung auf ihre Eltern und den Schulbus angewiesen.

A meno che non abbiano il motorino, per il trasporto i giovani devono dipendere dai genitori o dallo scuolabus.

In italienischen Familien mit heranwachsenden Kindern gibt es endlose Diskussionen über das Motorradfahren und die Verkehrssicherheit.

Nelle famiglie italiane con figli adolescenti ci sono discussioni interminabili sull'uso delle moto e sulla sicurezza stradale.

 ➤ PRIVATFINANZEN 14e

Spitzname **il soprannome**
verantwortlich **responsabile**
Verantwortung **la responsabilità**
Wechseljahre **la menopausa**
Weiblichkeit **la femminilità**
Werde erwachsen! **non fare il bambino!**

Tod

Asche **le ceneri**
Autopsie **l'autopsia** (*f*)
Begräbnis **il funerale, la sepoltura**
Begräbnisrede **l'elogio** (*m*) **funebre**
Einäscherung **la cremazione**
Engel **l'angelo** (*m*)
Erbschaft **l'eredità** (*f*)
er ist aufgebahrt **è esposto al pubblico**
er ist eingeäschert worden **è stato cremato**
er ist gestorben **passa [-are] a miglior vita, è deceduto**
er stirbt **muore [morire]**
Friedhof **il cimitero, il camposanto**
Grab **la tomba**
Grabschrift **l'epitaffio** (*m*)
Grabstein **la pietra tombale**
Gruft **la tomba**
Himmel **il paradiso, il cielo**
Hölle **l'inferno** (*m*)
ich begrabe **seppellisco [-ire]**
ich erbe **eredito [-are]**
ich trauere **lamento [-are]**
ich trauere um **sono [essere] in lutto per**
Krematorium **il crematorio**
Leben nach dem Tod **l'aldilà** (*m*)
Leiche **il cadavere**
Leichenbestatter **l'impresario** (*m*) **di pompe funebri**
Leichenhalle **la camera mortuaria**
letzte Ölung **l'estrema unzione** (*f*)
Reinkarnation **la reincarnazione**
Sterblichkeitsrate **il tasso di mortalità**
Testament **il testamento**
Tod **la morte**
Todesanzeige **il necrologio**
tot **morto**
Totenschein **il certificato di morte**
Trauer **il lutto**
Überreste **la salma, i resti**

— Und wie kommen die älteren Leute zurecht?	**— E gli anziani, come se la cavano?**
— Die meisten versuchen, in ihrem eigenen Haus zu bleiben statt in ein Altersheim zu gehen.	**— La maggior parte cerca di continuare ad abitare nella propria casa, piuttosto che andare nelle case per anziani.**
Ihre Renten sind kaum ausreichend.	**Le loro pensioni sono a malapena sufficienti per vivere.**
Die Familie kümmert sich jedoch gut um sie.	**Comunque la famiglia se ne prende cura.**

➤ RELIGION 13

8 Im Alltag

8a Das Haus

Annehmlichkeiten **le amenità, le comodità**
aus Backstein **di mattone**
aus Stein **di pietra**
Baugelände **il terreno da costruzione**
Bauplatz **il cantiere**
Bungalow **il bungalow, la villetta**
Chalet **lo chalet**
Dachwohnung **l'attico** (*m*)
Eigentumswohnung **la casa di proprietà**
Einfamilienhaus **una casa unifamiliare**
Fertighaus **la casa prefabbricata**
Gebäude **l'edificio** (*m*)
Grundbesitz **la proprietà fondiaria**
Haus **la casa**
Hausmeister **il / la custode**
Hypothek **l'ipoteca** (*f*)
ich baue **costruisco [-ire]**
ich baue an **faccio [fare] construire un'estensione**
ich besitze **possiedo [possedere]**
ich ergreife Besitz **occupo [-are]**
ich miete **affitto [-are]**
ich modernisiere **modernizzo [-are]**
ich nehme eine Hypothek auf **metto [-ere] un'ipoteca**
ich ziehe aus **sgombro [-are]**
ich ziehe ein **entro [-are], occupo [-are]**
ich ziehe um **cambio [-are] casa, trasloco [-are]**
Immobilien **gli immobili**
Kanalisation **la fognatura**
Miete **l'affitto** (*m*)
Mieteigentum **la proprietà in affitto / locazione**
Mieter **l'inquilino** (*m*)

Wir kaufen ein neues Haus.	**Stiamo comprando una nuova casa / villa.**
Ich ziehe ein altes Haus vor, das ich nach und nach renovieren kann.	**Preferisco una casa vecchia che posso rinnovare poco per volta.**
Wir lassen ein Haus bauen.	**Stiamo facendoci costruire una casa.**
Ich wohne in einer möblierten Mietwohnung.	**Vivo in un appartamento ammobiliato in affitto.**
Mein Mietvertrag läuft in zwei Wochen aus.	**Il mio contratto d'affitto scade fra due settimane.**

➤ DER HAUSHALT 8b; EINRICHTUNG 8c; TAGESABLAUF 8d

Mietverhältnis **l'affitto** (*m*)
Mietvertrag **il contratto d'affitto**
Mietwohnung **l'appartamento in affitto**
möblierte Wohnung **l'appartamento ammobiliato** (*m*)
möbliertes Haus **la casa ammobiliata** (*f*)
Müllabfuhr **la raccolta di rifiuti**
öffentlich gefördertes Wohnhaus **la casa comunale**
Rückzahlungsrate **il tasso di mutuo**
Sozialwohnung **l'appartamento in case comunali**
Straßenlaterne **il lampione**
teilmöbliert **parzialmente ammobiliato**
unmöbliert **non ammobiliato**
Untermieter **inquilino in subaffitto**
Vermieter **il padrone di casa, il locatore**
Wohnen **l'alloggio** (*m*),
Wohnstätte **l'abitazione** (f)
Wohnung **l'appartamento** (*m*)
Zweifamilienhaus **la casa bifamiliare**

Räume

Abstellkammer **il ripostiglio**
Arbeitszimmer **lo studio**
Badezimmer **il bagno**
Dachboden **la soffitta**
Dachgeschoss **l'attico** *(m)*, **la mansarda**
Dusche **la doccia**
Esszimmer **la sala da pranzo**
Flur **il corridoio, l'entrata** *(f)*
Foyer **l'ingresso** *(m)*
Frühstückszimmer **la cucina, l'angolo** *(m)* **per la colazione**
Keller **la cantina**
Korridor **il corridoio**
Küche **la cucina**
Schlafzimmer **la camera da letto**
Terrasse **!a terrazza, il terrazzo**
Treppenabsatz **il pianerottolo**
Untergeschoss **il sotterraneo**
Waschraum/Toilette **il bagno, il gabinetto**
W.C. **il gabinetto**
Wohnzimmer **il salone, il soggiorno, il salotto**

Sie vermietet ihr Dachgeschoss.	**Mette il suo attico in affitto.**
Die Immobilienagentur sucht ein kleines Haus mit Terrasse für einen Kunden.	**L'agenzia immobiliare sta cercando una villetta con terrazzo per un cliente.**
Vom Haus hat man einen guten Ausblick auf den Obstgarten; Schade, dass die Bahnlinie dort vorbeiführt.	**La casa ha una bella vista sul frutteto; peccato ci sia la linea ferroviaria!**
Das ganze Haus muss gestrichen werden, bevor wir es zum Verkauf anbieten.	**Bisogna dipingere tutta la casa prima di metterla in vendita.**
Wir sind vor zwei Jahren umgezogen.	**Abbiamo traslocato due anni fa.**

➤ WOHNUNGSWESEN & OBDACHLOSIGKEIT 12c

8b Der Haushalt

Abfalleimer **la pattumiera**
abgenutzt **consunto, logoro**
Alarmanlage **l'antifurto** (*m*)
alt **vecchio**
angeschaltet (*Schalter*) **acceso**
aufgedreht (*Wasserhahn*) **aperto**
Antenne **l'antenna** (*f*)
Ausblick **la vista, il panorama**
ausgebessert **riparato**
ausgeschaltet (*Schalter*) **spento**
abgedreht (*Wasserhahn*) **chiuso**
Balkon **il balcone**
Beleuchtung **l'illuminazione** (*f*)
bequem **accogliente, confortevole**
Boiler **la caldaia**
Briefkasten **la cassetta postale**
Dach **il tetto**
Dachbodenkammer **il sottotetto**
Dachgarten **il giardino pensile**
Dachrinne **la gronda(ia)**
Dachziegel **la tegola**
Decke **il soffitto**
eigenes **proprio**
Eingangstür **la porta d'ingresso**
Elektrik **elettrico**
Elektrizität **l'elettricità** (*f*)
Erdgeschoss **il piano terra**
Fahrstuhl **l'ascensore** (*m*)
Fenster **la finestra**
Fensterbrett **il davanzale**
Fensterladen **le persiane**
Fensterscheibe **il vetro della finestra**
Feuerlöscher **l'estintore** (*m*)
Feuermelder **l'allarme** (*m*) **antincendio**
Fußboden **il pavimento**
Fußleiste **lo zoccolo**
Garage **l'autorimessa, il garage**
Gas **il gas**
Geländer **la ringhiera**
gemütlich (un-) **(s)comodo**
geräumig **spazioso**
Glas **il vetro**
Glühbirne **la lampadina**
Griff **la maniglia**
Hebel **la leva**
Heizkörper **il radiatore, il termosifone**
Heizung **il riscaldamento**
Henkel **il manico**
Hintertür **la porta di dietro**
Holz **il legno**
Kachel **la mattonella, la piastrella**
Kamin **il camino**
klein **piccolo**
Korridor **il corridoio**
Lampe **la lampadina, la lampada, il lume**
Lampenschirm **il paralume**
Leitung **il tubo**
Heißwasserleitung **i tubi dell'acqua calda**
Leitung (*elektrische*) **l'impianto** (*m*) **elettrico**

Kommen Sie ins Esszimmer.	**Venga nella sala da pranzo.**
Der Heißwasserhahn ist undicht!	**Il rubinetto dell'acqua calda perde!**
Der Tisch ist noch nicht abgeräumt.	**La tavola non è ancora stata sparecchiata!**
Wer ist heute an der Reihe?	**A chi tocca oggi?**

➤ EINRICHTUNG 8c; TAGESABLAUF 8d

Licht **la luce**
Lichtschalter **l'interruttore** (*m*)
Matte **lo zerbino**
Mauer **il muro**
Miete **l'affitto** (*m*)
mit Ausblick auf **con vista su**
Möbel **i mobili**
Möbelstück **il mobile**
möbliert **arredato, ammobiliato**
modern **moderno**
neu **nuovo**
oben **sopra**
Oberlicht **il lucernario**
ordentlich **ordinato**
Papierkorb **il cestino per la carta straccia**
Regal **lo scaffale**
Rolladen **le veneziane**
sauber **pulito**
schließt (mit) ein **incluso, compreso**
Schloss **il lucchetto, la serratura**
Schlüssel **la chiave**
Schlüsselloch **il buco della serratura**
schmutzig **sporco**
Schornstein **il comignolo**
Schreibtisch **la scrivania**
Steckdose **la presa di corrente**
Stecker **la spina**
Stellung **la posizione**
Stufen **gli scalini**
Tapete **la carta da parati**
Teppich **il tappeto**
Terrasse **la terrazza**
Toilette **il bagno**
Treppe **le scale**
Treppenabsatz **il piano**
im ersten Stock **al primo piano**
oberes Stockwerk **il piano superiore**
Treppenhaus **le scale** (*fpl*)
Tür **la porta**
Türgriff **la maniglia**
Türknopf **il pomello**
Türmatte **lo stuoino**
unten/im ersten Stock **giù, al primo piano**
Veranda **la veranda**
Verlängerungskabel **la prolunga**
Vorhang **la tenda**
Wand **la parete**
Trennwand **la parete divisoria**
Wasser **l'acqua** (*f*)
Zaun **il recinto**
Zentralheizung **il riscaldamento centrale**
Zimmer **la camera, la stanza**
Zimmer mit Bad **la camera da letto con bagno**
Zwischengeschoss **il (piano) mezzanino**

Wer macht den Abwasch?	**Chi lava i piatti?**
Feg den Dreck hier sofort weg!	**Spazza via quel sudiciume immediatamente!**
Die Möbel müssen poliert werden.	**Bisogna lucidare i mobili.**
Vergiss nicht, das Licht auszuschalten.	**Non dimenticare di spegnere la luce.**

8c Einrichtung

Wohnzimmer

Anrichte **la credenza,**
Aschenbecher **il portacenere**
Bild **il quadro**
  Portrait **il ritratto**
Bücherregal **lo scaffale**
Bücherschrank **la libreria**
Fotografie **la fotografia**
Kaffeetisch **il tavolino da caffè**
Kamin **il camino**
Kaminsims **la mensola del camino**
Kissen **il cuscino**
Polstersessel **la poltrona**
Poster **il manifesto**
Schaukelstuhl **la sedia a dondolo**
Schreibtisch **la scrivania**
Sessel **la poltrona**
Sofa **il sofà**
Teppich **il tappeto**
Ziergegenstand **l'ornamento** *(m)*

Küche

Abtropfbrett **lo scolatoio**
Essbesteck **le posate**
Flaschenöffner **l'apribottiglie** (*m*)
Gabel **la forchetta**
Gasherd **la cucina a gas**
Geschirr **le stoviglie**
Geschirrtuch **l'asciugapiatti** (*m*)
Glas **il bicchiere**
Herd **la cucina**
Kaffeekanne **la caffetiera**
Kaffeemaschine **la macchinetta da caffè**
Krug **la brocca**
Löffel **il cucchiaio**
Messer **il coltello**
  Tranchiermesser **il trinciante**
Milchkrug **il bricco da latte**
Mülleimer **il bidone della spazzatura**
Ofen **il forno**
Pfefferstreuer **la pepaiola**
Salzstreuer **la saliera**
Schrank **l'armadio** *(m)*
Schüssel **la ciotola, la scodella**
Sitzbank **la panchina**
Spülbecken/Waschbecken **il lavello**
Spülmaschine **la lavastoviglie**
Spülmittel **il detergente per stoviglie**
Spülstein **il lavello**
Tablett **il vassoio**
Tasse **la tazza**
Teekanne **la teiera**
Teller **il piatto**
Überreste **gli avanzi**
Untertasse **il piattino**
Wandschrank **la credenza a muro**
Wäscheklammer **la molletta da bucato**
Wäscheleine **la corda del bucato**
Waschmittel **il detersivo in polvere**
Wasserhahn **il rubinetto**
Weinglas **il bicchiere da vino**

Esszimmer

Anrichte **la credenza**
Kerze **la candela**
Kerzenständer **il candeliere**
Leuchter **il lampadario**
Serviette **la salvietta, il tovagliolo**
Stuhl **la sedia**
Tisch **la tavola, il tavolo**
Tischtuch **la tovaglia**
Untersetzer **il sottopiatto**

Schlafzimmer

Bett **il letto**
  Doppelbett **il letto a due piazze**
  Etagenbett **il letto a castello**
Betttuch **il lenzuolo, le lenzuola** *(Pl)*
Bettwäsche **il pigiama, la camicia da notte**

➤ DER HAUSHALT 8b; KOCHEN 10d; KÜCHENGERÄTE Anh. 10d

Bettzeug **la biancheria**
Bettüberwurf **il copriletto**
Decke **la coperta**
Federbett **il piumone**
Garderobe **l'armadio** *(m)*
Kommode **il cassettone**
Kissen **il guanciale**
Matratze **il materasso**
Nachttisch **il comodino**
Toilettentisch **la toletta**
Wecker **la sveglia**

Badezimmer

Bad **il bagno**
Badvorleger **il tappetino da bagno**
Bidet **il bidè**
Dusche **la doccia**
Handtuch **l'asciugamano** *(m)*
Handtuchhalter **il portasciugamani**
Handwaschbecken **il lavandino**
Kleiderbürste **la spazzola per vestiti**
Nagelbürste **lo spazzolino per le unghie**
Seife **il sapone**
Shampoo **lo sciampo**
Spiegel **lo specchio**
Stöpsel **il tappo**
Toilette **il bagno, il gabinetto**
Toilettenpapier **la carta igienica**
Waage **la bilancia pesapersone**
Waschbecken **il lavandino**
Wäschekorb **il cesto del bucato**
Waschlappen **lo strofinaccio per lavarsi**
Wasserhahn **il rubinetto**
Zahnbürste **lo spazzolino da denti**
Zahnpasta **il dentifricio**

Elektroartikel

Bügeleisen **il ferro da stiro**
CD-Spieler **il lettore di CD**
elektrischer Rasierer **il rasoio elettrico**
Elektrogerät **l'elettrodomestico** *(m)*
Elektroherd **la cucina elettrica**
Fernseher **il televisore**
Fernsehen **la televisione**
Gefrierschrank **il congelatore**
Hi-Fi **l'hi-fi, l'alta fedeltà** *(f)*
Kassettenrecorder **il mangianastro / il registratore**
Kühlschrank **il frigorifero**
Mikrowelle **il forno a microonde**
Mixer **il frullatore**
Plattenspieler **il giradischi**
Radio **la radio**
Staubsauger **l'aspirapolvere** *(m)*
Stereoanlage **lo stereo**
Stummer Diener **lo stirapantaloni**
Trommeltrockner **l'essiccatoio** *(m)*, **l'asciugatrice** *(f)*
Videogerät **il video registratore**
Wascheschleuder **la centrifuga**
Walkman® **il walkman®**
Waschmaschine **la lavatrice**

Die Waschmaschine funktioniert nicht! Kannst du sie reparieren?	**La lavatrice non funziona! Puoi ripararla?**
Ich habe gerade einen CD-Spieler gekauft.	**Ho appena acquistato un lettore di CD / compact.**

➤ TOILETTENARTIKEL 9b; WERKZEUGE Anh. 8b

8d Tagesablauf

Abendessen **la cena**
Abwasch **i piatti da lavare**
angezogen **vestito**
Arbeit **il lavoro**
Bad **il bagno**
Bett **il letto**
Dusche **la doccia**
Freizeit **il tempo libero**
Frühstück **la (prima) colazione**
Haus **la casa**
zu Hause **a casa**
Hausarbeit **i lavori domestici**
Haushaltshilfe **la colf (collaboratrice familiare)**
Laden **il negozio**
Mittagessen **il pranzo** *(fam)*, **la seconda colazione**
Müll **l'immondizia** *(f)*, **i rifiuti** *(pl)*
sauber **pulito**
Schlaf **il sonno**
Schule **la scuola**
Stunde **l'ora** *(f)*
Tagesablauf **l' abitudine** *(f)* **quotidiana**
Wäsche **il bucato**
schmutzige Wäsche **gli indumenti da lavare**
Wäsche (zum Trocknen aufgehängt) **il bucato appeso**
Zeit **il tempo**

Tätigkeiten

ich arbeite im Garten **pratico [-are] il giardinaggio**
ich bade **faccio [fare] il bagno / a**
ich baue **costruisco [-ire]**
ich benutze **uso [-are], utilizzo [-are]**
ich bereite vor **preparo [-are]**
ich beschneide/stutze **taglio [-are]**
ich binde **lego [-are]**
ich bringe **porto [-are]**
ich bügele **stiro [-are]**
ich decke den Tisch **apparecchio [-are] la tavola**
ich drücke (Knopf) **premo [-ere] (un pulsante)**
ich dusche **faccio [fare] la doccia**
ich erlaube **permetto [-ere], lascio [-are]**
ich esse **mangio [-are]**
ich esse zu Abend **ceno [-are]**
ich esse zu Mittag **pranzo [-are]**
ich falle **cado [-ere]**
ich fange an **incomincio [-are]**
ich faste **digiuno [-are]**
ich frühstücke **faccio [fare] colazione**
ich fülle **riempio [-ire]**
ich gehe auf dieToilette **vado [andare] in bagno**

Wir stehen gewöhnlich um sieben Uhr auf, außer Simon, der Nachtschichten arbeitet.	**Di solito ci alziamo alle sette, ad eccezione di Simone che fa i turni di notte.**
Derjenige, der am Abend vorher nicht das Abendessen zubereitet hat, macht Frühstück.	**La persona che non ha preparato la cena la sera prima prepara la colazione.**
Das Mittagessen findet im Esszimmer statt, aber sobald es wärmer wird essen wir im Garten.	**Il pranzo è nella sala, ma appena arriva la bella stagione, mangiamo in giardino.**

➤ GARTENBAU 24c; HAUSHALTSARTIKEL 9b; WEKZEUGE Anh. 8b

ich gehe schlafen **vado [andare] a dormire**
ich gehe ins Bett **vado [andare] a letto**
ich hebe auf **raccolgo [-cogliere]**
ich heize **riscaldo [-are]**
ich höre auf **smetto [-ere]**
ich kaufe **compro [-are]**
ich kaufe ein **faccio [fare] la spesa**
ich kehre **spazzo [-are], scopo [-are]**
ich klingele **suono [-are] il campanello**
ich klopfe **busso [-are]**
ich koche **cucino [-are]**
ich lasse fallen **faccio [fare] cadere**
ich lebe **vivo [-ere]**
ich leere **svuoto [-are]**
ich mache **faccio [fare]**
ich mache kaputt **rompo [-ere]**
ich miete **prendo [-ere] a nolo**
ich nähe **cucio [-ire]**
ich nehme **prendo [-ere], porto [-are]**
ich nehme ein Bad **faccio [fare] il bagno**
ich pflanze **pianto [-are]**
ich pflanze an **cresco [-ere]**
ich plaudere **chiacchiero [-are]**
ich poliere **lucido [-are]**
ich putze **pulisco [-ire]**
ich räume auf **metto [-ere] in ordine**
ich räume aus dem Weg **libero [-are]**
ich räume den Tisch ab **sparecchio [-are] la tavola**
ich räume weg **ripongo [riporre]**
ich rede **parlo [-are]**
ich rufe an **telefono [-are] a**
ich ruhe mich aus **mi riposo [-are]**
ich schalte an **accendo [-ere]**
ich schalte aus **spengo [spegnere]**
ich schalte das Radio ein **accendo [-ere] la radio**
ich scheuere **sfrego [-are], strofino [-are]**
ich schlafe **dormo [-ire]**
ich schließe **chiudo [-ere]**
ich schließe ab **chiudo [-ere] a chiave**
ich sehe fern **guardo [-are] la televisione**
ich setze mich **mi siedo [sedere]**
ich sitze **siedo [sedere]**
ich spreche **parlo [-are]**
ich stehe **sto [stare] in piedi**
ich stehe auf **mi alzo [-are] mi alzo [-are] in piedi**
ich stopfe **rammendo [-are]**
ich streiche **dipingo [-ere]**
ich stricke **lavoro [-are] a maglia**
ich tapeziere **rivesto [-ire] con carta da pareti, tappezzo [-are]**
ich teile **condivido [-ere], spartisco [-ire]**
ich trage **porto [-are]**
ich trage (*Kleidung*) **indosso [-are], porto [-are]**
ich trete ein **entro [-are]**
ich trinke **bevo [bere]**
ich trockne ab **asciugo [-are]**
ich tue **faccio [fare]**
ich verkaufe **vendo [-ere]**
ich verlasse (*Ort*) **parto [-ire]**
ich vermiete **affitto [-are], noleggio [-are]**
ich wache auf **mi sveglio [-are]**
ich wasche **lavo [-are]**
ich wasche ab **lavo [-are] i piatti**
ich wässere **annaffio [-are]**
ich werfe weg **butto [-are] via**
ich wische Staub **pulisco [-ire], spolvero [-are]**
ich ziehe mich an **mi vesto [-ire], mi metto [-ere] i vestiti**
ich ziehe mich aus **mi svesto [-ire], mi spoglio [-are]**
ich ziehe mich um **mi cambio [-are] (i vestiti)**

9 Einkaufen

9a Allgemeines

Abteilung **il reparto, il settore**
Angebot **l'occasione** (*f*), **l'offerta** (*f*)
Artikel **l'articolo** (*m*)
Aufzug **l'ascensore** (*m*)
Ausgang **l'uscita** (*f*)
Ausverkauf **la svendita, l'offerta** (*f*) **speciale**
automatische Tür **la porta automatica**
Banknote **la banconota, il biglietto (da)**
Bedienungsanleitung **le istruzioni per l'uso**
Bestellung **l'ordinazione** (*f*)
billig **a buon prezzo / mercato, economico**
Brieftasche **il portafoglio**
Dieb **il ladro**
drücken **spingere**
echt **genuino, autentico**
Eingang **l'ingresso** (*m*), **l'entrata** (*f*)
Einkauf **la spesa**
Einkaufskorb **il cestello**
Einkaufsliste **la lista della spesa**
Einkaufswagen **il carrello**
Etikett **l'etichetta** (*f*)
frisch **fresco**
gebraucht **di seconda mano, usato**
gefroren **congelato**
Gegenstand **l'oggetto** (*m*)
Geld **il denaro**
Geldautomat **la cassa automatica, il bancomat**
Geldbeutel **il portamonete**
Geschäft **il negozio**
Geschäftsführer **il direttore, il gestore**
Geschäftsführerin **la direttrice, la gerente**
geschlossen **chiuso**
günstig **è [essere] conveniente**
Händler **il / la commerciante**
Handtasche **la borsa, la borsetta**
Inhalt **il contenuto**
Kasse **la cassa**
Katalog **il catologo**
Konsument **il consumatore**
kostenlos **libero, gratis, gratuito**
kostspielig **caro, costoso**
Kredit **il credito**
Kreditkarte **la carta di credito**
Kundenbetreuung **l'assistenza** (*f*) **alla clientela**
Kundendienst **il servizio di assistenza**
Kundeninformationsdienst **il servizio informazione clienti**
Ladenbesitzer **il / la negoziante**
Ladenkasse **la cassa**
Markt **il mercato**
Mode **la moda**
Münze **la moneta**
nagelneu **nuovissimo, nuovo di zecca**
Notausgang **l'uscita** (*f*) **di sicurezza**
offen **aperto**
Öffnungszeiten **l'orario** (*m*) **di apertura**
Paket **il pacchetto, il pacco**
Pfund **la libbra**
Preisnachlass **lo sconto, la riduzione**
Qualität **la qualità**

➤ WÄHRUNGEN Anh. 9a; ZAHLUNG 20b; MENGENANGABEN 9b

Quittung **lo scontrino, la ricevuta fiscale**
Rabatt **lo sconto**
Reisescheck **l'assegno** (*m*) **turistico**
Rolltreppe **la scala mobile**
Rückerstattung **il rimborso**
Ruhetag **il giorno di chiusura / riposo**
Selbstbedienung **il self-service**
Sicherheitspersonal **la guardia**
Sommerschlussverkauf **la svendita**
Sonderangebot **l'offerta** (*f*) **speciale**
Strichcode **il codice a barre**
Tasche **la tasca**
teuer **caro, costoso**
Treppe **le scale**
Umkleidekabine **il camerino**
Verbraucherschutz **la tutela del consumatore**
verderbliche Ware **i cibi deteriorabili**
Verkäufer(in) **la commessa, il commesso**
Wahl **la scelta**
Warenausgabe **il ritiro merci**
Warenprobe **l'offerta** (*f*) **gratuita**
Wechselgeld **il resto**
ziehen **tirare**

Tätigkeiten

ich bestelle **ordino [-are]**
ich bezahle **pago [-are]**
ich entscheide **decido [-ere]**
ich gebe (Geld) aus **spendo [-ere] (soldi)**
ich habe an **porto [-are], indosso [-are]**
ich kaufe ein **faccio [fare] la spesa**
ich klaue **rubo [-are]**
ich lege ab **mi levo [-are], mi tolgo [togliere]**
ich packe ein **avvolgo [-ere]**
ich probiere **provo [-are]**
ich serviere **servo [-ire]**
ich stehe an **mi metto [-ere] in fila, faccio [fare] la coda**
ich stehle **taccheggio [-are]**
ich tausche aus **scambio [-are]**
ich trage **indosso [-are]**
ich verkaufe **vendo [-ere]**
ich wähle aus **scelgo [scegliere]**
ich warte **aspetto [-are], attendo [-ere]**
ich wechsle **cambio [-are]**
ich wiege **peso [-are]**
ich zeige **mostro [-are]**
ich ziehe an **mi metto [-ere], indosso [-are]**
ich ziehe aus **mi levo [-are], mi tolgo [togliere]**

Ausdrücke, die man hört

Am Stück oder in Scheiben?
Intero o affettato?

Ich stehe schon ewig an.
Faccio la coda da un secolo.

Kann ich Ihnen helfen?
Desidera?

Sie haben mir falsch herausgegeben. **Si è sbagliato nel darmi il resto.**

Sonst noch etwas? / Ist das alles?
Desidera altro?

Der Nächste bitte!
A chi tocca?

Werden Sie schon bedient?
La stanno servendo?

Ich sehe mich nur um.
Sto solo dando un'occhiata.

➤ HAUSHALTS- & TOILETTENARTIKEL, NAHRUNGSMITTEL 9b; BEKLEIDUNG 9c

9b Haushalts- & Toilettenartikel

Toilettenartikel

Aftershave **il dopobarba**
Binden **gli assorbenti**
Brille **gli occhiali**
Bürste **la spazzola**
Deodorant **l'antiperspirante** *(m)* **il deodorante**
Eyeliner **l'eyeliner**
Feuchtigkeitscreme **l'idratante** *(m)*
Gesichtscreme **la crema per il viso**
Gesichtspuder **la cipria**
Haarbürste **la spazzola per capelli**
Haarspray **la lacca per capelli**
Kamm **il pettine**
Kölnisch Wasser **la colonia**
Kondom **il preservativo**
Kosmetik **la cosmetica**
Kosmetika **il trucco, i cosmetici**
Lippenbalsam **il burro cacao**
Lippenstift **il rossetto**
Make-up **la crema base, il fondotinta**
Nagelfeile **la lima da unghie**
Papiertaschentuch **il fazzoletto (di carta)**
Parfüm **il profumo**
Pinzette **la pinzetta**
Rasiercreme **la crema da barba**
Rasierer **il rasoio**
Rasierklinge **la lametta da barba**
Seife **il sapone**
Shampoo **lo sciampo**
Sonnenbrille **gli occhiali da sole**
Sonnenschutzcreme **la crema protettiva**
Spray **la bombola, lo spruzzatore**
Talkumpuder **il talco**
Tampon **il tampone**
Toilettenartikel **gli articoli da toletta**
Toilettenpapier **la carta igienica**
Watte **l'ovatta** *(f)*
Zahnbürste **lo spazzolino da denti**
Zahnpasta **il dentifricio**
Zahnseide **il filo interdentale**

Haushaltsartikel

Aluminiumfolie **la carta stagnola**
Bleichmittel **la candeggina**
Gabel **la forchetta**
Glas **il bicchiere**
Insektenschutzmittel **l'insetticida** *(m)*
Kanne **la caraffa, la brocca**
Kordel **la corda, il cordino**
Küchenpapier **la carta da cucina assorbente**
Löffel **il cucchiaio**
Messer **il coltello**
Papiertuch **la salvietta di carta**
Schüssel **la ciotola, la scodella**
Serviette **la salvietta, il tovagliolo**

Mengenbegriffe

eine Büchse . . . **una scatola di ...**
eine Dose . . . **una lattina di ...**
ein Dutzend . . . **una dozzina di ...**
eine Flasche . . . **una bottiglia di ...**
ein halbes Pfund **mezza libbra di ...**
hundert Gramm . . . **un etto di ... , (centro grammi di ...)**
ein Kilo . . . **un chilo di ...**
eine Lage . . . **una tavoletta di ...**
ein Liter . . . **un litro di ...**
ein Paar . . . **un paio di ...**
ein Paket . . . **un pacchetto di ..., una confezione di ...**
eine Schachtel . . . **una scatola di ...**
eine Scheibe . . . **una fetta di ...**
eine Tube . . . **un tubo di ...**
etwa zehn . . . **una decina di ...**

➤ MESSEN 4b; MEDIKAMENTE 11b; SCHREIBMATERIAL Anh. 22b

Spülmittel **il detergente per i piatti**
Streichhölzer **i fiammiferi**
Tasse **la tazza**
Teller **il piatto**
Topf **la pentola**
Topfreiniger **la paglietta**
Untertasse **il piattino**
Vase/Gefäß **il vaso, il vasetto**
Wäscheklammer **la molletta da bucato**
Waschpulver **il detersivo (in polvere)**
Zellophanpapier/Klarsichtfolie **la pellicola**

Grundnahrungsmittel

Bier **la birra**
Bohnen **i fagioli**
Brot **il pane**
  Brötchen **il panino**
  Laib Brot **la pagnotta**
  geschnittenes Brot **il pane affettato**
Butter **il burro**
Cannelloni **i cannelloni**
Chips **le chips**
Cola **la cola**
Eier **le uova**
Eiscreme **il gelato**
Erdnussbutter **il burro di arachide**
Essig **l'aceto** (*m*)
Fisch **il pesce**
Fleisch **la carne**
Gemüse **la verdura**
Getreideflocken **i cereali**
Gewürze **gli aromi, le spezie**
Huhn **il pollo**
Kaffee **il caffè**
Kartoffeln **le patate**
Käse **il formaggio**
  Parmesan **il parmigiano**
Knoblauch **l'aglio** (*m*)
Kuchen **i dolci**
Lamm **l'agnello** (*m*)
Lasagne **le lasagne**
Limonade **la limonata**
Makkaroni **i maccheroni**
Margarine **la margarina**
Marmelade **la marmellata**
Mayonnaise **la maionese**
Mehl **la farina**
Milch **il latte**
Mineralwasser **l'acqua** (*f*) **minerale**
Nudeln/Pasta **la pasta**
Obst **la frutta**
Öl **l'olio** (*m*)
Olivenöl **l'olio** (*m*) **d'oliva**
Orangenmarmelade **la marmellata di arance**
Paprika **i peperoni**
Pastete **il paté**
Pfeffer **il pepe**
Pizza **la pizza**
Plätzchen **i biscotti**
Pommes Frites **le patatine fritte**
Pudding **il dolce, il budino**
Rindfleisch **il manzo**
Saft **il succo**
Salz **il sale**
Sandwich **il sandwich, il tramezzino**
Sardine **le sardine**
Schinken **il prosciutto**
Nussnougatcreme **la crema di cioccolata**
Schweinefleisch **la carne di maiale**
Senf **la mostarda, la senape**
Soße **la salsa**
Spaghetti **gli spaghetti**
Speck **la pancetta**
Suppe **la minestra**
Tee **il tè**
Teebeutel **la bustina di tè**
Toast **il toast**
Wein **il vino**
Wurst **la salsiccia**
Zucker **lo zucchero**

➤ GETRÄNKE & SPEISEN 10; GEMÜSE, OBST 10c; KRÄUTER & GEWÜRZE Anh. 10c

9c Bekleidung

abgestimmt (auf) **intonato a**
Absatz **il tacco**
Anorak/Parka **il giaccone, l'eskimo** (*m*)
Anzug **il vestito**
aufdringlich **vistoso, sgargiante**
aus Seide **di seta**
Badeanzug **il costume da bagno**
Badehose **i calzoncini da bagno**
Baumwolle **il cotone**
bedruckt **stampato**
bestickt **ricamato**
BH **il reggiseno**
Bikini **il bikini**
Bluse **la camicetta**
brandneu **nuovissimo**
bügelfrei **non si stira**
bunt **colorato, variopinto**
Damenmode **l'abbigliamento** (*m*) **da donna**
elegant **elegante**
eng **stretto**
farbecht **di colore solido**
flach (mit niedrigem Absatz) **con i tacchi bassi**
geschneidert **su misura**
gestreift **a strisce**
gestrickt **a maglia**
groß **grande**
Größe **la taglia, la misura**
Handschuh **il guanto**
hässlich **brutto**
Hemd **la camicia**
Herrenbekleidung **l'abbigliamento** (*m*) **da uomo**
hochhackig **con i tacchi alti**
Hose **i pantaloni, i calzoni**
Hut **il cappello**
Jacke **la giacca**
Jeans **i jeans**
kariert **a quadri, a quadretti**
Kleid **il vestito, l'abito** (*m*)
Kleidung (Be-) **l'abbigliamento** (*m*) **i vestiti**
klein **piccolo**

Ausdrücke im Bekleidungsgeschäft

Das passt mir nicht ganz. **Non mi va molto bene.**
Das passt nicht zusammen. **Non si accordano.**
Du wirst es bald satt haben, das zu tragen. **Ti stuferai presto d'indossarlo.**
Es gefällt mir. **Mi piace.**
Es steht mir. **Mi sta bene.**
Haben Sie dasselbe in Rot? **Ha lo stesso modello in rosso?**
Ich bin an der Reihe. **Tocca a me.**
Ich habe es im Ausverkauf gekauft. **L'ho comprato in liquidazione.**
Ich hätte lieber. . . **Preferirei ...**
Ich hätte es gerne zwei Nummern größer. **Lo vorrei più grande di due taglie.**
Ich möchte . . . umtauschen **Vorrei cambiare ...**
Ich nehme das/den große/n. **Prendo quello grande.**
Ich nehme ihn/es. **Lo prendo.**
Ich trage Größe 38 (*Schuhe*). **Porto il 38.**
Ich trage Größe 42 (*Kleidung*). **Ho / Porto la (taglia) 42.**
Kann ich es anprobieren? **Posso provarlo?**
Welche Farbe **(Di) che colore?**

 ➤ FARBEN 5b; MATERIALIEN 5f; DINGE BESCHREIBEN 5c

Krawatte **la cravatta**
Kunstfaser **la fibra artificiale**
kurzärmelig **a maniche corte**
lang **lungo**
langärmelig **a maniche lunghe**
Leinen **il lino**
lose/weit **ampio, largo**
Mantel **il soprabito, il cappotto**
modisch **alla moda**
aus der Mode **fuori moda**
Mütze **il berretto**
nach der neuesten Mode **all'ultima moda**
Nylon **il nylon**
Paar **un paio**
Pullover **il pullover, la maglia**
dicker Pullover **il maglione**
Regenmantel **l'impermeabile** (*m*)
Rock **la gonna**
Sandalen **i sandali**
Schal **la sciarpa**
schick **elegante**
Schirm **l'ombrello** (*m*)
Schlafanzug **il pigiama**
schlicht **semplice**
Schmuck **i gioielli**
Schnürsenkel **il laccio (per scarpe)**
schön **bello**
Schuhe **la scarpa**
Slip **le mutandine, gli slip**
Smoking **lo smoking**
Socke **il calzino**
Sportschuhe **le scarpe sportive**
Stiefel **gli stivali**
Stoff **la stoffa, il tessuto**
Strickjacke **il golf**
Strickwaren **la maglieria**
Strümpfe **le calze**
Strumpfhose **i collant**
Sweatshirt **la felpa**
T-Shirt **la maglietta**
Taschentuch **il fazzoletto**
Turnschuhe **le scarpe da tennis / ginnastica**
Unterhosen **le mutande**
Unterrock **la sottoveste**
Unterwäsche **la biancheria intima**
weich **morbido, soffice**
Weste **il gilet**
Windjacke **la giacca a vento**
Wolle **la lana**
Wollpullover **il maglione di lana**
zu groß / klein **troppo grande / piccolo**

Änderungen & Reparaturen

Ärmel **la manica**
abgetragen **logoro**
Druckknopf **l'automatico** (*m*)
Faden **il filo**
Fleck **la macchia**
Gürtel **la cintura**
Gürtelschnalle **la fibbia**
ich ändere **modifico [-are]**
ich nähe **cucio [-ire]**
Knopf **il bottone**
Loch **il buco**
Nadel **l'ago** (*m*)
Reinigung **la lavanderia a secco**
Reißverschluss **la cerniera, la lampo**
Saum **l'orlo** (*m*)
Schneider **il sarto**
Stecknadel **lo spillo**
Stoff **la stoffa, il tessuto**
Stricknadel **il ferro da calza**
Tasche **la tasca**

Ich suche einen schönen Ledergürtel.	**Cerco una bella cintura in pelle.**
Wegen der Größe bin ich mir nicht sicher.	**Non sono sicuro della taglia.**

➤ FREIZEITBEKLEIDUNG 16c

10 Essen & Trinken

10a Getränke & Speisen

Getränke

alkoholisch **alcolico**
Apfelwein **il sidro**
Bier **la birra**
Champagner **lo champagne**
Cocktail **il cocktail**
Cognac **il cognac**
Cola **la cola**
Getränk **la bevanda, la bibita**
Kaffee **il caffè**
leicht **leggero**
Limonade **la limonata**
Milch **il latte**
Milchshake **il frullato, il frappé**
Mineralwasser **l'acqua** (*f*) **minerale**
mit Eis **con ghiaccio**
mit Kohlensäure **frizzante, gassata**
mit niedrigem Alkoholgehalt **a basso contenuto alcolico**
nichtalkoholisch **non alcolico**
Orangen- / Zitronensaft **la bibita di arancia / limone**
Saft (Frucht-) **il succo (di frutta)**
Schokolade (Kakao) **la cioccolata**
Sherry **lo sherry**
Spirituosen **le bevande alcoliche**
süß **dolce, amabile**
Tee **il tè**
trocken **secco**
vollmundig (*Wein*) **corposo**
Wasser **l'acqua** (*f*)
  Wasser mit Kohlensäure **l'acqua gassata**
  stilles Wasser **l'acqua liscia / non gassata**
Wein **il vino**
  rot / weiß **rosso / bianco**
  Schaumwein **spumante**
  Qualitätswein **il vino d'annata**
Whisky **il whisky**

Trinken & Ausgehen

Aperitif **l'aperitivo**
Bar **il bar**
Barkeeper **il barista**
Bierstube **la birreria**
Café **il caffè**
Erfrischungen **i rinfreschi**
Flasche **la bottiglia**
Gasthaus **l'osteria** *(f),* **la taverna**
Glas **il bicchiere**
ich schlürfe **sorseggio [-are]**
ich trinke **bevo [bere]**
Kneipe **il pub**
Strohhalm **la cannuccia**
Tasse **la tazza**
Teelöffel **il cucchiaino**
Theke **il banco**
Untertasse **il piattino**
Weinglas **il bicchiere da vino**
Weinkeller **la cantina**
Weinliste **la lista dei vini**
Weinprobe **la degustazione del vino**

Cafeteria **il caffè**
Eisdiele **la gelateria**
Kantine **la mensa**
Pizzeria **la pizzeria**
Restaurant **il ristorante**
Selbstbedienung **il self-service**
Snackbar **il bar**
Verkaufsstand **la bancarella**
zum Mitnehmen **da portar via**

➤ FISCH, FLEISCH, GEFLÜGEL 10b

Mahlzeiten

Abendessen **la cena**
Frühstück **la prima colazione**
Gang **la portata, il piatto**
Haupt- **principale**
ich esse **mangio [-are]**
ich esse eine Kleinigkeit **faccio [fare] uno spuntino**
ich esse zu Abend **ceno [-are]**
ich esse zu Mittag **pranzo [-are]**
ich frühstücke **faccio [fare] colazione**
ich trinke **bevo [bere]**
Mahlzeit **il pasto**
Mittagessen **il pranzo, la colazione**
Nachspeise **il dolce, il dessert**
Snack **lo spuntino**
Vorspeise **l'antipasto** *(m)*

Essen & Ausgehen

Bedienung **il servizio**
Bedienungszuschlag **il (prezzo del) coperto**
Beilage **il contorno**
Bestellung **l'ordine** *(m)*
billig **economico**
erster Gang **il primo piatto**
es kostet **costa [-are]**
Festpreis **il prezzo fisso**
Gabel **la forchetta**
Gedeck **il coperto**
Hauptgang **il secondo**
ich bediene **servo [-ire]**
ich bestelle **ordino [-are]**
ich entscheide **decido [-ere]**
ich gebe ein Trinkgeld **do una mancia**
ich mache die Rechnung fertig **faccio [fare] il conto**
ich wähle **scelgo [-ere]**
inklusive **incluso, compreso**
Kellner **il cameriere**
Kellnerin **la cameriera**
Löffel **il cucchiaio**
Messer **il coltello**
Portion **la porzione**
Rechnung **il conto, la ricevuta fiscale**
Reservierung **la prenotazione**
Serviette **il tovagliolo**
Speisekarte/Menü **il menu**
Tablett **il vassoio**
Tageskarte/Tagesmenü **il menu del giorno**
Teller **il piatto**
teuer **caro, costoso**
Tisch **la tavola**
Tischtuch **la tovaglia**
Touristenmenü **il menu turistico**
Trinkgeld **la mancia**
Zahnstocher **lo stuzzicadenti**

Ich hätte gern ein Bier und Mineralwasser, bitte.	**Vorrei una birra e dell'acqua minerale, per favore.**
Ich würde gern ein Glas von dem Likör probieren.	**Vorrei assaggiare (un bicchiere) del liquore.**
Woher kommt dieser Wein?	**Dove è prodotto questo vino?**
Welche Vorspeisen haben Sie?	**Cosa c'è come antipasto?**
Wir nehmen die Tomatensuppe.	**Prendiamo la zuppa di pomodoro.**

➤ GEMÜSE, OBST, NACHSPEISEN 10c; KOCHEN & ESSEN 10d

10b Fisch & Fleisch

Fisch & Meeresfrüchte

Aal **l'anguilla** *(f)*
Auster **l'ostrica** *(f)*
Barsch **il branzino**
Calamari **i calamari**
Forelle **la trota**
Fisch **il pesce**
Garnele **il gamberetto**
Hecht **il luccio**
Hering **l'aringa** *(f)*
Hummer **l'aragosta** *(f)*
Kabeljau **il merluzzo**
Kammmuschel **il pesce pettine**
Krabbe **il granchio**
Krebs **il gambero**
Lachs **il salmone**
Makrele **lo sgombro**
Meeresfrüchte **i frutti di mare**
Muschel **la conchiglia**
Muscheln **le cozze**
Rochen **la razza**
Sardelle **l'acciuga** *(f)*, **l'alice** *(f)*
Sardine **la sardina, la sardella**
Scampi **gli scampi**
Schnecken **le lumache**
Seebarbe/Meeräsche **la triglia, il cefalo**
Seehecht **il nasello**
Seezunge **la sogliola**
Shrimp **il gamberetto**
Sprotte **i bianchetti**
Tintenfisch **il polpo, la seppia**
Thunfisch **il tonno**
Venusmuschel **le vongole**
Weißfisch **il merlano**

Hätten Sie lieber Kabeljau oder Seezunge?	**Preferisce il merluzzo o la sogliola?**
Ich hätte lieber Thunfisch als Krabben.	**Preferisco il tonno al granchio.**
Ist dieser Fisch frisch?	**È fresco questo pesce?**
Sollen wir das Huhn probieren?	**Assaggiamo il pollo?**
Ich möchte ein Schweinekotelett.	**Preferisco una braciola di maiale.**
Wir nehmen zwei Beefsteaks, eins englisch und das andere durchgebraten.	**Prendiamo due bistecche, una al sangue e una ben cotta.**
Ich nehme ein englisches Steak mit Pommes Frites und Salat.	**Prendo una bistecca al sangue con patatine fritte e insalata.**

Fleisch & Fleischprodukte

Bolognese **bolognese**
Fleisch **la carne**
Frikadellen **le polpette**
gemischter Spieß **lo spiedino misto**
Hammel **il montone**
Hamburger **l'hamburger** *(m)*
Hot Dog **l'hot-dog** *(m)*
Kalb **il vitello**
Kalbsschnitzel **la scaloppina**
Kalte Platte **il piatto freddo**
Kotelett **la cotoletta**
Lamm **l'agnello** *(m)*
Leber **il fegato**
Lendenstück **la lombata**
Niere **il rognone**
Pastete **il paté**
Rindfleisch **la carne di manzo**
Salami **il salame**
Schinken **il prosciutto**
Schmorbraten **lo stufato**
Schwein **il maiale**
Speck **la pancetta**
Steak **la bistecca**
Wurst **la salsiccia**

Geflügel

Ente **l'anatra** *(f)*
Fasan **il fagiano**
Gans **l'oca** *(f)*
Geflügel **il pollame**
Huhn **il pollo**
Kapaun **il cappone**
Schnepfe **la beccaccia**
Taube **il piccione**
Truthahn **il tacchino**
Wachtel **la quaglia**

Eier

Ei **l'uovo** *(m)* (*fpl* **le uova**)
gekochtes Ei **l'uovo alla coque**
Omelette **la frittata**
Rührei **l'uovo strapazzato**
Spiegelei **l'uovo al tegamino**
verlorenes Ei **l'uovo affogato**

Typisch italienische Gerichte

abbacchio Lammbraten
bistecca alla fiorentina gegrilltes Steak mit Pfeffer, Zitrone und Petersilie
cotoletta alla milanese paniertes Kalbskotelett
cotoletta alla valdostana paniertes Kalbskotelett mit Käse
fritto misto frittierte kleine Fische und Meeresfrüchte
galletto amburghese im Ofen gebratenes Huhn
ossobuco geschmorte Kalbshaxe mit Tomaten und Zwiebeln
pollo alla diavola scharf gewürztes, gegrilltes Huhn
saltimbocca mit Schinken und Salbei gefüllte Kalbsroulade
scaloppina alla valdostana Kalbsschnitzel in Wein mit Schinken und Salbei
spezzatino Fleisch- oder Geflügelragout
stoccafisso mit Tomaten, Oliven und Artischocken gekochter Stockfisch
zampone gefüllter Schweinsfuß

10c Gemüse, Obst & Nachspeisen

Gemüse

Artischocke **il carciofo**
Aubergine **la melanzana**
Avocado **l'avocado** (*m*)
Blumenkohl **il cavolfiore**
Bohnen **i fagioli**
Brokkoli **i broccoli**
Endivie **l'indivia** (*f*)
Erbse **il pisello**
Essiggurke **il cetriolino**
Gemüse **la verdura**
Gemüse- **vegetale**
grüne Bohnen **i fagiolini**
grüner Salat **la lattuga**
Gurke **il cetriolo**
Kartoffel **la patata**
Kichererbsen **i ceci**
Knoblauch **l'aglio** (*m*)
Kohl **il cavolo**
Kräuter **gli odori, le erbe aromatiche**
Kresse **il crescione**
Kürbis **la zucca**
Linse **le lenticchie**
Mais **il granturco**
Maiskolben **la pannocchia**
Möhre **la carota**
Paprika **il peperone**
Pastinake **la pastinaca**
Petersilie **il prezzemolo**
Pilze **i funghi**
Porree **il porro**
Radieschen **il ravanello**
Reis **il riso**
Rosenkohl **i cavoletti di Bruxelles**
rote Beete **la barbabietola**
Rübe **la rapa**
Salat **l'insalata** (*f*)
Sellerie **il sedano**
Spargel **gli asparagi**
Spinat **gli spinaci**
süßer Mais **il granturco dolce**
Tomate **il pomodoro**
Trüffel **i tartufi**
Zucchini **la zucchina**
Zwiebel **la cipolla**

Obst

Ananas **l'ananas** (*m*)
Apfel **la mela**
Aprikose **l'albicocca** (*f*)
Banane **la banana**
Beeren **i frutti di bosco**
Birne **la pera**
Brombeere **la mora**
Dattel **il dattero**
Erdbeere **la fragola**
Erdnuss **la nocciolina**
Feige **il fico**
Frucht **la frutta**
geschält **sbucciato**

Typisch italienische Nachspeisen

cassata siciliana Biskuit mit Mascarpone und kandierten Früchten
tiramisù Mascarpone mit Eiern und Gebäckteig
zabaglione heiße oder kalte Creme aus Eigelb, Zucker und Marsalawein
zuppa inglese mit Rum getränkter Biskuit mit kandierten Früchten

➤ KRÄUTER & GEWÜRZE Anh. 10c

Granatapfel **la melagrana**
Haselnuss **la nocciola**
Heidel- / Blaubeere **il mirtillo**
Himbeere **il lampone**
ich schäle **sbuccio [-are]**
Johannisbeere **il ribes**
Kastanie **la castagna**
Kern **il nocciolo**
Kirsche **la ciliegia**
Kiwi **il kiwi**
Kokosnuss **la noce di cocco**
Korinthe **l'uva sultanina** (*f*)
Limette **la limetta**
Mandarine **il mandarino**
Melone **il melone**
Nuss **la noce**
Obst **la frutta**
Olive **l'oliva** (*f*)
Orange **l'arancia** (*f*)
Pampelmuse **il pompelmo**
Passionsfrucht **il frutto della passiflora**
Pfirsich **la pesca**
Pflaume **la susina, la prugna**
Rhabarber **il rabarbaro**
Rosine **l'uva** (*f*) **secca**
Samen **il seme**
Schale **la buccia, la scorza**
schwarze Johannisbeere **il ribes nero**
Stachelbeere **l'uvaspina** (*f*)
Trockenpflaume **la prugna secca**
Walnuss **la noce**
Wassermelone **l'anguria** (f)
Weintraube **l'uva** (f)
Weintrauben **un grappolo d'uva**
Zitrone **il limone**

Nachspeisen

Apfelkuchen **la crostata / la torta di mele**
Auflauf **lo sformato**
Creme Caramel **la creme caramel**
Eis **il gelato**
frisches Obst **la frutta fresca**
Früchte der Saison **la frutta di stagione**
Gebäck **le paste**
Joghurt **lo yogurt**
Keks **il biscotto**
Kuchen **la torta**
Mehl **la farina**
Mousse **la mousse**
Mürbeteigkuchen **la crostata**
Nachspeise **il dolce, il dessert**
Obstsalat **la macedonia**
Pfannkuchen **la frittella**
Pralinen **i cioccolatini**
Pudding **il budino**
Sahne **la panna**
Schokolade **il cioccolato**
Süßspeise **il dolce**
Torte **la torta**
Tortenguss **la crema pasticcera**
Vanille **la vaniglia**
Zuppa Inglese **la zuppa inglese**

Zwei Portionen Erdbeereis.	**Due gelati alla fragola.**
Ich möchte einen Tomatensalat. Ist da Knoblauch drin?	**Prendo un'insalata di pomodori. C'è aglio dentro?**
Verkaufen Sie geschnittenes Brot?	**Vende pane affettato?**

10d Kochen & Essen

Zubereitung von Speisen

als Kasserolle **in casseruola**
blutig/englisch **al sangue**
Braten **arrosto**
Brust **il petto**
durchgebraten **ben cotto**
eingelegt **sottaceto, sottolio**
frittiert **fritto**
gebacken **(cotto) al forno**
gegrillt **(cotto) alla griglia**
gekocht **bollito**
gemischt **misto**
gerieben **grattugiato**
geröstet **tostato, abbrustolito**
geschält **sbucciato**
geschlagen/gequirlt **sbattuto, frullato, battuto, montato**
Geschmack **il sapore, il gusto**
geschmort **brasato, in umido**
Gewürz **l'aromatizzante** (*m*)
Gräte **la lisca di pesce**
ich backe **cucino [-are] al forno**
ich beine ... aus/entgräte **disosso [-are]**
ich bereite zu **preparo [-are]**
ich bestreiche **spalmo [-are]**
ich brate **faccio [fare] arrostire**
ich bringe zum Kochen **faccio [fare] bollire**
ich decke den Tisch **apparecchio [-are] la tavola**
ich frittiere **friggo [-ere]**
ich füge hinzu **aggiungo [-ere]**
ich gieße **verso [-are]**
ich grille **cucino [-are] sulla griglia**
ich koche **cucino [-are]**
ich lege in Essig ein **metto [-ere] sottaceto**
ich mariniere **marino [-are]**
ich mische **mischio [-are], mescolo [-are]**
ich räume den Tisch ab **sparecchio [-are] la tavola**
ich reibe **grattugio [-are]**
ich röste **abbrustolisco [-ire]**
ich schäle **sbuccio [-are]**
ich schlage/quirle **sbatto [-ere], frullo [-are]**
ich schmore **cucino [-are] in stufato**
ich schneide **taglio [-are]**
ich schneide in Scheiben **taglio [-are] a fette, affetto [-are]**
ich schneide in Stücke **taglio [-are] a pezzi**
ich tranchiere **trancio [-are]**
ich trockne ab **asciugo [-are]**

Rezept für einen Obstkuchen:	**Ricetta per una crostata di frutta fresca:**
250 g Mehl mit 100 g Zucker mischen; 125 g weiche Butter, ein ganzes Ei und ein Eigelb, eine Prise Salz und etwas geriebene Zitronenschale hinzufügen.	**Mescolate 250gr di farina con 100gr di zucchero. Aggiungete 125gr di burro, un uovo intero e un tuorlo d'uovo, un pizzico di sale e un po' di scorza di limone grattuggiata.**
Schnell mit den Fingerspitzen kneten und einen Ball formen, den Sie in Klarsichtfolie wickeln.	**Impastate rapidamente con la punta delle dita, formate una palla che avvolgerete in pellicola.**

➤ HAUSHALT 8b; KÜCHENGERÄTE Anh. 10d; MESSEN 4b

ich wasche ab **lavo [-are] le stoviglie**
ich wiege **peso [-are]**
ich würfele **taglio [-are] a dadini**
in Scheiben geschnitten **affettato**
in Soße **in salsa**
Knochen **l'osso** (*m*)
Küche **la cucina**
mariniert **marinato**
medium **medio**
mit Eis **con ghiaccio**
ohne Knochen/Gräten **disossato, senza lische**
paniert **impanato**
Rezept **la ricetta**
Soße **il sugo / la salsa di carne**
vom Grill **alla graticola**
Zusatz **l'additivo** (*m*)
Zutat **l'ingrediente** (*m*)

Essen

Appetit **l'appetito** (*m*)
appetitlich **appetitoso, stuzzicante**
auserlesen **squisito**
bitter **amaro**
Diät **la dieta, il regime dietetico**
ich mache eine Diät **sto [-are] a dieta**
Durst **la sete**
Ernährung **l'alimentazione** (*f*)
frisch **fresco**
heiß **bollente**
Hunger **la fame**
ich bediene mich **mi servo [-ire]**
ich beiße **mordo [-ere]**
ich biete an **offro [-ire]**
ich bin durstig **ho [avere] sete**
ich bin hungrig **ho [avere] fame**
ich kaue **mastico [-are]**
ich mag **mi piace [piacere]**
ich probiere **assaggio [-are]**
ich reiche das Salz **passo [-are] il sale**
ich rieche **sento [-ire] il profumo**
ich schlucke **inghiottisco [-ire]**
ich serviere **servo [-ire]**
Kalorie **la caloria**
kalorienarm **povero di calorie**
kalt **freddo**
mild **di gusto leggero**
ohne Kohlensäure **non gassato**
ölig/fett **grasso**
salzig **salato**
schal/abgestanden **stantio**
scharf **piccante**
Scheibe **la fetta**
schmackhaft **saporito**
Stück **il pezzo**
vegetarisch **vegetariano**
warm **caldo**
weich **molle, morbido**

Das Obst schälen und in Scheiben schneiden und ungefähr dreißig Minuten in einem Sirup aus Zucker und Zitrone ziehen lassen.	**Sbucciate e tagliate a fette la frutta e lasciatela macerare per circa trenta minuti in uno sciroppo di zucchero e limone.**
Den Kuchenteig in eine gebutterte Kuchenform geben und bei 180 Grad im Ofen backen.	**Stendete la pasta in una tortiera imburrata e cuocetela in forno a 180 gradi.**
Wenn der Kuchen fertig ist, vier Esslöffel Marmelade in etwas Wasser auflösen und auf den Kuchen gießen. Das marinierte Obst hinzufügen.	**Quando la torta è pronta sciogliete quattro cucchiaiate di marmellata in un po' d'acqua e versatele sulla torta. Aggiungete la frutta macerata.**

➤ HAUSHALTSARTIKEL 9b; GRUNDNAHRUNGSMITTEL 9b

11 Krankheit und Gesundheit

11a Unfälle & Notsituationen

Aufprall **l'impatto** *(m)*, **il colpo**
blauer Fleck **il livido**
blaues Auge **l'occhio** *(m)* **nero**
Brandwunde **la bruciatura, la scottatura**
Bruch **la rottura, la frattura**
Dritte **i terzi** *(pl)*
es explodiert **esplode [-ere]**
es fängt an zu brennen **si incendia [-ere]**
Explosion **l'esplosione** *(f)*
Feuer **il fuoco, l'incendio** *(m)*
Feuerlöscher **l'estintore** *(m)*
Feuerwehr **i pompieri**
Feuerwehrfahrzeug **l'autopompa** *(f)*
Feuerwehrmann **il pompiere**
gebrochen **rotto, fratturato**
Geldstrafe **la multa, l'ammenda** *(f)*
Genesung **la guarigione, la convalescenza**
gesund und munter **sano e salvo**
getötet **ucciso**
ich breche **rompo [-ere], fratturo [-are]**
ich breche mir den Arm **mi rompo [-ere] il braccio**
ich erhole mich wieder **mi rimetto [-ere]**
ich greife an **aggredisco [-ire]**
ich habe mir das Bein gebrochen **mi sono rotto la gamba**
ich hatte einen Unfall **ho avuto [avere] un incidente**
ich stoße zusammen **mi scontro [-are]**
ich lösche **estinguo [-ere]**
ich quetsche **schiaccio [-are]**
ich rette **salvo [-are], soccorro [-ere]**

Es ist ein Unfall passiert! Wir brauchen sofort einen Krankenwagen. Rufen Sie die Feuerwehr!	**C'è stato un incidente! Occorre un'ambulanza immediatamente. Chiamate i pompieri!**
Mein Freund ist verletzt. Beweg ihn nicht! Er könnte sich die Wirbelsäule verletzt haben.	**Il mio amico è ferito. Non muoverlo! Può essersi danneggiato la spina dorsale.**
—Sind Sie Arzt? Kennen Sie sich mit Wiederbelebung aus? —Tut mir Leid, ich habe nie einen Erste-Hilfe-Kurs gemacht.	**—Lei è medico? Conosce la tecnica di rianimazione? —Mi displace, non ho mai fatto un corso di pronto soccorso.**

➤ KÖRPERTEILE Anh. 5b; KRANKHEIT & BEHINDERUNG 11b

ich schneide **taglio [-are]**
ich habe mich geschnitten **mi sono tagliato [-are]**
ich sterbe **muoio [morire]**
ich stoße mich **mi faccio [fare] un livido, ammacco [-are]**
ich stürze **mi scontro [-are]**
ich töte **uccido [-ere]**
ich überfahre **investo [-ire]**
ich verbrenne mich **mi brucio [-are], mi scotto [-are]**
ich verletze **faccio [fare] male, ferisco [-ire]**
ich versichere **assicuro [-are]**
Krankenhaus **l'ospedale** *(m)*
Krankenwagen **l'ambulanza** *(f)*
Löschfahrzeug **l'autopompa** *(f)*
medizinische Hilfskraft **il paramedico**
Narbe **la cicatrice**
Notaufnahme **il pronto soccorso**
Notausgang **l'uscita** *(f)* **d'emergenza**
Notdienst **i servizi d'emergenza**
Notfall **l'emergenza** *(f)*
Opfer **la vittima**
Rettung **il soccorso, il salvataggio**
Rettungsdienst **i servizi di soccorso**
Rettungsgurt **la cintura di sicurezza**
Sauerstoff **l'ossigeno** *(m)*
Schürfwunde **l'escoriazione** *(f)*, **l'abrasione** *(f)*
Schwimmweste **il giubbotto di salvataggio**
Sicherheitsgurt **la cintura di sicurezza**
Terroranschlag **l'attacco** *(m)* **terroristico**
Tod **la morte**
tödlich **fatale, mortale**
tot **morto**
Unfall **l'incidente** *(f)*
Unfallstation **il pronto soccorso**
verletzt **ferito**
Verletzung **la ferita**
Versicherung **l'assicurazione** *(f)*
Vorfall **l'incidente** *(m)*
Zeuge **il / la testimone**
Zusammenstoß **lo scontro, la collisione**

Wo ist das nächste Krankenhaus?	**Dov'è l'ospedale più vicino?**
Beeilen Sie sich, meine Frau bekommt ein Kind!	**Si sbrighi, mia moglie sta per partorire!**
Dieser Verletzte muss sofort ins Krankenhaus eingeliefert werden.	**Questo ferito deve essere ricoverato d'urgenza.**
Dieser kann in ambulante Behandlung gehen.	**Questo può andare in ambulatorio.**
Schnell, rufen Sie einen Arzt!	**Presto, chiamate un medico!**

➤ ÄRZTLICHE BEHANDLUNG 11c; GESUNDHEIT & HYGIENE 11d; TOD 7c

11b Krankheit & Behinderung

Amputation **l'amputazione** (*f*)
Amputierter **l'amputato** (*m*)
Arthritis **l'artrite** (*f*)
Asthma **l'asma** (*f*)
Atem **il fiato, l'alito** (m), **il respiro**
atemlos **senza fiato / respiro**
behindert **invalido, disabile**
betäubt **stordito**
Betäubung **lo stordimento**
blass **pallido**
blind **cieco, non vedente**
Blut **il sangue**
Depression **la depressione**
deprimiert **depresso**
Diät **la dieta**
Durchfall **la diarrea**
er amputiert **amputa [-are]**
Erkältung **il raffreddore**
es brennt **brucia [-are]**
es geht mir besser **mi sono rimesso [rimettere]**
es juckt **prude [-ere], pizzica [-are]**
es tut mir weh **mi fa [fare] male**
Fieber **la febbre**
fiebrig **febbrile**
gebrochen **rotto**
geisteskrank **malato mentale**
Geisteskrankheit **la malattia mentale**
gelähmt **paralizzato**
Gelbsucht **l'itterizia** (*f*)
Genesung **la guarigione, la convalescenza, la ripresa**
Grippe **l'influenza** (*f*)
Halsschmerzen **il mal di gola**
Herzinfarkt **l'infarto** (*m*) **cardiaco**
hoher Blutdruck **l'ipertensione** (*f*)
Husten **la tosse**
ich atme **respiro [-are]**
ich bin krank **sto [-are] male, sono [essere] malato**
ich blute **perdo [-ere] sangue**
ich erkälte mich **prendo [-ere] un raffreddore, mi raffredo [-are]**
ich falle **cado [-ere]**
ich fühle mich krank / schlecht **mi sento [-ire] male, sto [-are] male**
ich genese **mi rimetto [-ere]**
ich genese **sono [essere] in convalescenza**
ich habe eine Erkältung **ho [avere] un raffreddore, sono [essere] raffreddato**
ich habe Fieber **ho [avere] la febbre**
ich hatte eine Operation **sono stato [-are] operato**
ich huste **tossisco [-ire]**
ich lebe **vivo [-ere]**
ich nehme Medikamente **prendo [-ere] medicine**
ich niese **starnutisco [-ire]**
ich schwitze **sudo [-are]**
ich sehe (krank) aus **sembro [-are] (malato)**

— Ich fühle mich nicht gut!	**— Non mi sento molto bene!**
— Hast du deine Temperatur gemessen?	**— Ti sei misurata la febbre?**
— Ich habe überall Schmerzen!	**— Mi fa male dappertutto!**

 ➤ KRANKHEIT & BEHINDERUNG Anh. 11b; ÄRZTLICHE BEHANDLUNG 11c

ich sterbe **muoio [morire]**
ich übergebe mich **vomito [-are]**
ich weine **piango [-ere]**
Katarrh **il catarro**
Kopfschmerzen **il mal di testa**
krank **malato, ammalato**
Krankheit **la malattia**
Krebs **il cancro**
Lähmung **la paralisi**
lebendig **vivo**
Lungenentzündung **la polmonite**
Magen **lo stomaco**
Magengeschwür **l'ulcera** (*f*)
Magenschmerzen **il mal di stomaco**
Magenverstimmung **il mal di pancia**
Mandelentzündung **la tonsillite**
Medikamente **i medicinali, le medicine**
Migräne **l'emicrania** (*f*)
mir ist schwindlig **mi gira [-are] la testa**
Ohrenschmerzen **mal di orecchio**
Rheumatismus **il reumatismo**
Schmerz **il dolore**
schmerzhaft **doloroso**
sehbehindert **minorato della vista**
Stich **la puntura**
stumm **muto, non parlante**
Symptom **il sintomo**
taub **sordo, non udente**
Taubheit **la sordità**
Temperatur **la febbre, la temperatura**
Tod **la morte**
tot **morto**
unter Drogen **drogato, narcotizzato**
verletzt **ferito**
verstopft **stitico**
Verstopfung **la stitichezza**
was fehlt dir? **Che c'è? Cosa hai?**
Zahnschmerzen **il mal di denti**

Medikamente und Erste Hilfe

Abführmittel **il lassativo**
Aspirin **l'aspirina** (*f*)
Augentropfen **le gocce per gli occhi, il collirio**
Beruhigungsmittel **i tranquillanti**
Desinfektionsmittel **il disinfettante**
elastischer Verband **la benda (elastica)**
Gaze **la garza**
Halstabletten **le pasticche per la gola**
Hustensaft **lo sciroppo per la tosse**
Jod **la tintura di iodio**
Pflaster **il cerotto (adesivo)**
Schlaftabletten **i sonniferi**
Schmerzmittel **l'analgesico** (*m*)
Tabletten **le pastiglie, le pasticche**
Vitamintabletten **le vitamine**

—Wahrscheinlich ist es nur eine Erkältung. Es ist nicht nötig, einen Arzt zu rufen. Du musst dich ausruhen und viel trinken. Ich werde nachsehen, ob wir Aspirin im Medizinschrank haben.

—Probabilmente è solo influenza. Non c'è bisogno di chiamare il medico. Devi riposare e bere molto. Ora vedo se abbiamo dell'aspirina nell'armadietto dei medicinali.

➤ KÖRPERTEILE Anh. 5b; GESUNDHEIT & HYGIENE 11d

11c Ärztliche Behandlung

Abstrich **il paptest**
Anmeldeformular **il modulo**
Behandlung **la cura, il trattamento**
Blutdruck **la pressione del sangue**
Bluttest **l'esame** (*m*) **del sangue**
Bluttransfusion **la trasfusione di sangue**
Chemotherapie **la chemioterapia**
Chirurgie **la chirurgia**
Dienst **il servizio**
Doktor (Dr.) **il dottor (Dott.), la dottoressa (Dott. ssa)**
er röntgt **radiografa [-are]**
gefährlich **pericoloso**
Gips **il gesso**
  eingegipst **ingessato**
Hebamme **l'ostetrica** (*f*)
ich behandele **curo [-are]**
ich mache eine Diät **sono [essere] a dieta**
ich operiere **opero [-are]**
ich pflege **assisto [-ere], curo [-are]**
ich sorge für **accudisco [-ire]**
ich untersuche **esamino [-are]**
ich verschreibe **prescrivo [-ere]**
Injektion **l'iniezione** (*f*)
Kapsel **la capsula**
kosmetische Chirurgie **la chirurgia estetica**
Krankenhaus **l'ospedale** (*m*)
Krankenpfleger **l'infermiere** (*m*)
Krankenschwester **l'infermiera** (*f*)
kritisch **critico**
Kurort **la stazione termale**
Lebensgefahr **il pericolo mortale**
Medikament **la medicina, il medicinale**
Medizin **la medicina**
medizinisch **medico**
mir geht es besser **miglioro [-are]**
Operation **l'operazione** (*f*)
Pastille **la pastiglia**
Patient **il / la paziente**

Ich habe eine schwere Erkältung. Ich kann nur schwer atmen.	**Ho un gran raffreddore. Non posso respirare bene.**
Ich glaube, ich habe mir den linken Arm gebrochen. Er tut sehr weh.	**Penso di essermi rotto il braccio sinistro. Fa molto male.**
Mir wird schwindelig, wenn ich aufstehe. Normalerweise falle ich nicht in Ohnmacht!	**Ho il capogiro quando mi alzo. Normalmente non svengo!**
Ich habe mich mehrmals übergeben. Aber der Schwindel lässt nach.	**Ho vomitato parecchie volte. Però il capogiro mi sta passando.**
Ich weiss nicht, was ihm fehlt. Leidet er unter hohem Blutdruck?	**Non so che cosa abbia. Soffre di ipertensione?**
Denk daran, dass er gegen Penizillin allergisch ist.	**Ricordati che è allergico alla penicillina.**

 ➤ KRANKHEIT & BEHINDERUNG Anh. 11b; ÄRZTLICHE BEHANDLUNG 11c

Physiotherapeut **il / la fisioterapista**
Physiotherapie **la fisioterapia**
Pille **la pillola**
Rezept **la ricetta, il ticket**
Rezeptionist(in) **il / la receptionist**
Röntgenstrahl **i raggi x**
Spezialist **lo / la specialista**
Sprechstunde **l'orario** (*m*) **di consultazione medica**
Spritze **la siringa**
Station **il padiglione, il reparto**
Symptom **il sintomo**
Tablette **la pillola**
Termin **l'appuntamento (m)**
Therapeut **il / la terapeuta**
therapeutisch **terapeutico**
Therapie **la terapia**
Thermometer **il termometro**
Tod **la morte**
Untersuchung **la visita medica, l'esame** (*f*)
Verband **la benda, la fascia**
Versicherungsschein **il certificato d'assicurazione**
viermal am Tag **quattro volte al giorno**
Wunde **la ferita**

Zahnarzt & Augenarzt

Abszess **l'ascesso** (*m*)
Betäubung **l'anestesia** (*f*)
Brille **gli occhiali** (*Pl*)
Brillenetui **l'astuccio** (*m*) **per occhiali**
Brillenfassung **la montatura**
Extraktion **l'estrazione** (*f*)
Füllung **l'otturazione** (*f*)
Gebiss **la dentiera**
ich habe Zahnschmerzen **ho [avere] mal di denti**
ich teste **controllo [-are]**
Kontaktlinse **la lente a contatto**
kurzsichtig **miope**
Linse **la lente**
Optiker **l'ottico** (*m*)
Sehvermögen **la vista**
weitsichtig **presbite**
Zahn **il dente**
Zahnarzt **il dentista**

Ich habe Halsschmerzen und bekomme Migräne. Aber ich werde nicht oft krank.	**Ho mal di gola. E mi sta venendo l'emicrania. Ma non mi ammalo spesso.**
Ist er ein guter Arzt? Kann er die Symptome diagnostizieren und eine Behandlung empfehlen?	**È un bravo medico? Può fare una diagnosi dei sintomi e prescrivere una cura?**
Er mag keine Injektionen.	**Non gli piacciono le iniezioni.**
Ich habe meine Tabletten verloren.	**Ho perso le (mie) pillole.**
Muss ich operiert werden? Ich bin krankenversichert.	**Dovrò essere operato? Ho l'assicurazione medica.**
Er hatte kürzlich eine Operation. Er scheint sich wieder zu erholen.	**È stato operato recentemente. Sembra che si stia rimettendo.**

11d Gesundheit & Hygiene

Physischer Zustand

Abschürfung **l'escoriazione** (*f*)
Anstrengung **la fatica**
Ausdauer **la resistenza, il vigore**
betrunken **ubriaco, sbronzo**
Blase **la vescica**
blass **pallido**
dehydriert, ausgetrocknet **disidratato**
Durst **la sete**
eingeschlafen **addormentato**
fit **in forma**
Fitness **la buona salute / forma**
Furunkel **il foruncolo**
gesund **in buona salute, sano**
Gesundheit **la salute**
gut **bene** (*Adv*)
Hunger **la fame**
hungrig **affamato**
ich bin hungrig **ho [avere] fame**
ich bin durstig **ho [avere] sete**
ich bin niedergeschlagen **mi sento [-ire] giù**
ich entspanne mich **mi rilasso [-are]**
ich falle in Ohnmacht **svengo [svenire]**
ich fühle mich ... **mi sento ... [-ire]**
ich lege mich hin **mi sdraio [-are], mi stendo [-ere]**
ich ruhe mich aus **mi riposo [-are]**
ich schlafe **dormo [-ire]**
ich sehe gut aus **ho [avere] buon aspetto**
ich trainiere **faccio [fare] del moto**
ich wache auf **mi sveglio [-are]**
krank **malato**
mir ist heiß / kalt **ho [avere] caldo / freddo**
mir ist übel **sono nauseato**
müde **stanco**
Müdigkeit **la stanchezza**
Prellung/Quetschung **la contusione**
schläfrig **assonnato**
Schläfrigkeit **la sonnolenza**
schmerzend **dolorante**
schmerzfrei **senza dolore**
schwach **debole**
Schwindel **il capogiro**
Seekrankheit **il mal di mare**
stabil **stabile**
Trimmrad **la bicicletta da camera**
Unannehmlichkeit **il fastidio**
unbequem **scomodo**
unwohl **indisposto**
wach **sveglio**
Wohlbefinden **il benessere**

Schönheit und Hygiene

Bad **il bagno**
Binde **l'assorbente** (*f*)
Bürste **la spazzola**
Diät **la dieta**
ich mache eine Diät **sono [essere] a dieta**
Dusche **la doccia**
elektrischer Rasierapparat **il rasoio elettrico**
Ernährung **l'alimentazione** (*f*)
pickelig **foruncoloso**
Floh **la pulce**

Ich muss duschen.	**Devo fare una doccia.**
Ich möchte mir die Haare schneiden lassen. Aber nicht zu kurz.	**Vorrei il taglio dei capelli, per favore. Non li tagli troppo corti.**

➤ TOILETTENARTIKEL 9b; KRANKHEIT & BEHINDERUNG 11b

Geruch **l'odore** (*m*)
Gesichtsmaske **la maschera di bellezza**
gesunde Ernährung **la dieta** (*f*) **sana**
Haarbürste **la spazzola per capelli**
Haarschnitt **il taglio di capelli**
Handtuch **l'asciugamano** (*m*)
Hygiene **l'igiene** (*f*)
hygienisch **igienico**
ich bürste mich **mi spazzolo [-are]**
ich dusche **faccio [fare] la doccia**
ich habe meine Tage **ho le mestruazioni**
ich kämme mein Haar **mi pettino [-are]**
ich lasse mir die Haare schneiden **mi taglio [-are] i capelli**
ich nehme ein Bad **faccio [fare] il bagno**
ich putze mir die Zähne **mi lavo [-are] i denti**
ich rasiere mich **mi faccio [fare] la barba**
ich rieche **puzzo [-are]**
ich rülpse **erutto [-are]**
ich säubere **pulisco [-ire]**
ich schneide **taglio [-are]**
ich schwitze **sudo [-are]**
ich verliere meine Haare **perdo [-ere] i capelli**
ich wasche (mich) **(mi) lavo [-are]**
Kamm **il pettine**
Kondom **il preservativo**
Körpergeruch **l'odore** (*m*) **del corpo**
Laus **il pidocchio**
Lotion **la lozione**
Maniküre **la manicure**
Menstruation **le mestruazioni** (*f*)
Menstruationsschmerzen **i dolori mestruali**
Nagelbürste **lo spazzolino per le unghie**
Periode **le mestruazioni**
Rasierapparat **il rasoio**
sauber **pulito**
Sauna **la sauna**
Schere **le forbici**
schmutzig **sporco**
Schönheit **la bellezza**
Schönheitsbehandlung **la cura di bellezza**
Schönheitssalon **l'istituto** (*m*) **di bellezza**
Schönheitswettbewerb **il concorso di bellezza**
Schuppen **la forfora**
Schweiß **il sudore**
Seife **il sapone**
Shampoo **lo sciampo**
Tampon **il tampone**
Verhütung **la contraccezione**
Verhütungsmittel **il contraccettivo**
Waschsalon **la lavanderia automatica**
  Wäsche (Leinen) **la biancheria**
Zahnbürste **lo spazzolino da denti**
Zahnpasta **il dentifricio**

Schneiden Sie bitte hinten und an den Seiten etwas mehr.	**Per favore tagli ancora un po' dietro e ai lati.**
Stutzen Sie mir bitte den Schnurrbart.	**Per favore, mi spunti i baffi.**

➤ BEIM FRISEUR Anh. 11d; MENSCHEN BESCHREIBEN 5a

12 Soziale Angelegenheiten

12a Gesellschaft

abhängig **dipendente**
Abhängigkeit **la dipendenza**
allein **solo**
Alternative **l'alternativa** (*m*)
Angelegenheit **la questione**
anonym **anonimo**
anormal **anormale**
Basis **la base, il fondamento**
Beitrag **il contributo**
Beratung **il servizio di consulenza**
effektiv **efficace, valido**
Effekt **l'effetto** (*m*)
einsam **solo**
Einsamkeit **la solitudine**
erhältlich **disponibile**
Finanz **la finanza**
finanziell **finanziario**
Frage **la questione**
Frustration **la frustrazione**
frustriert **frustrato, insoddisfatto**
Führung **la guida, l'orientamento**
Gemeinschaft **la comunità**
Gesellschaft **la società**
Haltung **l'atteggiamento**
grundlegend **di fondo, basilare**
ich empfehle **consiglio [-are], raccomando [-are]**
ich unterstütze **reggo [-ere], sostengo [-ere], appoggio [-are]**
ich verschaffe **fornisco [-ire], doto [-are], procuro [-are]**
Infrastruktur **l'infrastruttura** (*f*)
(in)stabil **(in)stabile**
Instabilität **l'instabilità** (*f*)
Institution **l'istituzione** (*f*)
Kampagne **la campagna**
Knappheit **la scarsezza, la carenza**
Kriterium **il criterio**
kurzfristig **a breve termine**
Lage **la situazione**
ländlich **campestre, rurale**
langfristig **a lungo termine**
Last **il carico, il peso**
Lebensqualität **la qualità della vita**
Macht **il potere**
Maßnahme **il provvedimento, la misura**
negativ **negativo**
normal **normale**
obligatorisch **obbligatorio**
Pflege **la cura**
Plan **il piano, il progetto**
Politik **la politica, la tattica**
positiv **positivo**
Prestige **il prestigio**
Privileg **il privilegio**
Problem **il problema**
Protestbewegung **il movimento di contestazione / protesta**
psychologisch **psicologico**
Rate **il tasso**
Resultat **il risultato**
richtig **giusto, esatto**
Rolle **il ruolo**
Schwierigkeit **la difficoltà**
Selbstwertgefühl **la stima di sé**
Sicherheit **la sicurezza**
sozial **sociale**
Spannung **la tensione, lo stress**
Stabilität **la stabilità**
städtisch **urbano, cittadino**
Statistiken **le statistiche**
Stigma **lo stigma**

➤ SOZIALWESEN & ARMUT 12b; WOHNUNGSWESEN & OBDACHLOSIGKEIT 12c

Stress **la tensione, lo stress**
stressig **stressante**
Struktur **la struttura**
überflüssig **superfluo**
Umstand **la circostanza**
(un)sicher **(in)sicuro**
Unsicherheit **l'insicurezza** (*f*)
Unterstützung **il sostegno, l'appoggio** (*m*)
Ursache **la causa**
Veränderung **il cambiamento**
verantwortlich **responsabile**
Verantwortung **la responsabilità**
Wert **il valore, il pregio**
Zunahme **l'aumento** (*m*)
Zustand **lo stato, la condizione**

Nützliche Verben

es ändert sich **cambia [-are]**
es beeinflusst **tocca [-are], influisce [-ire]**
es ist mir wichtig **... è importante per me, mi piace [piacere] ...**
ich bewältige **faccio [fare] fronte a**
ich bin abhängig von **dipendo [-ere] da**
ich brauche **ho bisogno [-are] di**
ich breche zusammen **vado [andare] a pezzi**
ich dominiere **domino [-are]**
ich entmutige **scoraggio [-are], dissuado [-ere]**
ich erhöhe **aumento [-are]**
ich ermutige **incoraggio [-are]**
ich helfe **aiuto [-are]**
ich kann mir leisten **posso [potere] permettermi**
ich kümmere mich um **mi prendo [-ere] cura di**
ich leide an **soffro [-ire], patisco [-ire] di**
ich löse **risolvo [-ere]**
ich passe mich an **mi adatto [-are]**
ich protestiere **protesto [-are]**
ich respektiere **rispetto [-are]**
ich schätze **valorizzo [-are]**
ich schulde **devo [-ere]**
ich setze mich mit ... auseinander **affronto[-are] , esamino [-are]**
ich sorge für **provvedo [-ere] a**
ich teile **condivido [-crc]**
ich trage zu ... bei **contribuisco [-ire] a**
ich unterstütze **sopporto [-are], reggo [-ere], sostengo [tenere]**
ich verlasse mich auf **conto [-are] su**
ich vernachlässige **trascuro [-are]**
ich verursache **causo [-are], sono [essere] responsabile (di)**

In den meisten Großstädten gibt es immense soziale Probleme.	**In quasi tutte le grandi città ci sono problemi sociali immensi.**
Die Gemeinde kann nicht länger alle, die Hilfe brauchen, unterstützen.	**La comunità non può più reggere tutti coloro che hanno bisogno di aiuto.**
Trotz Kampagnen zur Unterstützung der Obdachlosen und Arbeitslosen bleibt die Lage ernst.	**Nonostante le campagne a sostegno dei senzatetto e dei disoccupati, la situazione permane grave.**

➤ SUCHT & GEWALT 12d; VORURTEILE 12e

12b Sozialwesen & Armut

Sozialwesen

Agentur **l'agenzia** (*f*)
Alimente **gli alimenti**
Asyl **il rifugio**
Aufnahmezentrum **il centro di accoglienza**
Beamte **il funzionario**
behindert **disabile**
Behinderter **l'handicappato** (*m*), **lo svantaggiato**
Behinderung **l'handicap** (*m*), **lo svantaggio**
Behörde **l'autorità** (*f*)
Betreuung **l'assistenza** (*f*)
Darlehen **il prestito**
Dienst **il servizio**
Einkommenshilfe/Familienzulage **gli assegni familiari**
Flüchtling **il profugo**
Forderung **la richiesta**
Fürsorge **l'assistenza** (*f*)
gebrechlich **delicato, fragile**
Gebrechlichkeit **la fragilità, la delicatezza**
Heilsarmee **l'Esercito della Salvezza**
Hilfe **l'aiuto** (*m*), **il sostegno**
ich beanspruche **reclamo [-are], richiedo [-ere]**
ich habe Anspruch auf **sono [essere] idoneo a, ho [avere] diritto a**
ich registriere **registro [-are]**
ich unterstütze **sostengo [-tenere]**
ich ziehe Nutzen aus **beneficio [-are] (di)**
Registrierung **la registrazione**
das Rote Kreuz **la Croce Rossa**
Sozialarbeiter(in) **l'assistente** (*m / f*) **sociale**
Sozialhilfe **l'assistenza** (*f*) **sociale**
Stipendium **la borsa (di studio), il sussidio**
Unterhalt **il mantenimento**
Unterstützung **il sostegno, l'assistenza** (*f*)
Wohlfahrtsstaat **lo stato assistenziale**
Wohltätigkeit **la beneficienza**

Reichtum & Armut

arm **povero**
Armut **la miseria, la povertà**
ich lebe in Armut **vivo [-ere] in miseria**
Bedarf **il bisogno**
bedürftig **bisognoso, indigente**
Bettler **il / la mendicante**
Entbehrung **la privazione**
Ernährung **l'alimentazione** (*f*)

— Es gibt ein Aufnahmezentrum für Immigranten aus Ländern außerhalb der EG und für politische Flüchtlinge.	**— C'è un centro d'accoglienza per gli extracomunitari e per i profughi politici.**
— Was stellen die Zentren zur Verfügung?	**— Che cosa provvedono i centri?**
— Hauptsächlich Essen, vorübergehende Unterkunft, Rechtsberatung und Sprachkurse.	**— Principalmente pasti, sistemazione temporanea, assistenza legale e corsi di lingua.**

➤ PRIVATFINANZEN 14e; LEBEN & BEZIEHUNGEN 7

ich bettele **elemosino [-are]**
ich bin wohlhabend **sono [essere] benestante**
Landstreicher **il vagabondo, il nomade**
Lebensstandard **il tenore di vita**
Lebensunterhalt **i mezzi di sussistenza**
Millionär **il milionario**
pleite **senza un soldo**
reich **ricco**
Reichtum **la ricchezza**
Rente **la pensione**
Rentner **il pensionato**
Schuld **il debito, l'obbligo** (*m*)
ich habe Schulden **ho [avere] debiti**
verletzlich **vulnerabile**
Verletzlichkeit **la vulnerabilità**
Wohlstand **i beni, la ricchezza**

Arbeitslosigkeit

Arbeitsamt **l'ufficio** (*m*) **di collocamento**
arbeitslos **disoccupato**
Arbeitslosenquote **il tasso di disoccupazione**
Arbeitslosenunterstützung **il sussidio di disoccupazione**
Arbeitslosenziffer **le cifre della disoccupazione**
Arbeitsplatzbeschaffung **il progetto per la creazione di posti di lavoro**
Beschäftigung **l'occupazione** (*f*)
entlassen **licenziato**
ich werde entlassen **sono licenziato**
Entlassung **il licenziamento (per ridurre il personale)**
freie Stelle **il posto vacante**
Gewerkschaft **il sindacato**
ich entlasse **licenzio [-are]**
ich habe meine Stelle verloren **ho perso [-ere] il posto**
ich kündige **do [dare] le dimissioni**
Kurzarbeit **il lavoro a breve termine**
Personalkürzung **i tagli al personale**
Qualifikationen **le qualifiche** (*Pl*)
qualifiziert **qualificato**
Schulungsprogramm **il programma di formazione**
Stelle / Posten **l'impiego, il lavoro, il posto**
Tätigkeit **l'occupazione** (*f*)
Teilzeitarbeit **il lavoro a tempo parziale**
Umschulung **la riqualificazione**
ich werde umgeschult **sono riqualificato**
unqualifizierter Arbeiter **l'operaio** (*m*) **non qualificato**
Vakanz **il posto vacante**
Vollzeit **a tempo pieno**

— Ist die Arbeitslosenquote in Italien sehr hoch?	**— Il tasso di disoccupazione in Italia è molto alto?**
— In manchen Gebieten liegt sie bei fünfzehn Prozent.	**— In alcune zone è del quindici percento.**
— Gibt es Umschulungsprogramme?	**— Ci sono programmi di riqualificazione?**
— Ja, aber nicht auf allen Gebieten.	**— Sì, ma non in tutti i settori.**

➤ ARBEIT 14; BEWERBUNG 14c

12c Wohnungswesen & Obdachlosigkeit

baufällig **cadente, in rovina**
Darlehen **il mutuo**
Darlehenszinssatz **il tasso di mutuo**
Eigen- **proprio**
eigengenutztes Haus **la casa occupata dal proprietario**
elend **squallido**
es verschlechtert sich **peggiora [-are]**
farblos **grigio, incolore**
Gebäude **l'edificio** (*m*)
Gemeinde **la comunità**
Grundbesitz **il terreno**
Haus **la casa**
 Einfamilienhaus **la casa unifamiliare**
 Zweifamilienhaus **la casa bifamiliare**
Haus mit Terrasse **la villetta con terrazzo**
ich baue **costruisco [-ire]**
ich bewohne **occupo [-are]**
ich halte instand **faccio [fare] la manutenzione**
ich miete **affitto [-are], prendo [-ere] in affitto**
ich modernisiere **rimoderno [-are]**
ich pendele **faccio [fare] il pendolare**
ich renoviere **rinnovo [-are]**
ich repariere **riparo [-are]**
ich vermiete **affitto [-are]**
ich ziehe um **trasloco [-are], cambio [-are] casa**
Lebensbedingungen **le condizioni di vita**
Makler **l'agente** (*m / f*) **immobiliare**
Miete **l'affitto** (*m*), **la locazione**
Mieter **l'inquilino** (*m*)
möbliert **ammobiliato**
möblierte Zimmer **le stanze ammobiliate**
öffentlicher / sozialer Wohnungsbau **gli edifici comunali**
Pendler **il pendolare**
Planung **la pianificazione**
Reparaturen **le riparazioni**
Spekulant **lo speculatore**
städtebauliche Entwicklung **lo sviluppo urbanistico**

—Plant die Stadtverwaltung, den alten Markt zu renovieren?	**—Il comune sta progettando il rinnovo del vecchio mercato?**
—Ja, sie werden den ganzen Bau umstrukturieren.	**—Sì, cambieranno tutta la struttura.**
—Hoffst du, dir bald ein Haus zu kaufen?	**—Speri di comprarti la casa presto?**
—Ja, wir versuchen, ein Darlehen zu bekommen. Wir haben ein älteres Gebäude gefunden, das wir renovieren werden.	**—Sì, stiamo cercando di ottenere un mutuo. Abbiamo trovato una vecchia proprietà che rinnoveremo.**

➤ SOZIALWESEN & ARMUT 12b

städtisches Gebäude **la casa comunale**
Stadtplaner(in) **l'urbanista** (*m / f*)
Stadtplanung **l'urbanistica** (*f*)
unbebautes Land **il terreno incolto**
unmöbliert **senza mobili**
Unterkunft **l'alloggio** (*m*), **l'abitazione** (*f*)
Vermieter **il locatario, il proprietario**
Vorort / Stadtrand **la periferia**
Wohnen / Unterbringung **l'alloggiamento** (*m*)
Wohnungspolitik **la politica della casa**
Wohngebiet **la zona residenziale**
wohnlich **confortevole**
Wohnung **l'appartamento** (*m*)
Wohnhaus / Wohnblock **il palazzo, il condominio**

Wohnungsknappheit

Abbruch **la demolizione**
Armutsviertel **i quartieri poveri**
Asyl **il rifugio**
Barackensiedlung **la bidonville**
es bricht zusammen **cade [-ere] a pezzi**
es bleibt leer **rimane [-ere] vuoto**
Gemeinde **la comunità, il comune**
Hausbesetzer **chi occupa abusivamente**
Hausbesetzung **l'occupazione** (*f*) **abusiva**
Herberge **l'ostello** (*m*)
ich besetze **occupo [-are] abusivamente**
ich reiße ab **demolisco [-ire]**
ich schlafe auf der Straße **dormo [-ire] per strada**
ich zwinge ... zur Räumung **sfratto [-are] un inquilino**
Lager **il campeggio, il campo**
obdachlos **senzatetto**
Räumungsbefehl **l'ordine** (*m*) **di sfratto**
Sanierung der Elendsviertel **il risanamento dei quartieri poveri**
überbevölkert **sovraffollato**
Überbevölkerung **il sovraffollamento** (*m*)
Wohnungsknappheit **la crisi dell'alloggio**
Wohnungsproblem **il problema della casa / dell'alloggio**

Die Lebensbedingungen in diesen Wohnhäusern sind schlecht. Sie sind überbelegt und die Vermieter führen keine Reparaturen mehr durch.	**Le condizione di vita in quei palazzi sono scadenti. C'è sovraffollamento e i proprietari non eseguono più le riparazioni.**
Meine Schwester wohnt in einem neuen Viertel am Stadtrand. Sie muss jeden Tag einen langen Weg zurücklegen, um zur Arbeit zu kommen.	**Mia sorella abita in un nuovo quartiere in periferia. Ha un lungo percorso da fare ogni giorno per recarsi al lavoro.**

➤ DAS HAUS 8a

12d Sucht & Gewalt

Aggression **l'agressione** (*f*)
aggressiv **aggressivo**
Alkohol **l'alcol**
Alkoholiker **l'alcolizzato** (*m*)
Alkoholismus **l'alcolismo** (*m*)
Angriff **l'aggressione** (*f*)
Angst **la paura**
Bande **la banda**
Beleidigung **l'insulto** (*m*), **l'offesa** (*f*)
betrunken **ubriaco, ebbro**
betrunken am Steuer **la guida in stato d'ebbrezza**
Effekt **l'effetto** (*m*)
Feindschaft **l'ostilità** (*f*)
feindselig **ostile**
Gauner **il truffatore**
gefährlich **pericoloso**
Gewalt **la violenza**
Gewalttat **l'atto** (*m*) **di violenza**
gewalttätig **violento**
häusliche Gewalt **la violenza domestica**
ich bedrohe **minaccio [-are]**
ich belästige **molesto [-are], tormento [-are]**
ich beleidige **insulto [-are]**
ich betrinke mich **mi ubriaco [-are]**
ich greife an **aggredisco [-ire]**
ich habe Angst **ho [avere] paura**
ich missbrauche **abuso [-are] di**
ich raube aus **aggredisco [-ire] per rapina**
ich schlage **picchio [-are]**
ich schüchtere ein **intimidisco [-ire]**
ich terrorisiere **terrorizzo [-are]**
ich trinke **bevo [bere]**
(il)legal **(il)legale**
Kindesmisshandlung **la violenza sui minori**
Konsum **il consumismo**
Kraft **la forza**
Missbrauch **l'abuso** (*m*)
nervös **nervoso**
Nervosität **il nervosismo**
Opfer **la vittima**
Opferhilfe **l'assistenza** (*f*) **alle vittime**
Pornografie **la pornografia**
pornografisch **pornografico**
Prostituierte **la prostituta**
Prostitution **la prostituzione**
Räuber **il rapinatore, l'aggressore** (*m*)
Rehabilitation **la riabilitazione**

Banden rauben manchmal Touristen aus oder terrorisieren Passanten.	**A volte gruppi di teppisti aggrediscono i turisti o terrorizzano i passanti.**
Ich möchte nicht in einer Gesellschaft leben, in der alte Leute und Frauen Angst haben, alleine auszugehen.	**Non voglio vivere in una società dove gli anziani e le donne hanno paura di uscire da soli.**
Manche jungen Leute haben ein Drogenproblem.	**Alcuni giovani hanno un problema di droga.**
Im Allgemeinen beginnen sie mit dem Sniffen von Lösungsmitteln oder nehmen weiche Drogen.	**Generalmente cominciano ad annusare solventi o prendere droghe leggere.**

➤ VERBRECHEN 26a

sexuelle Belästigung **le molestie sessuali** (*Pl*)
tödlich **fatale, mortale**
Trunkenheit **l'ebbrezza** (*f*), **l'ubriachezza** (*f*)
Vandale **il vandalo**
Vandalismus **il vandalismo**
Verbrecher **il / la teppista**
Vergewaltiger **lo stupratore**
Vergewaltigung **lo stupro**
Wut **la rabbia**
wütend **arrabbiato, rabbioso**
Zuhälter **il protettore**

Drogen

AIDS **l'AIDS**
Beruhigungsmittel **il tranquillante**
Crack **il crack**
Dealer **il trafficante di droga, lo spacciatore**
Droge **la droga**
Drogenhandel **lo spaccio della droga**
drogensüchtig **tossicomane**
Drogenszene **l'ambiente** (*m*) **della droga**
Entzugserscheinungen **i sintomi di astinenza**
harte Droge **la droga pesante**
Haschisch **l'hashish** (*m*)
Heroin **l'eroina** (*f*)
HIV positiv **sieropositivo**
ich bin infiziert **sono [essere] infetto**
ich deale **traffico [-are]**
ich entziehe **smetto [-ere] di prendere**
ich injiziere, spritze **inietto [-are]**
ich legalisiere **legalizzo [-are]**
ich mache eine Entziehungskur **faccio [fare] una cura disintossicante**
ich nehme Drogen **prendo [-ere] la droga, mi drogo [-are]**
ich rauche **fumo [-are]**
ich schnüffele **fiuto [-are], annuso [-are]**
Junkie **il / la tossicodipendente**
Klebstoff **la colla**
Kokain **la cocaina**
Lösungsmittel **il solvente**
LSD **LSD**
Marihuana / Cannabis **la canapa indiana**
Rauschgift **il narcotico**
Rauschgiftkommando **la squadra narcotici**
Reizmittel **lo stimolante**
Spritze **la siringa**
Stimulation **lo stimolo**
Sucht **la dipendenza**
Süchtige(r) **il / la tossicodipendente**
weiche Drogen **la droga leggera**

Entzugserscheinungen sind sehr hart.	**Le crisi di astinenza sono molto dure.**
Manche Leute glauben, dass weiche Drogen legalisiert werden sollten.	**Alcuni pensano che le droghe leggere dovrebbero essere legalizzate.**
Die meisten Leute sind sich über die Verbindung zwischen Drogen und AIDS im Klaren.	**La maggioranza delle persone è ormai consapevole del rapporto che esiste fra la droga e l'AIDS.**

➤ RAUCHEN Anh. 10d

12e Vorurteile

Arbeitsgenehmigung **il permesso di lavoro**
Asylant **il profugo**
Aufenthaltsgenehmigung **il permesso di residenza**
ausländisch **straniero**
Chancengleichheit **le pari opportunità**
Diskriminierung **la discriminazione**
doppelte Staatsangehörigkeit **la doppia nazionalità**
Emigrant(in) **l'emigrante** (*m / f*)
Emigration **l'emigrazione** (*f*)
ethnisch **etnico**
extrem rechts **della estrema destra**
fanatisch **fanatico**
Faschismus **il fascismo**
Faschist **il fascista**
Flüchtling **il profugo**
Freiheit **la libertà**
  Bewegungsfreiheit **la libertà di movimento**
  Redefreiheit **la libertà di parola**
Gastarbeiter **i lavoratori stranieri**
Getto **il ghetto**
gleich **uguale, pari**
Gleichberechtigung **i pari diritti**
Gleichheit (Un-) **l'(in)eguaglianza**
Herkunftsland **il paese d'origine**
ich diskriminiere **discrimino [-are]**
ich immigriere **immigro [-are]**
ich integriere mich **mi integro [-are]**
ich repatriiere **rimpatrio [-are]**
ich toleriere **tollero [-are]**
ich verfolge **perseguito [-are]**
Immigration **l'immigrazione**
Integration **l'integrazione** (*f*)
intolerant **intollerante**
Intoleranz **l'intolleranza** (*f*)
Kultur **la cultura**
kulturell **culturale**
Lohngleichheit **la parità salariale**
Mehrheit **la maggioranza**
Minderheit **la minoranza**
Muttersprache **la madrelingua**
politisch korrekt **politicamente corretto**
Recht **il diritto**
  Asylrecht **il diritto d'asilo**

—Ist Rassismus überall in Europa ein ernstes Problem?
—Ja, viele religiöse und ethnische Minderheiten sind Opfer der Diskriminierung.

—Il razzismo è un problema grave in tutta l'Europa?
—Sì, molti gruppi religiosi ed etnici minoritari sono vittime di discriminazione.

Früher wurden Gastarbeiter aufgefordert, in den industriellen Gebieten Europas zu arbeiten, aber dieses Phänomen gibt es jetzt nicht mehr.

In passato si invitavano lavoratori stranieri a venire a lavorare nelle regioni industriali d'Europa, ma ora questo fenomeno non esiste più.

Immigration hat dazu beigetragen, eine multikulturelle Gesellschaft zu schaffen.

L'immigrazione ha contribuito a creare una società multiculturale.

➤ POLITIK 25; RELIGION 13

Wohnrecht **il diritto di residenza**
Staatsbürgerschaft **la cittadinanza**
Stereotyp **lo stereotipo**
tolerant **tollerante**
Toleranz **la tolleranza**
ungleich **ineguale**
Verfolgung **la persecuzione**
voreingenommen **prevenuto**
Vorurteil **il pregiudizio**
Zweitsprache **la seconda lingua**

Rasse / Rassismus

antisemitisch **antisemita**
Antisemitismus **l'antisemitismo** *(m)*
asiatisch **asiatico**
Frau (weibliches Geschlecht) **la femmina**
weiblich **femminile**
Jude **Ebreo**
jüdisch **ebraico**
karibisch **caraibo**
Nationale Front **il Fronte Nazionale**
Neonazismus **il neonazismo**
Rassenaufstand **i disordini razziali**
Rassismus **il razzismo**
Rassist **il / la razzista**
rassistisch **razzista**
Schwarzer **il nero**
schwarz **nero**
weiß **bianco**

Sexualität

Feminismus **il femminismo**
Feminist(in) **il / la femminista**
Frauenbewegung **il movimento per la liberazione della donna**
Frauenrechte **i diritti della donna**
Heterosexuelle(r) **l'eterosessuale** *(m / f)*
heterosexuell **eterosessuale**
Homosexualität **l'omosessualità** *(f)*
Homosexuelle(r) **l'omosessuale** *(m / f)*
homosexuell **omosessuale**
Lesbe **la lesbica**
lesbisch **lesbica**
Mann (männliches Geschlecht) **il maschio**
männlich **maschile**
Sexualität **la sessualità**
sexuell **sessuale**

Welche positiven Maßnahmen sind durchgeführt worden, um Ungleichheit zu verhindern?
Quali misure sono state prese per prevenire l'ineguaglianza?

Die Gesetze gegen Diskriminierung müssen verschärft werden.
Le leggi contro la discriminazione devono essere rinforzate.

Homosexuelle sind offener darin geworden, sich zu ihrer Sexualität zu bekennen.
Gli omosessuali sono diventati più aperti nel dichiarare la propria sessualità.

➤ INTERNATIONALE BEZIEHUNGEN 27c; LIEBE 7b

13 Religion

13a Ideen & Doktrinen

agnostisch **agnostico**
Altes Testament **il Vecchio testamento**
anglikanisch **anglicano**
Anhänger **il / la seguace**
Apostel **l'apostolo** (*m*)
Atheismus **l'ateismo** (*m*)
Atheist **ateo**
atheistisch **ateistico**
Autorität **l'autorità** (*f*)
barmherzig **pietoso, misericordioso**
Barmherzigkeit **la pietà, la misericordia**
Berufung **la vocazione**
Bibel **la Bibbia**
biblisch **biblico**
böse/boshaft **malvagio, maligno**
Buddha **Budda**
Buddhismus **il buddismo**
buddhistisch **buddista**
calvinistisch **calvinista**
charismatisch **carismatico**
Christentum **la religione cristiana**
christlich **cristiano**
Christus **(il) Cristo**
Dreieinigkeit **la Trinità**
er rettet **salva [-are]**
er spricht heilig **canonizza [-are]**
Erlösung **la redenzione**
ethisch **etico, morale**
Evangelium **il Vangelo**
freier Wille **il libero arbitrio**
Fundamentalismus **il fondamentalismo**
fundamentalistisch **fondamentalista**
Gegenreformation **la controriforma**
Geist **lo spirito**
Gemeinde/Pfarrei **la parrocchia**
Gewissen **la coscienza**
Glaube **la fede**
gläubig **fedele**
Gläubige(r) **il / la credente**
Gnade **la grazia**
Gott **Dio**
Göttin **dea**
göttlich **divino**
Hebräisch **ebreo, israelita**
heidnisch **pagano**
heilig **sacro, consacrato, santo**
heilig sprechen **santifica [-are]**
Heilige Schrift **il Vangelo, le Sacre Scritture**
Heiliger Geist **lo Spirito Santo**
Heiligkeit **la santità**
Herr **il Signore, Dio**
Himmel **il cielo, il paradiso**
Hindu **induista**
Hinduismus **l'induismo** (*m*)
Hoffnung **la speranza**

Es besteht beträchtliche Uneinigkeit hinsichtlich der Ordinierung weiblicher Priester.	**C'è considerevole controversia sull'ordinazione delle donne al sacerdozio.**
John Wesley sagte: „Die Welt ist meine Gemeinde".	**John Wesley disse: "Il mondo è la mia parrocchia."**

➤ GLAUBE & AUSÜBUNG 13b

Hölle **l'inferno** (*m*)
Humanismus **l'umanesimo** (*m*)
ich glaube an **credo [-ere] in**
ich vergebe **perdono [-are]**
Islam **l'Islam** (*m*), **l'islamismo** (*m*)
islamisch **islamico**
Jesus **Gesù**
judäisch **giudaico**
Judaismus **il giudaismo**
Jude **l'ebreo** (*m*)
jüdisch **ebreo, ebraico**
Jünger **il discepolo**
Kantor **il cantore**
katholisch **cattolico**
ketzerisch **eretico**
Kirche **la chiesa**
Kommentar **il commento del Vangelo**
Konvertierter **il convertito**
Konvertierung **la conversione**
Koran **il Corano**
Menschheit **l'umanità** (*f*)
menschlich **umano**
menschliches Wesen **l'essere** (*m*) **umano**
Messe **il servizio, la messa**
Messias **il Messia**
Mildtätigkeit/Barmherzigkeit **la carità**
Mohammed **Maometto**
moralisch **morale, etico**
Moslem/Muslim **il mussulmano**
mohammedanisch/moslemisch **maomettano, mussulmano**
mystisch **mistico**
Mystizismus **il misticismo**
Mythos **il mito**
Neues Testament **il Nuovo testamento**
Nirvana **il nirvana**
ökumenische Bewegung **l'ecumenismo** (*m*)
orthodox **ortodosso**
Pentateuch **il Pentateuco**
Pflicht **il dovere**
Prophet **il profeta**
Protestant **protestante**
Protestantismus **il protestantesimo**
Quäker **il quacchero**
Religion **la religione**
Satan **Satana**
Seele **l'anima** (*f*)
Sikhreligion **il sikhismo**
Sittlichkeit **la moralità**
Spiritualität **la spiritualità**
spirituell **spirituale**
St. Petrus **San Pietro**
Sünde **il peccato**
Sünder **il peccatore**
sündhaft **peccaminoso**
Talmud **il talmud**
Taoismus **il taoismo**
Theologie **la teologia**
theologisch **teologico**
traditionell **tradizionale**
transzendental **trascendentale**
unfehlbar **infallibile**
Unfehlbarkeit **l'infallibilità** (*f*)
Vergebung **il perdono**
Vision **la visione**
wahr **vero**
Wahrheit **la verità**
Wiedergeburt **la reincarnazione**

Die fünf Säulen des Islam sind der Glaube an einen alleinigen wahren Gott und seinen Propheten, Gebet, Fasten, Almosen geben und die Wallfahrt nach Mekka.

I cinque pilastri dell'Islam sono la fede nell'Unico Dio e nel Suo Profeta, la preghiera, il digiuno, fare la carità e il pellegrinaggio alla Mecca.

13b Glaube & Ausübung

Anbetung **l'adorazione** (*f*)
Bar-Mitzwa **il bar mitzva**
Begräbnis **la sepoltura**
Beichte **la confessione**
Bischof **il vescovo**
Büßer **il pentito**
das letzte Abendmahl **l'ultima cena** (*f*)
Diözese/Bistum **la diocesi**
Dom **il duomo**
ehrfürchtig **riverente**
Erzbischof **l'arcivescovo** (*m*)
Eucharistie **l'eucaristia** (*f*)
evangelisch **evangelico**
Evangelist **l'evangelista** (*m / f*)
fromm **devoto, pio**
Fürbitte **l'intercessione**
Gebet **la preghiera**
Geistlicher **il sacerdote, l'ecclesiastico** (*m*)
Gelübde **il voto**
Gemeinschaft **la comunità**
Hochzeit **lo sposalizio**
ich beichte **mi confesso [-are]**
ich bekehre **converto [-ire]**
ich bekenne (Glauben) **professo [-are] (la fede)**
ich bereue **mi pento [-ire]**
ich bete (für) **prego [-are] per**
ich bete an **onoro [-are], venero [-are]**
ich bezeuge **sono testimone di**
ich danke **ringrazio [-are]**
ich gebe Almosen **dono [-are] / faccio [fare] benficienza**
ich konvertiere **mi converto [-ire]**
ich lege Zeugnis ab **do [dare] testimonianza a**
ich lobe **lodo [-are]**
ich meditiere **medito [-are]**
ich sorge für die Bedürfnisse der Gemeinde **provvedo [-ere] ai**

Die Bischöfe der Anglikanischen Kirche scheuen sich nicht, über soziale Probleme zu sprechen.	**I vescovi della chiesa anglicana non esitano a parlare dei problemi sociali.**
Das Sakrament der Heiligen Kommunion wird Sonntag um neun Uhr gefeiert.	**Il sacramento della santa comunione sarà celebrato domenica alle ore nove.**
Der Gemeinderat tritt regelmäßig zusammen.	**Il consiglio parrocchiale si riunisce regolarmente.**
Einige moslemische Schülerinnen in Frankreich gerieten mit den Behörden in Konflikt, weil sie beschlossen hatten, in der Schule einen Schleier zu tragen.	**Alcune alunne mussulmane in Francia sono entrate in conflitto con le autorità perché hanno scelto di indossare il velo a scuola.**
Jeder Mohammedaner muss fünfmal am Tag beten.	**Ogni Mussulmano è tenuto a pregare cinque volte al giorno.**

 ➤ FEST- UND FEIERTAGE Anh. 13b

bisogni della parrocchia
ich verehre **onoro [-are], venero [-are]**
Imam **l'imano** (*m*)
Kapelle **la cappella**
Kathedrale **la cattedrale, il duomo**
Klerus **il clero**
Kloster **il convento, il monastero**
Kommunion **la comunione**
Heilige Kommunion **la Santa Comunione**
Konfirmation **la cresima**
Kult **il culto**
Laie **un laico**
weltlich **laico**
Laienstand **i laici** (*m*), **il laicato**
Meditation **la meditazione**
Messe **la messa**
Mission **la missione**
Missionar **il missionario**
Mönch **il monaco**
mormonisch **mormone**
Moschee **la moschea**
Mullah **il mullah**
Nonne **la suora, la monaca**
Papst **il papa**
Pastor **il pastore**
Pfarrei **la parrocchia**
Pfarrer **il parrocchiano**
Priester **il prete, il sacerdote**
Rabbi **il rabbino**
Reformation **la riforma**
religiös **devoto, pio, religioso**
Reue **il pentimento**
Ritual **il rituale**
Ritus **il rito**
Sakrament **il sacramento**
Synagoge **la sinagoga**
Synode **il sinodo**
Taufe **il battesimo**
Tempel **il tempio**
Verehrung **la venerazione**
Zeuge **il / la testimone**
Zusammenkunft (der Kardinäle) **la congregazione (cardinalizia)**

Während des heiligen Monats Ramadan fasten Mohammedaner von Sonnenaufgang bis Sonnenuntergang. Der Monat endet mit dem Freudenfest des kleinen Bairam.	**Durante il mese santo di Ramadan, i Mussulmani digiunano dall' alba al tramonto. Il mese si conclude con le celebrazioni del festival di Eid.**
Diejenigen, die sich zum Priesteramt berufen fühlen, müssen ihre Berufung unter Beweis stellen, bevor sie in ein Priesterseminar aufgenommen werden.	**Coloro che sono chiamati al ministero devono dimostrare la loro vocazione prima di venire accettati nei seminari.**
Im Süden der Vereinigten Staaten ist die Baptistentradition sehr stark.	**La tradizione battista è molto forte nel sud degli Stati Uniti.**
Religiöser Fundamentalismus kann in jeder Religion zu Fanatismus und Intoleranz führen.	**Il fondamentalismo religioso può portare all'intolleranza e al fanatismo in ogni religione.**

14 Handel & Wirtschaft

14a Arbeit & Wirtschaft

angelernt **parzialmente qualificato**
Arbeitskraft **la manodopera**
Arbeitslosenunterstützung **il sussidio di disoccupazione**
Arbeitslosigkeit **la disoccupazione**
Arbeitsmoral **l'etica** (*f*) **del lavoro**
Arbeitswoche **la settimana lavorativa**
Beruf **l'occupazione** (*f*)
Beschäftigung/Stelle **l'impiego** (*m*)
Arbeit **il lavoro**
Betrieb/Unternehmen **l'impresa** (*f*), **la società, l'azienda** (*f*)
Bürokratie **la burocrazia**
das Produkt ist gefragt **il prodotto è richiesto**
Dienstleistungen **i servizi**
Entlassungen **i licenziamenti**
Entwicklung **lo sviluppo**
Erhöhung **l'aumento** (*m*)
Gehaltserhöhung **l'aumento** (*m*) **delle retribuzioni**
es wächst/steigt **cresce [-ere], aumenta [-are]**
Exporte **le esportazioni**
Firma **l'impresa** (*f*), **l'azienda** (*f*), **la società**
Führungs- **esecutivo**
Geschäft **l'affare** (*m*)
Geschäfte **gli affari**
Güter **la merce**
Handel **il commercio**
Handels-/Geschäfts- **commerciale**
ich (ver)stärke **rinforzo [-are], rafforzo [-are]**
ich besteuere **tasso [-are]**
ich erhöhe (die Preise) **aumento [-are] (i prezzi)**
ich exportiere **esporto [-are]**
ich importiere **importo [-are]**
ich investiere **investo [-ire]**
ich liefere **consegno [-are]**
ich manage **gestisco [-ire]**
ich produziere **produco [produrre]**
ich setze (Prioritäten) **stabilisco [-ire] (le priorità)**
ich stelle ein **assumo [-ere]**
ich unterzeichne Verträge **firmo [-are] i contratti**
ich verdiene (meinen Lebensunterhalt) **guadagno [-are] (da vivere)**
ich vergrößere **aumento [-are]**
ich verhandele **negozio [-are], tratto [-are]**
ich verwalte **amministro [-are]**
Industrie **l'industria** (*f*)
industrieller Ertrag **il rendimento, la produzione industriale**
Investition **l'investimento** (*m*)
Lebensstandard **il tenore di vita**
Lieferant **il fornitore**
Lieferung **la fornitura**
Management **la gestione**
multinational **multinazionale**
Nachfrage **la richiesta**
Priorität **la priorità**
Produktionskapazität **la capacità produttiva**
Produktionskette **la catena di produzione**
Produktivität **la produttività, il rendimento**
Produzent **il produttore**
qualifizierte Arbeitskräfte **la manodopera qualificata**
Qualität **la qualità**
Rückgang **il calo, il declino, la caduta**

 ➤ BERUFE & JOBS Anh. 14b; ARBEITSLOSIGKEIT 12b; HANDEL 27c

Sozialhilfe **l'assistenzialismo** (*m*) **sociale**
Steuer **l'imposta** (*f*), **la tassa**
unqualifizierte Arbeitskräfte **la manodopera non specializzata**
Vereinbarung **l'accordo** (*m*)
Verhandlungen **i negoziati**
unter vier Augen **faccia a faccia**
Verlässlichkeit **l'affidabilità** (*f*)
Zuwachs **l'aumento** (*m*), **la crescita**

Arbeit / Streik

Abstimmung **la votazione**
Arbeitsunruhen **le agitazioni operaie**
Aussperrung **la serrata**
Demonstration **la manifestazione**
Dienst nach Vorschrift **lo sciopero bianco**
Gehaltsforderung **la rivendicazione salariale**
Gewerkschaft **il sindacato**
Gewerkschaftler(in) **il / la sindacalista**
gewerkschaftlich organisierte Arbeitskräfte **la manodopera sindacalizzata**
gewerkschaftlicher Disput **la vertenza sindacale**
grundlose Entlassung **il licenziamento ingiustificato**
ich bin Streikbrecher **attraverso i picchetti**
ich boykottiere **boicotto [-are]**
ich nehme die Arbeit wieder auf **riprendo [-ere] il lavoro**
ich sperre aus **attuo [-are] una serrata contro gli operai**
ich streike **faccio [fare] sciopero**
industrielle Beziehungen **le relazioni industriali**
Mindestgehalt **il salario minimo**
Stop (Arbeits-) **un arresto (di lavoro)**
Streik **lo sciopero**
inoffizieller Streik **lo sciopero selvaggio**
Streikbrecher **il crumiro**
Streikende **lo scioperante**
Streikposten **il picchettaggio**
Vereinbarung **un accordo**
wegen Krankheit beurlaubt **il permesso per malattia**

Die Handelskammer hofft, dass diese Maßnahmen die Wettbewerbsfähigkeit des Landes vergrößern werden. Die Gewerkschaften fürchten, dass sie den Verlust von Arbeitsplätzen fördern werden.	**La camera di commercio spera che queste misure aumenteranno la competitività del paese. I sindacati temono che faciliteranno la perdita di posti di lavoro.**
Streikende haben den Hafen von Bari und alle Hauptstraßen nach Rom blockiert.	**Gli scioperanti hanno bloccato il porto di Bari e tutte le maggiori strade dirette a Roma.**
Die Gewerkschaften verlangten eine Reduzierung der durchschnittlichen wöchentlichen Arbeitszeit für alle ihre Mitglieder.	**I sindacati hanno richiesto una riduzione dell'orario medio settimanale di lavoro per tutti i dipendenti.**

➤ AM ARBEITSPLATZ 14b; ARBEITSBEDINGUNGEN 14c; FINANZWESEN 14d; 14e

14b Am Arbeitsplatz

Arbeit **il lavoro, l'impiego** (*m*)
Arbeiter **il lavoratore, l'operaio** (*m*)
Ausbildung **la formazione**
Ausbildungskurs **il corso di formazione / aggiornamento**
Beruf **la professione**
beruflich **professionale**
Beschäftigung **l'occupazione** (*f*)
Direktor **il direttore, il dirigente**
Disziplinarverfahren **le procedure disciplinari**
Ferien **le ferie** (*Pl*)
Forschung **la ricerca**
Führungspositionen **le funzioni direttive**
Geschäftsreise **il viaggio d'affari**
Handwerk/Beruf **il mestiere, la professione**
ich arbeite **lavoro [-are]**
ich bin geschäftlich unterwegs **sono [essere] via per affari**
ich bin im Urlaub **sono [essere] in ferie, non lavoro [-are]**
ich bin qualifiziert **sono [essere] qualificato**
ich bin verantwortlich für ... **sono [essere] responsabile per ...**
ich bringe auf den Markt **lancio [-are] sul mercato**
ich deligiere **delego [-are]**
ich gebe Erlaubnis **concedo [-ere] il permesso di**
ich kaufe **compro [-are]**
ich lehre **insegno [-are], istruisco [-ire]**
ich schufte **lavoro [-are] duramente**
ich transferiere **trasferisco [-ire]**
ich übernehme den Vorsitz einer Versammlung **presiedo [-sedere] una riunione**
ich verkaufe **vendo [-ere]**
Kantine **la mensa**
Karriere **la carriera**
Lohnempfänger **il salariato**
mein Vorgesetzter ist ... **il mio superiore è ...**
Posten **l'impiego** (*m*), **il posto**
schlechte Verwaltung **la cattiva amministrazione**
Stelle/Job **il lavoro, l'impiego** (*m*)
Tagesordnung **l'ordine** (*m*) **del giorno**
auf der Tagesordnung **all'ordine del giorno**
Urlaub **le ferie** (*Pl*)
Verwarnung (*mündlich*) **l'avvertimento** (*m*), **la diffida**
schriftliche Verwarnung **la lettera di diffida**
Werbung **la pubblicità**
Zugeständnis **la concessione**

Die Beschäftigungsstrukturen verschieben sich von traditionellen Modellen einer regelmäßigen Anstellung auf Dauer bei einem einzigen Arbeitgeber zu einer breiten Palette professioneller Dienste, die verschiedenen Arbeitgebern von Freiberuflern zur Verfügung gestellt werden.

I modelli di occupazione stanno passando dai modelli tradizionali di impiego regolare e permanente per un datore di lavoro unico a una miriade di prestazioni professionali come collaboratori esterni per vari datori di lavoro.

➤ BERUFE & JOBS Anh. 14b; FIRMENPERSONAL Anh. 14b

Im Büro

Diktaphon **il dittafono**
Drehstuhl **la poltroncina girevole**
E-mail **la posta elettronica**
Fax **il fax**
Faxgerät **il fax**
Fotokopie **la fotocopia**
Fotokopierer **la fotocopiatrice**
Gegensprechanlage **il citofono**
Geschäftsessen (mittags) **il pranzo d'affari**
Geschäftsversammlung **la riunione (d'affari)**
ich diktiere **detto [-are]**
ich faxe **mando [-are] un fax**
ich fotokopiere **fotocopio [-are]**
ich lege ab **archivio [-are]**
ich stenografiere **stenografo [-fare]**
Kartei **lo schedario**
Konferenz **la conferenza**
Konferenzsaal **la sala conferenze**
Kongress **il congresso**
Nebenanschluss **l'interno** (*m*)
offener Plan **plano aperto**
Papierkorb **il cestino**
Postfach **la casella**
Rezeption **la ricezione**
Rezeptionistin **il / la ricezionista**
Schreibtisch **la scrivania**
Stenografie **la stenografia**
Telefon **il telefono**
Textverarbeitungssystem **l'elaboratore** (*m*) **di testi**

In der Fabrik & auf der Baustelle

am Fließband **alla linea di montaggio**
Arbeiter **l'operaio** (*m*)
Automatisierung **l'automazione** (*f*)
Automobilindustrie **l'industria** (*f*) **dell'automobile**
Bauindustrie **l'industria** (*f*) **edilizia**
Bergbau **la miniera**
Bestandteil **il componente**
Beton **il calcestruzzo**
Bulldozer **il bulldozer**
Dampfwalze **il compressore a vapore**
Gabelstapler **il carrello elevatore**
Gerüst **l'impalcatura** (*f*)
Gießerei **la fonderia**
Herstellung **la fabbricazione**
ich behandele **tratto [-are]**
ich schmiede **forgio [-are]**
ich stelle her **fabbrico [-are]**
Industrie **l'industria** (*f*)
Schwer- / Leichtindustrie **l'industria** (*f*) **pesante / leggera**
Kran **la gru**
Massenproduktion **la produzione di massa**
Präzisionsgerät **lo strumento di precisione**
Produkt **il prodotto**
Prozess **il processo**
Roboter **il robot, l'automa** (*m*)
Rohmaterialien **le materie prime**
Schiffsbau **l'industria navale**
Textilindustrie **l'industria tessile**
vorgefertigt **prefabbricato**
Werft **il cantiere navale**

Während meine Frau bei einer Bank tätig ist, mein Sohn bei einer Spielzeugfabrik am Fließband und meine Tocher den ganzen Tag in einem Büro ist, arbeite ich als Schriftsteller.

Mentre mia moglie lavora in banca, mio figlio lavora alla linea di produzione in una fabbrica di giocattoli e mia figlia lavora in un ufficio tutto il giorno, io lavoro come scrittore.

➤ SCHREIBMATERIAL Anh. 22b; COMPUTER 15d; LANDWIRTSCHAFT 24c

14c Arbeitsbedingungen & Entlohnung

Arbeitsstunden **l'orario** (*m*) **di lavoro**
Dienstwagen **l'automobile** (*f*) **aziendale**
Einkommen **il reddito**
flexible Arbeitszeit **l'orario** (*m*) **di lavoro flessibile**
freiberuflich **indipendente**
Gehalt **il salario, la paga, lo stipendio**
Gehaltserhöhung **l'aumento** (*m*) **di stipendio**
ich arbeite freiberuflich **lavoro [-are] indipendentemente**
ich benutze die Stechuhr (bei/nach Arbeitsbeginn/-ende) **timbro [-are] il cartellino all'entrata / all'uscita**
ich bin bei ... beschäftigt **sono [essere] alle dipendenze di ...**
ich gehe in Rente **vado [andare] in pensione**
Lehrling **l'apprendista** (*m / f*)
Lohnliste **il libro paga**
Lohnstreifen **il foglio paga**
Nebeneinnahme **l'extra** (*m*)
Pensionierung **il pensionamento**
Prämie **l'indennità** (*f*), **il premio**
Probezeit **il periodo di prova**
Provision **la provvigione**
  ich verkaufe auf Provision **vendo [-ere] a provvigione**
Rente **la pensione**
Schicht **il turno**
  Tagesschicht **il turno di giorno**
  Nachtschicht **il turno di notte**
selbstständig **lavoratore autonomo**
Spesen **le spese**
Spesenkonto **il conto spese**
ständig **permanente**
Teilzeit- **a tempo parziale**
überarbeitet **oberato di lavoro**
Überstunden **lo straordinario**
Vertrag **il contratto**
Vollzeit- **a tempo pieno**

—Die Arbeitsbedingungen in diesem Büro sind nicht gut genug für Ihr Personal, Herr Carraro.	**—Le condizioni in questo ufficio non sono soddisfacenti per il suo personale, Signor Carraro.**
—Was wollen Sie damit sagen?	**—Che cosa intende dire?**
—Das Büro ist nicht geheizt, schlecht beleuchtet und unzureichend belüftet. Und Sie haben zu viele elektrische Geräte an eine einzige Steckdose angeschlossen. Wenn Sie nicht innerhalb von drei Monaten wesentliche Veränderungen vornehmen, sehe ich mich gezwungen, das Büro zu schließen.	**—L'ufficio non è riscaldato, è male illuminato ed è insufficientemente ventilato. E ha troppi apparecchi elettrici inseriti in una sola presa. Se Lei non apporterà cambiamenti sostanziali entro tre mesi, sarò costretto a chiudere l'ufficio.**

➤ HANDEL & WIRTSCHAFT 14a

Zahltag **il giorno di paga**
zeitweilig **temporaneo, provvisorio**

Bewerbung

Arbeitserfahrung **l'esperienza** (*f*) **di lavoro, il tirocinio**
Arbeitsvermittlung **l'ufficio** (*m*) **di collocamento**
Beförderung **la promozione**
Bewerbung **la domanda di lavoro**
Bewerbungsgespräch **il colloquio**
Diskriminierung **la discriminazione**
Rassendiskriminierung **la discriminazione razziale**
sexuelle Diskriminierung **la discriminazione sessuale**
freie Stelle **il posto disponibile / libero / vacante**
ich befördere **promuovo [-ere]**
ich bewerbe mich **faccio [fare] una domanda di lavoro**
ich bin entlassen worden **sono [essere] stato licenziato**
ich fange an für ... zu arbeiten **incomincio [-are] a lavorare per**
ich finde einen Job **trovo [-are] un lavoro**
ich interviewe **intervisto [-are]**
ich stelle ein **assumo [-ere]**
ich suche **cerco [-are]**
ich suche eine Sekretärin per Inserat **metto [-ere] un annuncio per un posto di segretaria**
ich wurde befördert **ho avuto [avere] una promozione**
Kleinanzeige **un annuncio economico**
Lebenslauf **il curriculum vitae**
Qualifikation **la qualifica**
qualifiziert **qualificato**
Stellenangebote **le offerte di lavoro**
Stellenanzeige **l'annuncio** (*m*)
Stellenbeschreibung **le mansioni**

— Guten Tag. Ich möchte bitte mit dem Personalchef sprechen.	**— Buon giorno. Vorrei parlare con il direttore del personale, per cortesia.**
— Am Apparat. Was kann ich für Sie tun?	**— Sono io. In che cosa posso esserLe utile?**
— Ich habe Ihre Anzeige in der Zeitung gesehen, in der Sie einen Vertreter suchen.	**— Ho visto il Suo annuncio sul giornale per il posto di rappresentante.**
— Natürlich.	**— Certamente.**
— Wie viele Referenzen werden verlangt?	**— Quante referenze sono richieste?**
— Zwei, einschließlich einer Ihres jetzigen Arbeitgebers.	**— Due, compresa quella del Suo attuale datore di lavoro.**

➤ ARBEITSLOSIGKEIT 12c

14d Finanzwesen & Industrie

Aktie **l'azione** (*f*)
Aktienindex **l'indice** (*m*) **finanziario**
Aktienkurs **la fluttuazione delle azioni**
Angebot und Nachfrage **l'offerta** (*f*) **e la domanda**
Anzeige **l'annuncio** (*m*)
Arbeitskosten **i costi di manodopera**
Ausschuss/Rat **il consiglio**
Benachrichtigung **la lettera d'avviso**
Besteuerung **la tassazione, il fisco**
Börse **la Borsa**
Buchprüfung **la verifica dei conti**
Budget **il bilancio, il budget**
Deflation **la deflazione**
Dienstleistungssektor **il (settore) terziario**
Einkommen **il reddito**
Einkommenssteuer **l'imposta** (*f*) **sull'entrata**
Einzelhandel **il commercio al dettaglio**
Einzelhandelsverkauf **le vendite al dettaglio**
Festlegung der Produktionskosten **la determinazione dei costi (di produzione)**
Filiale **la filiale**
Firma **l'azienda** (*f*), **l'impresa** (*f*), **la società**
Garantie/Sicherheit **la garanzia**
Gehalt **la paga, lo stipendio**
Gelder **i fondi**
Geschäftsvolumen **il volume d'affari**
Haftbarkeit **la responsabilità, il debito**
Handelskammer **la camera di commercio**
ich besteuere **impongo / imporre una tassa**
ich investiere in **investo [-ire] in**
ich privatisiere **privatizzo [-are]**
ich subventioniere **sovvenziono [-are]**
ich verbrauche **consumo [-are]**
ich verstaatliche **nazionalizzo [-are]**
ich werbe **faccio [fare] pubblicità**
Immobilien **i beni immobili**
Investition **l'investimento** (*m*)
Kapital **il capitale**
Kapitalanlage **l'investimento** (*m*) **dei capitali**
Konsumgüter **i beni di consumo**
Konto **il conto**
Kosten/Spesen **le spese, i costi**

Die Moretti AG gab ihr Übernahmeangebot für die Supermarktkette Lodi bekannt.	**La Moretti SpA ha annunciato l'offerta di rilevamento della catena di supermercati Lodi.**
Die Firma teilte ihren Aktionären mit, dass der Nettogewinn des laufenden Jahres nicht die Höhe des Vorjahres erreichen wird.	**L'azienda ha informato gli azionisti che le operazioni dell'anno in corso non raggiungeranno gli stessi livelli dell'anno scorso.**

➤ ARBEIT & WIRTSCHAFT 14a; WERBUNG 18d

Kredit **il credito**
Lebenshaltungskosten **il costo della vita**
Lohn **il salario, la paga, lo stipendio, la retribuzione**
Marketing **il marketing**
Markt **il mercato**
Marktwirtschaft **l'economia** (*f*) **di mercato**
Mehrwertsteuer **l'IVA (Imposta sul Valore Aggiunto)**
öffentliche Ausgaben **le spese pubbliche**
öffentlicher Sektor **il settore pubblico**
Preis **il prezzo**
Preisangleichung **l'allineamento** (*m*) **dei prezzi**
Privatsektor **il settore privato**
Produkt **il prodotto**
Produktion **la produzione, il rendimento**
Quote **la quota**
Rate **la rata**
Rechnung **la fattura**
Schuld **il debito**
Staatsschuld **il debito nazionale**
Statistiken **le statistiche** (*Pl*)
Steuer **la tassa, l'imposta** (*f*)
Steuererhöhung **l'aumento** (*m*) **fiscale**
Steuerniveau **il livello fiscale**
Subventionierung **la sovvenzione**
Verarbeitungsindustrie **l'industria** (*f*) **manifatturiera**
Verbraucherausgaben **le spese** (*f*) **di consumo**
Vorschuss **l'anticipo** (*m*)
Ware **la merce**
Werbeagentur **l'agenzia** (*m*) **pubblicitaria**
Werbespot **lo spot pubblicitario (TV)**
Werbung **la pubblicità**
Wertpapier **il titolo, l'obbligazione** (*f*)
Wirtschaft **l'economia** (*f*)
wirtschaftlich **economico**
zahlungsfähig **solvibile**
Zinssatz **il tasso d'interesse**

Fachkräfte

Bankangestellter **il bancario**
Bankdirektor **il direttore di banca**
Bankier **il banchiere**
Börsenmakler **l'agente** *(m/f)* **di cambio**
Buchhalter(in) **il ragioniere, la ragioniera, il / la contabile**
Buchprüfer **il revisore dei conti**
Investor **l'investitore** *(m)*
Makler **il mediatore**
Versicherungsmakler **l'agente** *(m/f)* **d'assicurazione**
Spekulant **lo speculatore**

Die Regierung hat versprochen, die Inflation durch die Senkung des Zinssatzes zu bekämpfen.	**Il governo ha promesso di combattere l'inflazione mediante la riduzione dei tassi d'interesse.**
Die Nachricht zum Haushaltsdefizit hat heute Panik an der Börse verursacht.	**La notizia del disavanzo nel bilancio ha provocato il panico oggi in Borsa.**

➤ BANKWESEN & WIRTSCHAFT 14e

14e Bankwesen & Wirtschaft

Bankwesen & Privatfinanzen

Anzahlung **l'acconto** (*m*), **la caparra, il versamento della prima rata**
Bank **la banca**
Bankautomat **lo sportello automatico, il bancomat**
Bankdarlehen **il prestito bancario**
Bankkarte **la carta bancaria**
Bargeld **i contanti**
Einzahlung **il deposito, la caparra**
Ersparnisse **i risparmi**
Euroscheck **l'eurocheque** (*m*)
Hypothekendarlehen **il mutuo ipotecario**
ich belaste ... mit einer Hypothek **ipoteco [-are]**
ich borge/leihe **presto [-are]**
ich deponiere (Geld) **deposito [-are] in banca**
ich eröffne ein Girokonto **apro [-ire] un conto corrente**
ich habe ein Guthaben **il mio conto è [essere] in credito**
ich hebe ab **ritiro [-are], prelevo [-are]**
ich löse einen Scheck ein **incasso [-are] un assegno bancario**
ich spare **rispiarmio [-are]**
ich wechsele **cambio [-are]**
ich zahle ein (auf der Bank) **deposito [-are] (in banca)**
Kasse/Schalter **la cassa, lo sportello**
Konto **il conto**
Kredit **il prestito**
Kreditinstitut **la società finanziaria**
Kreditkarte **la carta di credito**
mein Konto ist im Minus **il mio conto è [essere] in debito**
Ratenkauf **la vendita a rate**
Reisescheck **l'assegno** (*m*) **turistico**
Rückzahlung **il rimborso**
Scheck **l'assegno** (*m*)

— Ich möchte gern ein Konto bei Ihnen eröffnen.	**— Vorrei aprire un conto qui.**
— Selbstverständlich. Welche Art von Konto brauchen Sie?	**— Certamente. Che tipo di conto vuole?**
— Ein ganz normales Girokonto. Ich bin für drei Jahre hier und arbeite an der Universität.	**— Un normale conto corrente. Sono qui per tre anni e lavoro all'università.**
— Würden Sie bitte dieses Formular komplett ausfüllen?	**— Può compilare questo modulo con tutti i dettagli?**
— Natürlich. Welche Möglichkeiten für einen Überziehungskredit räumen Sie postgraduierten Studenten ein?	**— Sì, certo. Che facilitazioni di eccedenze ci sono per studenti ricercatori?**
— Das muss ich für Sie nachprüfen. Sie können es aber in jedem Fall mit dem Direktor besprechen, wenn es nötig ist.	**— Questo glielo devo verificare. In ogni caso, Lei potrà senz'altro discutere la cosa con il direttore quando ne avrà bisogno.**

 ➤ REICHTUM & ARMUT 12b

Überziehung **lo scoperto, le eccedenze** *(m)*
Währung **la valuta**
Wechselkurs **il tasso di cambio**

Wachstum

Auktion **la vendita all'asta**
blühend **prospero, fiorente**
Boom **il boom**
Fortschritt **il progresso**
Fusion **la fusione**
gewinnbringend **lucrativo, redditizio**
Kapital/Güter **il capitale, i beni**
Leistungsfähigkeit **l'efficienza** *(f)*
Profit **il profitto**
Schätzung **l'apprezzamento** *(m)*
Steigerung **l'aumento** *(m)*
Übernahme **il rilevamento**
Übernahmeangebot **l'offerta** *(f)* **di rilevamento**
Vermögenszuwachs **la crescita dei beni**
Versicherung **l'assicurazione** *(f)*
Wettbewerb **la concorrenza**
Wiederbelebung (wirtschaftlich) **la ripresa (economica)**
Wirtschaftswunder **il miracolo economico**

Wohlstand **la prosperità**
Zusammenschluss **l'incorporazione** *(f)*

Rückgang

Ausgabenkürzung **la riduzione delle spese**
Bankrott **il fallimento, la bancarotta**
Defizit **il deficit**
Entwertung **il deprezzamento**
es geht zurück **è in declino**
ich mache Ausverkauf/verkaufe unter Preis **svendo [-ere], vendo [-ere] sottocosto**
Inflation **l'inflazione** *(f)*
Inflationsrate **il tasso d'inflazione**
Kreditbeschränkung **la restrizione del credito**
Rezession **la recessione**
Stagnation **la stagnazione**
stagnierend **stagnante**
Schuld **il debito**
Verlust **la perdita**
Wirtschaft ohne Wachstum **l'economia** *(f)* **a crescita zero**
Verlangsamung **il rallentamento**

— Hast du schon das Neueste über Bertini & Söhne gehört?
— Nein, was ist denn passiert?
— Sie haben leider bankrott gemacht. Sie haben zuviel Geld aufgenommen,um ein neues Produkt einführen zu können, das sich nicht verkaufen ließ!
— Und was war das?
— Eine Reihe batteriebetriebener Spielzeuge, die natürlich mit dem Markt für Videospiele nicht konkurrieren konnten.

— Hai sentito l'ultima sulla Bertini & Figli?
— No, cosa è successo?
— Sfortunatamente sono andati in fallimento. Hanno fatto debiti molto importanti allo scopo di introdurre una nuova linea che non ha affatto venduto!
— E che cosa era?
— Una gamma di giocattoli a batteria che chiaramente non potevano competere con il mercato dei videogiochi!

➤ HANDEL & WIRTSCHAFT 14b; FINANZWESEN 14d; HANDEL 27c

15 Zwischenmenschliche Kommunikation

15a Soziale Kontakte

Treffen / Zusammenkunft

Ball **il ballo, la danza**
Bankett **il banchetto**
Besuch **la visita**
Datum **la data**
Einladung **l'invito** (*m*)
Empfang **il ricevimento**
Funktion/Amt **la funzione**
Gast **l'ospite** (*m / f*)
Geschenk **il regalo**
gesellschaftliches Leben **la vita di relazione**
ich amüsiere mich **mi diverto [-ire]**
ich begegne **incontro [-are] (per caso)**
ich besuche **visito [-are]**
ich bin verabredet **sono [essere] (già) impegnato**
ich erwarte **aspetto [-are]**
ich feiere **festeggio [-are]**
ich lade ein **invito [-are]**
ich nehme die Einladung an **accetto [-are] l'invito** *(m)*
ich nehme Teil (an) **prendo [-ere] parte a**
ich rede **parlo [-are], chiacchero [-are]**
ich schaue herein **faccio [fare] un salto da**
ich schüttle ... die Hand **stringo [-ere] la mano a**
ich sehe **vedo [-ere]**
ich trete bei **mi associo [-are]**
ich verbringe (Zeit) **passo [-are]**
Klub **il club, l'associazione** (*f*)
Leute **la gente**
Mitglied **il socio**
Party/Fest **la festa**
Tagebuch **il diario, l'agenda** (*f*)

Treffen **l'incontro** (*m*)
Verabredung **l'appuntamento** (*m*)
Versammlung **la riunione**
wir versammeln uns **ci raduniamo [-are]**

Begrüßung & Glückwünsche

Bravo! **Bene! Bravo!**
Entschuldigen Sie bitte. **Mi scusi [-are]**
Frohe Ostern! **Buona Pasqua!**
Frohe Weihnachten! **Buon Natale!**
Frohes Neues Jahr! **Felice Anno Nuovo!**
Gruß **il saluto**
Guten Abend. **Buonasera.**
Guten Morgen/Tag. **Buongiorno.**
Gute Nacht. **Buonanotte.**
Hallo! **Ciao, Salve!**
Herzlichen Glückwunsch! **Congratulazioni! Auguri!**
ich (be)grüße **accolgo [accogliere], saluto [-are]**
ich gratuliere **congratulo [-are]**
ich stoße auf ... an **brindo [-are] a**
ich verbeuge mich **faccio [fare] un inchino**
Komm(t) herein! **Entra! Entrate!**
Prost! **Salute!**
Lass uns auf ... anstoßen! **Brindiamo [-are] a ...!**
Trinkspruch **il brindisi**
Verbeugung **l'inchino** *(m)*
Zum Wohl! **Alla salute!**

Vorstellung

Alf, das ist Pietro. **Alf, ti presento Pietro.**

➤ BEMERKUNGEN & AUSRUFE 15b; POST & TELEFON 15c

Darf ich Ihnen ... vorstellen? **Posso presentarLe ...?**
Das ist ... **Questo è ...**
Frau **signora**
Frau X **la Signora / la Signorina X**
Freut mich. **Piacere, Molto lieto.**
Freut mich, Sie kennenzulernen. **Lieto di / Piacere di conoscerLa.**
Herr **signore**
Herr Y **il Signor Y**
Ich möchte Ihnen ... vorstellen. **Vorrei presentarLe ...**
ich heiße willkommen **do [-are] il benvenuto a**
ich stelle mich vor **mi presento [-are]**
ich stelle vor **presento [-are]**
Sehr geehrte Damen und Herren! **Signore e Signori!**
Vorstellung **la presentazione**
Willkommen in/bei ... **Benvenuti a ...**

Höflichkeiten

Gesundheit! **Salute!**
Es geht mir gut, danke. **Sto bene, grazie.**
ich duze **do del «tu»**
ich hoffe, es geht dir bald besser. **Spero che guarisca presto.**
ich sieze **do del «lei»**
Mir geht's ganz gut, danke. **Non c'è male, grazie.**
Schöne Grüße an ... **I miei saluti a ...**
Sehr gut, danke! **Molto bene grazie!**
Viel besser, danke. **Molto meglio, grazie.**
Viele Grüße von ... **I migliori saluti da ...**
Wie geht's? **Come stai / sta [-are]?**

Danken

Bitte schön! **Prego!**
Danke! **Grazie!**
Es ist nett von dir/Ihnen, dass ... **È stato molto gentile da parte tua / Sua ...**
Ich bin dir/Ihnen sehr dankbar für ... **Ti / Le sono molto riconoscente per ...**
ich danke **ringrazio [-are]**
Nein danke! **No grazie!**
Nichts zu danken! **Non c'è di che!**
Vielen Dank! **Mille grazie!**

Entschuldigungen

Das macht nichts. **Non fa niente, non ha importanza.**
Entschuldigen Sie bitte. **Mi scusi, per favore.**
Entschuldigung **la scusa**
Es tut mir Leid, aber ich kann nicht. **Mi dispiace [-ere], ma non posso.**
Es tut mir sehr Leid, dass ... **Mi dispiace (che ...)**
ich entschuldige mich **mi scuso [-are], chiedo [-ere] scusa**
ich lehne ... ab **rifiuto [-are] di ...**
ich vergebe **perdono [-are]**
nicht im Geringsten **non c'è di che, non affatto**
Vergiss es! **Non ti preoccupare!**

Abschied

Abschied **la partenza**
Alles Gute! **Tante belle cose! Imigliori auguri!**
Auf Wiedersehen! **Arrivederci!**
Bis bald! **A presto!**
Gute Reise! **Buon viaggio!**
ich verabschiede mich **saluto [-are]**
Tschüs! **Ciao!**
Viel Glück! **Buona fortuna!**
Viel Spaß! **Divertiti!**
Wir sehen uns morgen. **Ci vediamo domani.**
Wir sehen uns später! **Ci vediamo più tardi!**

➤ BEZIEHUNGEN 7; ANSICHTEN ÄUSSERN 6d

15b Bemerkungen & Ausrufe

Anerkennung & Missbilligung

Ausgezeichnet! **Eccellente! Ottimo!**
Das hättest/n du/Sie nicht ... sollen! **Ma, non dovevi / doveva ...**
Das ist in Ordnung. **Sì, va bene.**
Ist das in Ordnung? **Va bene così?**

Erlaubnis & Pflicht

Aber bitte! **Prego! Senza complimenti!**
Absolut nicht! **Assolutamente no!**
Darf ich ... ? **Posso ...?**
Das ist (ganz) in Ordnung. **Va bene (così).**
du kannst/Sie können (nicht) **(non) puoi / può**
erlaubt **permesso**
es ist erlaubt **è permesso**
es ist nicht erlaubt **(non) è permesso ...**
Hast Du/Haben Sie Zeit ... zu ... ? **Hai / ha tempo per / di ...?**
ich darf (nicht) **non devo [dovere]**
ich erlaube **permetto [-ere]**
ich habe die Erlaubnis zu ... **ho [avere) il permesso di ...**
ich kann (nicht) **(non) posso [potere]**
ich muss (nicht) **non devo [dovere]**
ich sollte (nicht) **(non) dovrei**
Kann ich ... ? **Posso ...?**
Kann/Dürfte ich bitte ... haben? **posso / potrei avere ..., per favore?**
nein **no**
nicht jetzt/hier/heute abend **non adesso / qui / stasera**

Überraschung

Genau so wie ich es erwartet habe. **Proprio come me l'aspettavo.**
Großer/Guter/Lieber Gott! **Dio mio! Oddio!**
ich überrasche **sorprendo [-ere], stupisco [-ire]**
Na und? **E allora? E con questo?**
überraschend **sorprendente**
Überrascht dich das? **Ti sorprende? Non te l'aspettavi?**
Überraschung **la sorpresa**
Und nun? **E allora?**
Was für eine Überraschung! **Che sorpresa!**
Wirklich? **Veramente? Davvero?**

Zögern

das heißt ... **cioè ...**
Das wollte ich damit nicht sagen. **Non intendevo dire questo.**
Dingsda **l'affare** *(m)*, **il coso**
Dingsbums *(Person)* **il tizio**
Einen Moment, bitte! **Un attimo per favore**
Lass mich mal einen Moment überlegen. **Fammi pensare un attimo.**
oder vielmehr . . . **o piuttosto / ovvero ...**
Wie heißt er/sie? **Come si chiama?**
Wie kann ich das sagen? **Come posso dirlo?**

➤ ANSICHTEN ÄUSSERN 6d; GEFÜHLE & GEMÜTSBEWEGUNGEN 6b

Zuhören & Zustimmen/Ablehnen

aber **ma, però, tuttavia**
Aha! **Ah-hah!**
Du irrst dich. **Hai torto, Sbagli.**
Bestimmt (nicht) **(No) certamente**
Bist du nicht damit einverstanden, (dass) ... ? **Non sei d'accordo (che) ...?**
Blödsinn! **Che sciocchezza!**
Das ist falsch! **È sbagliato!**
Das ist (nicht) richtig. **(Non) è giusto.**
Das ist nicht so. **Non è cosi.**
Das ist (nicht) wahr. **(Non) è vero.**
einverstanden **d'accordo**
falsch **falso, sbagliato**
Ganz recht! **Proprio così!**
Genau! **Esattamente!**
ich bin einverstanden **Sono d'accordo**
ich bin (nicht) einverstanden **non sono d'accordo**
ich finde, dass ... **trovo [-are] che**
ich glaube / nicht daran **ci credo / non ci credo**
ja **sì**
Ja, bitte. **Sì, per favore.**
Ja, das ist es. **Sì, lo è.**
mit Sicherheit **di sicuro**
Natürlich nicht! **Chiaro (che no)!**
Nein! **No!**
Niemals! **Mai!**
Oh! **Oh!**
ohne Zweifel **senza dubbio**
Psst! **Sssstt!**
richtig **giusto, esatto**
Ruhe! **Silenzio! Zitto!**
Sicher! **Certo! Senz'altro!**
Sicherlich! **Certamente! Certo!**
wahr **vero**
Wirklich? **Veramente? Davvero?**

Erläuterung & Bedeutung

Danke gleichfalls. **Altrettanto, grazie.**
eine Art ... **un tipo / genere di ...**
Es schreibt sich mit ... **Si scrive con ...**
Haben Sie gesagt ... ? **Ha detto ...?**
Ich habe gesagt, dass ... **Ho detto che ...**
ich meine **voglio dire**
ich sage **dico [dire]**
ich schreibe **scrivo [-ere]**
ich spreche **parlo [-are]**
ich verstehe **capisco / intendo**
Kannst du/Können Sie bitte etwas langsamer sprechen? **Puoi / Può parlare più lentamente, per favore?**
Kannst du/Können Sie das bitte buchstabieren? **Mi puoi / può dire come si scrive per favore?**
Kannst du/Können Sie das bitte wiederholen? **Puoi / Può ripetere per favore? Puoi / Può ripeterlo per favore?**
kennst du ... **conosci ... , sai ...**
langsam **lentamente**
Meinst du ...? **Vuoi dire ...?**
so etwas wie ... **qualcosa come ...**
Was hast du/haben Sie gesagt? **Cos'hai / ha detto? Come hai / ha detto?**
Was ich gesagt habe, war ... **Ciò che dicevo era ...**
Was meinst du/meinen Sie mit ... ? **Cosa intendi / intende per ...?**
Wie schreibt sich das bitte? **Come si scrive, per favore?**
Willst du damit sagen ... ? **Intendi dire ...?**

➤ DENKVORGÄNGE 6c

15c Post & Telefon

Post

Absender **il / la mittente**
Antwort **la risposta**
Brief **la lettera**
Brieffreund(in) **l'amico / l'amica per corrispondenza, il / la corrispondente**
Briefmarke **il francobollo**
Briefpartner **il / la corrispondente**
Briefumschlag **la busta**
Briefwechsel **la corrispondenza**
Einschreibebriefe **la posta raccomandata**
Einschreiben **la raccomandata**
Empfänger **il destinatario**
Expresslieferung **la consegna per espresso**
gebührenfrei **a carico del destinatario**
Gibt es Nachrichten? **Ci sono notizie?**
ich empfange **ricevo [-ere]**
ich korrespondiere mit **scrivo [-ere] a, corrispondo [-ere] con**
ich schicke **mando [-are], invio [-are]**
ich schreibe **scrivo [-ere] a**
ich sende **spedisco [-ire]**
ich stelle zu **consegno [-are]**
ins Ausland **all'estero**
Leerung **la levata della posta**
Luftpostbrief **la lettera per via aerea**
Nachricht **la notizia**
Päckchen **il pacchetto**
Paket **il pacco**
Paketporto **la tariffa pacchi**
Porto **l'affrancatura** (*f*)
Post **la posta**
Postamt **l'ufficio** (*m*) **postale**
Postanweisung **il vaglia postale**
Postbote **il postino, il portalettere**
Postfach **la cassetta postale, la buca da lettere**
Postkarte **la cartolina (postale / illustrata)**
Postlagerung **il fermoposta**
Postleitzahl **il codice (d'avviamento) postale (CAP)**
Posttarif **la tariffa postale**
Schalter **lo sportello**
versiegelt **sigillato**
Zollerklärung **la dichiarazione doganale**

Wann kommt die Post?	**Quando arriva la posta?**
Ich habe seit langem nichts von ihr gehört.	**Non ho sue notizie da un secolo.**
Sehr geehrter Herr ..., Ich schreibe Ihnen im Auftrag meines Vaters bezüglich ...	**Egregio Signore ...,** **Le scrivo per conto di mio padre a riguardo di ...**
In Erwartung Ihrer Antwort verbleibe ich ...	**In attesa di una Sua cortese risposta,**
Mit freundlichen Grüßen,	**Distinti saluti.**

➤ BRIEFFORMELN Anh. 15c; SCHREIBMATERIAL 22b

Telefon & Nachrichtentechnik

Absender **il / la mittente**
Anrufbeantworter **la segreteria telefonica**
Apparatnummer **il numero interno**
außer Betrieb **fuori uso**
besetzt **occupato**
E-Mail **la posta elettronica**
falsche Nummer **il numero sbagliato**
Fax **il fax**
Ferngespräch **una telefonata interurbana**
Fernmeldewesen **le telecomunicazioni**
Fernsprechverbindungen **i collegamenti di telecomunicazione**
Handy **il telefonino, il cellulare**
Hörer **il ricevitore, la cornetta**
ich faxe **mando [-are] un fax a**
ich wähle **compongo [-porre] il numero**
Knopf **il bottone, il pulsante**
Modem **il modulatore, il modem**
Nebenanschluss **l'interno** (*m*)
nicht eingetragen **non (è) in elenco**
Null **lo zero**
Ortsgespräch **una telefonata urbana**
R-Gespräch **la chiamata addebitata al ricevente**
Schlitz **l'apertura** (*f*), **la fessura**
Teilnehmer **l'abbonato** (*m*)
Telefon **il telefono**
Telefonbuch **l'elenco** (*m*) **telefonico**
Telefonist(in) **il / la centralinista**
Telefonzelle **la cabina telefonica**
Telegraf **il telegrafo**
Telegramm **il telegramma**
Unterhaltung **la conversazione**
Vermittlung **il centralino**

Telefonieren

ich drücke **premo [-ere]**
ich faxe **mando [-are] un fax a**
ich hebe ab **sollevo [-are]**
ich lege auf **riattacco [-are]**
ich rufe an **chiamo [-are], telefono [-are] a**
ich spreche mit **parlo [-are] con**
ich stelle zu ... durch **passo [-are] ...**
ich telefoniere mit **parlo [-are] con**
ich verbinde mit **mi collego con [-are]**
ich wähle **compongo [-porre], faccio [fare] il numero**
ich warte **attendo [-ere]**

Kannst Du es mir per Fax schicken?	**Me lo puoi mandare via fax?**
Kann man direkt wählen?	**Si può fare il numero diretto?**
Pietro hier.	**Sono Pietro.**
Hier ist Gianni Marconi.	**Parla Gianni Marconi.**
Kann ich mit Mirella sprechen?	**Può passarmi Mirella?**
Sind Sie noch da?	**È ancora in linea?**
Ich werde später wieder anrufen.	**Richiamerò più tardi.**
Entschuldigen Sie, ich habe mich verwählt.	**Scusi, ho sbagliato numero.**

➤ COMPUTER 15d; SPRACHGEBRAUCH 21b

15d Computer

Computeranwendungen

Anwendung **l'applicazione** (*f*)
Benutzername **il nome dell'utente, il codice di identificazione**
Büroautomation **l'automazione** (*f*) **degli uffici**
computerisiert **computerizzato**
computerisierte Drehbank **il tornio computerizzato**
Datei **il file, l'archivio** (*m*)
Desktop Publishing / DTP **il trattamento dei testi, il DTP**
Grammatikprüfung **il controllo grammaticale dei testi**
Informatik **l'informatica** (*f*)
Information **l'informazione** (*f*)
künstliche Intelligenz **l'intelligenza** (*f*) **artificiale**
Netzwerk **la rete, il network**
Passwort **la parola chiave, il password**
Rechtschreibeprüfung **il controllo ortografico dei testi**
Scanner **il lettore ottico**
Simulation **la simulazione**
Simulator **il simulatore**
Strichcode **il codice a barre**
Strichcode-Scanner **il lettore di codice a barre**
Synonymlexikon **il dizionario dei sinonimi e contrari**
Synthesizer **il sintetizzatore**
Taschenrechner **la calcolatrice**
Textsystem **il sistema dei testi**
Textverarbeitungsprogramm **il word processor**
Videospiel **il videogioco**

Textverarbeitung & Betriebssystem

ich aktualisiere **aggiorno [-are]**
ich ändere ab **scifto [-are]**
ich bin eingeloggt (aus-) **entro [-are] / esco [uscire]**
ich mache rückgängig **annullo [-are]**
ich archiviere **archivio [-are]**
ich blättere durch **scorro [-ere], sfoglio [-are]**
ich breche ab **interrompo [-ere]**
ich drucke aus **stampo [-are]**
ich empfange **ricevo [-ere]**

Welches Laufwerk benutzt du?	**Quale unità usi?**
Wie kann man die Helligkeit des Monitors verringern?	**Come si fa a diminuire l'intensità della luce dello schermo?**
Ist es möglich, die Funktionstasten zu ersetzen?	**È possibile sostituire i tasti funzionali?**
Diese Computer sind an ein lokales Netz angeschlossen.	**Questi elaboratori fanno parte di una rete regionale.**
Der Drucker muss gewartet werden.	**È necessario fare la manutenzione alla stampante.**
Die Informatik entwickelt sich ständig weiter.	**L'informatica è in continua evoluzione.**

➤ COMPUTERHARDWARE, COMPUTERSOFTWARE Anh. 15d

ich setze in Blocksatz **aggruppo [-are]**
ich emuliere **emulo [-are]**
ich entferne **rimuovo [-ere]**
ich ersetze **sostituisco [-ire]**
ich erstelle **creo [-are]**
ich exportiere **esporto [-are]**
ich formatiere **formatto [-are]**
ich füge hinzu **aggiungo [-ere]**
ich füge zusammen **unisco [-ire]**
ich gebe ein **immetto [-ere], introduco [-ere]**
ich greife auf ... zu **accedo [-ere] a**
ich hebe fettgedruckt hervor **metto [-ere] in grassetto**
ich importiere **importo [-are]**
ich installiere **colloco [-are]**
ich klicke an **clicco [-are]**
ich kommuniziere **comunico [-are]**
ich kopiere **copio [-are]**
ich lade **carico [-are]**
ich lasse laufen **faccio [fare] correre**
ich lese **leggo [-ere]**
ich liste auf **elenco [-are]**
ich lösche **cancello [-are]**
ich mache eine Sicherungskopie **faccio [fare] una copia di riserva**
ich öffne (eine Datei) **apro [-ire]**
ich programmiere **programmo [-are]**
ich registriere **registro [-are]**
ich rufe auf **ritrovo [-are]**
ich säubere den Bildschirm **ripristino [-are] lo schermo**
ich schalte ein / aus **accendo [-ere], spengo [-ere]**
ich schicke **invio [-are]**
ich schneide aus und füge ein **taglio [-are] e incollo [-are]**
ich sichere **salvo [-are]**
ich simuliere **simulo [-are]**
ich sortiere **ordino [-are]**
ich speichere **memorizzo [-are], salvo [-are]**
ich suche **cerco [-are]**
ich tabelliere **tabulo [-are]**
ich unterstreiche **sottolineo [-are]**
ich verarbeite (Text) **tratto [-are] (il testo)**
ich verlasse **esco [uscire]**
ich verschiebe **muovo [-ere]**
ich zähle **conto [-are]**

Dieses Datenverarbeitungssystem ist nicht mehr zuverlässig.	**Questo sistema di gestione dati non è più affidabile.**
Welches System benutzt du?	**Quale sistema usi?**
Zeig mir dein Passwort!	**Mostrarmi la tua parola chiave!**
Ich mag das Softwarepaket nicht, das mit diesem PC angeboten wird.	**Non mi piace il pacchetto software di questo elaboratore.**
Ist diese Tabellenkalkulation einfach zu benutzen?	**È facile da usare questo foglio elettronico?**
Er/Sie hat meine Datei gelöscht!	**Ha cancellato il mio archivio / il mio file!**
Hast du überprüft, ob es einen Virus gibt?	**Hai verificato se c'è un virus?**

➤ SCHREIBEN 21b

16 Freizeit & Sport

16a Freizeit

abgelegen **isolato**
Abonnement **l'abbonamento** (*m*)
Aktivität **l'attività** (*f*)
alleine **solo**
aufregend **eccitante, stimolante**
Aufregung **l'eccitazione** (*f*)
Ausflug **l'escursione** (*f*)
Ausflügler **l'escursionista** (*m / f*)
Ausgang **l'uscita** (*f*)
ausverkauft **esaurito**
Besuch **la visita**
Buch **il libro**
Diskothek **la discoteca**
Eingang **l'entrata** (*f*), **l'ingresso** (*m*)
Eintrittsgeld **la tariffa d'entrata**
Energie **l'energia** (*f*)
energisch **vigoroso, energico**
Enthusiasmus **l'entusiasmo** (*m*)
faszinierend **affascinante**
Fernsehen **la televisione**
Foto **la fotografia**
Fotoapparat **la macchina fotografica**
Freizeit **il tempo libero**
Führer **la guida**
Führung **la visita guidata**
geöffnet **aperto**
geschlossen **chiuso**
Hobby **il passatempo, lo svago**
ich beginne **comincio [-are] a (fare)**
ich besuche **visito [-are]**
ich bevorzuge **preferisco [-ire]**
ich entscheide, beschließe **decido [-ere]**
ich fange an **comincio [-are], inizio [-are]**
ich fische **pesco [-are], vado [andare] a pesca**
ich gehe aus **esco [uscire]**
ich gehe spazieren **passeggio [-are]**
ich habe Zeit **sono [essere] libero / disponibile**
ich höre **ascolto [-are]**
ich höre auf **smetto [-ere] di (fare)**
ich kann **posso [potere]**
ich lese **leggo [-ere]**
ich mache Fotos **faccio [fare] fotografie**

—Was ist dein Lieblingszeitvertreib?	**—Qual'è il tuo passatempo preferito?**
—Nun ja, früher bin ich jeden Sonntag mit dem Auto aufs Land gefahren, aber jetzt habe ich keine Zeit mehr für Hobbys. Außerdem sind viele von ihnen sehr teuer.	**—Ebbene, solevo andare in campagna in automobile ogni domenica ma ora non ho tempo per passatempi. Inoltre molti sono molto cari.**
—Gibt es Ermäßigungen für Studenten?	**—Ci sono tariffe ridotte per studenti?**
—Ja, aber nur freitagabends.	**—Sì, ma solo il venerdì sera.**

➤ FREIZEITBEKLEIDUNG & AUSRÜSTUNG 16c; FOTOGRAPHIE Anh. 16c

ich nähe **cucio [-ire], faccio [fare] cucito**
ich organisiere **organizzo [-are]**
ich sammle **colleziono [-are]**
ich schaue an **guardo [-are], osservo [-are]**
ich spiele **gioco [-are]**
ich spiele (um Geld) **gioco [-are] d'azzardo**
ich stelle mich an **faccio [fare] la coda**
ich treffe **incontro [-are]**
ich trete bei **mi associo [-are]**
ich wandere **cammino [-are]**
interessant **interessante**
Interesse **l'interesse** (*m*)
Jahreszeit **la stagione**
Jugendklub **l'associazione** (*f*) **giovanile**
Karte **il biglietto, la carta**
Kartenspiel **il gioco di carte**
Kartentisch **il tavolino da gioco**
Kasino **il casinò (i casinò)**
Kino **il cinema**
Klub **l'associazione** (*f*)
Kreuzworträtsel **le parole (in)crociate**
langweilig **noioso**
Markt **il mercato**
  Antiquitätenmarkt **il mercato dell' antiquariato**
  Flohmarkt **Il mercato delle pulci**
Messe **la fiera**
Mitglied **il socio**
Mitgliedschaft **l'associazione** (*f*)
Münze **la moneta**
Nachtklub **il locale notturno**
öffentlich **pubblico**
Organisation **l'organizzazione** (*f*)
Ort **il luogo, il posto**
Picknick **la scampagnata, il picknick**
privat **privato**
Sammlermesse **la fiera del collezionista**
Sammlung **la collezione**
Schach **gli scacchi**
Schlange **la coda**
Schreinerei **lavorare con il legno, la falegnameria**
Selbstanfertigung **il fai-da-te**
Spaß **il divertimento**
Theater **il teatro**
Tour **la visita, il giro, il viaggio**
Treffpunkt **il luogo d'incontro**
Urlaub **la vacanza**
Vergnügen **il piacere**
Zeit **il tempo**
Zeitvertreib **il passatempo, lo svago**
Zoo **lo zoo, il giardino zoologico**
Zuschauer **lo spettatore**

—Was machst du gern an Regentagen?	**—Cosa ti piace fare in una giornata di pioggia?**
—Vielleicht Kartenspielen, aber nicht mit meinem Bruder: der schummelt!	**—Forse giocare a carte ma non con mio fratello: lui bara!**
—Sollen wir mit den Kindern in den Zoo gehen?	**—Portiamo i bambini allo zoo?**
—Gute Idee. Wenn wir auch Evas Kinder und deren Schulfreunde mitnehmen, können wir Ermäßigung bekommen.	**—Buona idea. Se portiamo anche i bambini di Eva e i loro compagni di scuola possiamo ottenere una riduzione.**

➤ HOBBYS Anh. 16a; SPORT 16b; SEHENSWÜRDIGKEITEN Anh. 20a

16b Sport

Angriff **l'attaco** (*m*)
Anstrengung **lo sforzo**
Athlet(in) **l'atleta** (*m / f*)
athletisch **atletico**
Ausrüstung **l'attrezzatura** (*f*)
Bahn **la pista**
Ball **la palla, il pallone**
Bergsteiger **il rocciatore**
Boot **la barca**
Boxer **il pugile**
Durchhaltevermögen **la resistenza**
Eisbahn **la pista di ghiaccio**
Endspiele **le finali** (*Pl*)
Ergebnis **il risultato**
Fahrrad **la bicicletta**
Fall **la caduta**
Fan **il tifoso**
Feld **il campo**
fit **in forma**
Fitness **la forma**
gegen **contro**
Handtuch **l'asciugamano** (*m*)
ich bin nicht fit **non sono [essere] allenato / in forma**
ich fahre Fahrrad **vado [andare] in bicicletta**
ich fahre Ski **scio [-are]**
ich falle **cado [-ere]**
ich fange **afferro [-are]**
ich gewinne **vinco [-ere]**
ich jogge **pratico [-are] il jogging**
ich klettere **mi arrampico [-are], faccio [fare] roccia**
ich laufe **corro [-ere]**
ich laufe Schlittschuh **pattino [-are] su ghiaccio**
ich mache mich fit **mi metto [-ere] in forma**
ich reite **faccio [fare] equitazione**
ich rudere **remo [-are]**
ich schieße ein Tor **faccio [fare] gol**
ich schlage auf **lancio [-are], servo [-ire]**
ich schwimme **nuoto [-are]**
ich segele **faccio [fare] vela**
ich spiele **gioco [-are]**
ich springe **salto [-are]**
ich tauche **faccio [fare] immersione**
ich trainiere **mi alleno [-are]**
ich treffe **colpisco [-ire]**
ich treibe Sport **faccio [fare] sport**
ich verliere **perdo [-ere]**
ich werfe **lancio [-are]**
ich wetteifere **gareggio [-are]**
ich ziehe gleich **pareggio [-are]**
Jogger **chi pratica il jogging**
Kapitän **il capitano**
Klub **l'associazione** (*f*), **il club**
Kraft **la forza**
Lauf **la corsa**
Läufer **il corridore, il podista**
Lehrer(in) **l'istruttore** (*m*), **l'istruttrice** (*f*)
Liga **la lega**
Mannschaft **l'equipaggio** (*m*), **la squadra**

Es ist eine bemerkenswerte Leistung für die Nationalmannschaft, die extrem gut gespielt hat. **È un risultato notevole per la squadra nazionale, che ha giocato estremamente bene.**
Das Team hat unter sehr schwierigen Wetterbedingungen trainiert, und jeder Sportler war bereit, sein Bestes zu geben. **La squadra si è allenata in condizioni metereologiche molto difficili e ogni atleta era pronto a dare il meglio di sé.**

➤ SPORTARTEN 16c

Marathon **la maratona**
Medaille **la medaglia**
Bronzemedaille **la medaglia di bronzo**
Goldmedaille **la medaglia d'oro**
Silbermedaille **la medaglia d'argento**
Meister **il campione**
Meisterschaft **il campionato**
Muskel **il muscolo**
Netz **la rete**
Niederlage **la sconfitta**
Olympiade (Winter-) **le olimpiadi (invernali)**
Pause **il riposo**
Pedal **il pedale**
Pferderennen **la corsa di cavalli**
physisch **fisico**
Piste **la pista**
Pokal **la coppa**
Profi **il / la professionista**
professionell **professionale**
Punkt **il punto, il punteggio**
Punktzahl **il punteggio**
Rasen **il campo erboso**
Reitschule **la scuola di equitazione, il maneggio**
Rennen **la corsa, la gara**
Schiedsrichter **l'arbitro** (*m*)
Schuss **il colpo**
Segel **la vela**
Segelschule **la scuola di vela**
Sieg **la vittoria**
Skier **lo sciatore**
Skilift **lo skilift**
Spiel **il gioco, la partita**
Spieler **il giocatore**
Spielfeld **il campo, il terreno da gioco**
Sponsoring **la sponsorizzazione**
Sponsor **lo sponsor, il finanziatore**
Sport **lo sport**
Sporthalle **la palestra**
Sportler(in) **l'atleta** (*m / f*)
Sportplatz **il campo sportivo**
Springreiten **le corse a ostacoli**
Sprung **il salto**
Spurt **lo scatto, la volata**
Stadion **lo stadio**
Team **l'equipaggio** (*m*), **la squadra**
Tor **il gol**
Trainer **l'allenatore** (*m*)
Training **l'allenamento** (*m*)
Triumph **il trionfo**
Trophäe **il trofeo**
Turnier **il torneo**
Umkleideraum **lo spogliatoio**
Unentschieden **il pareggio**
Verletzung **la ferita, la lesione**
Verteidigung **la difesa**
Weltcup (Fußball) **la coppa del mondo**
Weltmeisterschaft **il campionato mondiale**
Werfer **il lanciatore** (*m*)
Wette **la scommessa**
Widerstandsfähigkeit **la resistenza**

Unglücklicherweise zog sich ein Mitglied des Teams während des letzten Rennens ernsthafte Verletzungen zu und liegt nun im Krankenhaus.

Sfortunatamente, un giocatore della squadra ha sostenuto gravi lesioni durante l'ultima gara ed è ora in ospedale.

➤ PHYSISCHER ZUSTAND 11d

16c Sportarten & Ausrüstungen

Sportarten

Badminton **il (gioco) del volano**
Baseball **il baseball**
Basketball **la pallacanestro**
Billiard **il biliardo**
Boxen **il pugilato**
Eishockey **l'hockey** (*m*) **su ghiaccio**
Eislauf **il pattinaggio su ghiaccio**
Fußball **il calcio**
Gewichtheben **il sollevamento pesi**
Handball **la pallamano**
Hockey **l'hockey** (*m*)
Jogging **il jogging**
Klettern **l'arrampicata** (*f*)
  Freistilklettern **l'arrampicata libera**
  Felsklettern **l'arrampicata di roccia**
Kricket **il cricket**
Leichtathletik **l'atletica** (*f*)
Mannschaft **la squadra**
Pentathlon **il pentathlon**
Polo **il polo**
Radsport **il ciclismo**
Reiten/Reitsport **l'equitazione**
Rennen **la gara (di corsa)**
Rollschuhlaufen **il pattinaggio a rotelle**
Rugby **il rugby**
Schwimmen **il nuoto**
segeln **fare vela**
Skaten **il pattinaggio a rotelle**
Skifahren **lo sci**
  alpines Skifahren **lo sci alpino**
  Langlauf **lo sci di fondo**
  Abfahrtslauf **lo sci di discesa**
Tauchen **l'immersione** (*f*)
Team **la squadra**
Tennis **il tennis**
Tiefseetauchen **l'immersione in profondità**
Tischtennis **il tennis da tavolo, il ping-pong**
Volleyball **la pallavolo**
Wasserpolo **la pallanuoto**
Windsurfen **il windsurf**

—Hast du das Spiel gesehen?
—Nein, ich musste gehen bevor es zu Ende war. Wer hat gewonnen?
—Wir haben 3 zu 1 verloren. Ich kann immer noch nicht verstehen, wie eine so fähige Mannschaft nach einer Erfolgssaison so katastrophal verlieren kann.

—Hai guardato la partita?
—No, ho dovuto andarmene prima della fine. Chi ha vinto?
—Abbiamo perso 3 a 1. Non riesco ancora a capire come una squadra cosí capace possa perdere in modo così disastroso dopo una stagione di successi.

➤ BEKLEIDUNG 9c

Freizeit- & Sportbekleidung

Anorak **la giacca a vento**
Badeanzug/Badehose **il costume da bagno**
Ballettschuhe **le ballerine**
Fahrradshorts **i calzoncini da ciclismo**
Gartenhandschuhe **i guanti da giardinaggio**
Gummistiefel **gli stivali di gomma**
Jogginganzug **la tuta da jogging**
Laufschuhe **le scarpe da jogging**
Overall **la (tuta) salopette**
Parka **la giacca a vento**
Rugbyhemd **la maglia da rugby**
Stiefel **gli scarponi, gli stivali**
Strumpfhose **la calzamaglia**
Taucheranzug **la tuta da immersione**
Wanderstiefel **gli scarponi**
wasserdichte Jacke **la giacca a vento**

Freizeit- & Sportausrüstung

Angel **la canna da pesca**
Auslegerboot **il fuoriscalmo**
Ball **la palla, il pallone**
Boxhandschuhe **i guantoni da boxe**
Fernglas **il binocolo**
Fotoapparat **la macchina fotografica**
Gartenschere **le cesoie da giardino**
Gewichte **i pesi**
Hi-Fi **l'alta fedeltà** *(f)*
Jacht **il panfilo**
Kopfhörer **la cuffia**
Mountainbike **la mountainbike**
Nähkasten **la scatola del cucito**
Netz **la rete**
Puck **il disco di gomma**
Rollschuhe **i pattini a rotelle**
Rucksack **lo zaino**
Ruderboot **la barca a remi**
Rudermaschine **il vogatore**
Schläger **il bastone, la racchetta**
Schlitten **la slitta**
Schlittschuh **il pattino da ghiaccio**
Segelboot **la barca a vela**
Skates **i pattini a rotelle**
Skier **gli sci**
Skistiefel **gli scarponi da sci**
Skistöcke **i bastoncini**
Speer **il giavellotto**
Spinnrad **il filatoio**
Sporttasche **la sacca sportiva**
Stricknadeln **gli aghi da maglia**
Sturzhelm **l'elmetto** *(m)*
Surfbrett **la tavola da surf**
Trimmrad **la bicicletta da camera**
Zoomobjektiv **le lenti zoom**

—Entwickelst du deine Fotos selbst?	**—Sviluppi tu stesso le fotografie?**
—Das würde ich gerne, aber ich habe keine Dunkelkammer.	**—Mi piacerebbe, ma non ho una camera oscura.**

➤ GARTENBAU 24c; WERKZEUGE Anh. 8b; FOTOGRAPHIE Anh. 16c

17 Kunst

17a Verständnis & Kritik

abstrakt **astratto**
abstrus **astruso**
Aktion **l'azione** (*f*)
Ästhet **l'esteta** (*m / f*)
Ästhetik **l'estetica** (*f*)
Atmosphäre **l'atmosfera** (*f*)
aufregend **eccitante**
authentisch **autentico**
Autor **l'autore** (*m*), **l'autrice** (*f*)
Avantgarde **l'avanguardia** (*f*)
Beispiel **l'esempio** (*m*)
Besprechung **la recensione**
beunruhigend **inquietante**
bewegend **commovente**
Beziehung **il rapporto**
Bild **l'immagine** (*f*)
Charakter (*Theater*) **il personaggio**
Charakterisierung **la caratterizzazione**
charakteristisch **caratteristico**
Darsteller(in) **l'interprete** (*m / f*)
Dialog **il dialogo**
Einbildung/Fantasie **l'immaginazione** (*f*), **l'immaginario** (*m*)
Einfühlungsvermögen **l'empatia** (*f*)
elegant **elegante**
Ende **la fine, il finale**
endlos **senza fine**
Entwicklung **lo sviluppo**
Epik **l'epica** (*f*)
Ereignis **l'avvenimento** (*m*)
ereignisreich **ricco di eventi**
erfinderisch **inventivo**
Erfindung **l'invenzione** (*f*)
erfunden **immaginario, inventato**
Erklärung **la spiegazione**
es beschreibt **descrive [-ere]**
es drückt ... aus **esprime [-ere]**
es endet **finisce [finire], si conclude [-ere]**
es entwickelt **sviluppa [-are]**
es erforscht **esplora [-are]**
es (er)schafft **crea [-are]**
es handelt von **tratta di [-are]**
es ist eine Satire auf **satireggia [-are]**
Ethik **la moralità**
extravagant **stravagante**
Fantasie **la fantasia**
fantastisch **fantastico**
Figur **la figura**
Frage/Problem **il problema, la questione**
gefälscht **falso**
Geheimnis **il mistero**
Gesichtspunkt **il punto di vista**
glaubwürdig **credibile**
Hauptdarsteller(in) **il / la protagonista**
Hinweis/Bezug **il riferimento**
Höhepunkt **l'apice** (*m*)
ich analysiere **analizzo [-are]**
ich denke nach **rifletto [-ere] su, medito [-are]**
ich erkläre **spiego [-are]**
ich schätze **apprezzo [-are]**
Inspiration **l'ispirazione** (*f*)
inspiriert von **ispirato da**
Intensität **l'intensità** (*f*)
intensiv **intenso**
Ironie **l'ironia** (*f*)
ironisch **ironico**
komisch **comico**
Kommentar **il commento**
Konflikt **il conflitto**
Kontrast **il contrasto**
Kreativität **la creatività**
Kritik **la recensione, la critica**
Kritiker(in) **il critico**
kultiviert **colto, istruito**
Kultur **la cultura**
Kunst **l'arte** (*f*)
Künstler(in) **l'artista** (*m / f*)

➤ KUNST & ARCHITEKTUR 17b; LITERATUR 17c; MUSIK & TANZ 17d

künstlerisch **artistico**
Kunstwerk **l'opera** (*f*) **d'arte**
lebhaft **vivido**
Leidenschaft **la passione**
leidenschaftlich **appassionato**
lustig **buffo, divertente**
lyrisch **lirico, poetico**
Meinung **l'opinione** (*f*)
modern **moderno**
Moral **la morale, l'etica** (*f*)
moralisch **morale**
mysteriös **misterioso**
mystisch **mistico**
Mystizismus **il misticismo**
Natur **la natura**
obskur **oscuro**
obszön **osceno**
Obszönität **l'oscenità** (*f*)
Optimismus **l'ottimismo** (*m*)
optimistisch **ottimista**
Parodie **la parodia**
Pessimismus **il pessimismo**
pessimistisch **pessimista**
poetisch **poetico**
Portrait **il ritratto**
Preis **il premio**
Realismus **il realismo**
realistisch **realistico**
Satire **la satira**
satirisch **satirico**
Schätzung **l'apprezzamento** (*f*)
Spannung **la tensione**
Stil **lo stile**
im Stil von ... **nello stile di ...**
Stimmung **l'umore** (*m*), **l'atmosfera** (*f*)
Strukturalist **strutturalista**
Subjekt/Gegenstand **il soggetto**
Technik **la tecnica**
Thema **il tema**
Ton **il tono**
tragisch **tragico**
Tragödie **la tragedia**
traurig **triste**
Überlegung **la riflessione**
unterhaltsam **divertente**
Unterhaltung **l'intrattenimento** (*m*), **il divertimento**
weitschweifig **prolisso**
witzig **arguto, spiritoso**
zeitgenössisch **contemporaneo**

Kunststile & Stilepochen

Aufklärung **l'illuminismo**
Barock- **barocco**
Bronzezeitalter **l'età** (*f*) **del bronzo**
Expressionismus **l'espressionismo** (*m*)
flämisch **fiammingo**
florentinisch **fiorentino**
futuristisch **futurista**
georgianisch **georgiano**
gothisch **gotico**
griechisch **greco**
Impressionismus **l'impressionismo** (*m*)
Jugendstil **lo stile liberty**
Klassik **il periodo classico**
maurisch **moresco**
Mittelalter **il medioevo**
naturalistisch **naturalistico**
Neoklassizismus **il neoclassicismo**
Neolithikum **l'età** (*f*) **neolitica**
normannisch **normanno**
postmodern **post-modernista**
Renaissance **il Rinascimento**
Römisches Reich **l'impero** (*m*) **romano**
Rokoko- **rococò**
romanisch **romanico**
Romantik **il romanticismo**
Surrealismus **il surrealismo**
Symbolismus **il simbolismo**
venezianisch **veneziano**

➤ THEATER & KINO 17e

17b Kunst & Architektur

antik **antico**
Antike **l'antichità** (*f*)
Aquarell **l'aquarello** (*m*)
Architekt/in **l'architetto** (*m / f*)
Auktionator **il banditore**
Ausstellung **la mostra**
Balance **l'equilibrio** (*m*), **l'armonia** (f)
Balken **la trave**
bildende und darstellende Künste **le arti visive**
Bildhauer(in) **lo scultore**
Bronze **il bronzo**
Buntglas **il vetro colorato**
Büste **il busto**
Collage **il collage**
Darstellung **la rappresentazione**
Dimension **la dimensione**
durchscheinend **traslucido**
durchsichtig **trasparente**
Schmiedeeisen **il ferro battuto**
Email **lo smalto**
Entwurf **l'abbozzo** (*m*), **il disegno**
Erhebung **l'elevazione** (*f*)
es stellt ... dar **rappresenta [-are]**
Figur **la figura**
Form **la forma**
Freihand- **a mano libera**
Fresko **l'affresco** (*m*)
Fries **il fregio**
Gebäude **la costruzione, l'edificio** (*m*)
Gemälde **la pittura, il dipinto, il quadro**
gemeißelt **cesellato**
Genre **il genere**
Glanz **la luminosità**
glänzend/leuchtend **luminoso**
Gleichgewicht **l'equilibrio** (*m*), **l'armonia** (f)
Grafik **le arti grafiche**
Gravur **l'incisione** (*f*)
großformatige Arbeit **l'opera** (*f*) **su gran scala**
hell **chiaro**
Hologramm **l'ologramma** (*m*)
Holz **il legno**
Holzkohle **il carboncino**
Holzschnitt **l'incisione** (*f*) **su legno**
ich baue **costruisco [-ire]**
ich entwerfe **faccio [fare] un progetto**
ich forme **plasmo [-are]**
ich gieße **fondo [-ere]**
ich graviere **incido [-ere]**
ich haue/schnitze **scolpisco [-ire]**
ich male **dipingo [-ere]**
ich restauriere **restauro [-are]**
ich schnitze/meißele **incido [-ere], intaglio [-are], scolpisco [-ire]**
ich skizziere **schizzo [-are], abbozzo [-are]**
Innenraum **l'interno** (*m*)
Karikatur **la caricatura**

Von dieser Terrasse aus haben wir eine sehr gute Aussicht auf die Kuppel. Sieh mal, im Vordergrund kannst du das Kloster sehen, das 1679 gebaut wurde und ein gutes Beispiel für religiöse Architektur ist. Im Hintergrund sind noch die mittelalterlichen Türme sichtbar.	**Abbiamo una bella veduta della cupola da questa terrazza. Guarda, in primo piano puoi vedere il monastero, che risale al 1679 e che è un tale buon esempio di architettura religiosa. Nello sfondo sono ancora visibili le torri medioevali.**

➤ VERSTÄNDNIS & KRITIK 17a

ich zeichne **disegno [-are]**
Keramik **le ceramiche**
Keramiker(in) **il / la ceramista**
klassisch **classico**
kreativ **creativo**
Kreativität **la creatività**
Kunst **l'arte** (*f*)
Kunsterzeugnis **l'artefatto** (*m*)
Kunstgewerbe **le arti decorative**
Künstler(in) **l'artista** (*m / f*)
Kunststudent **lo studente di belle arti**
Landschaft **il paesaggio**
Landschaftsarchitekt(in) **l'architetto** (*m / f*) **paesaggista**
Landschaftsmaler **il pittore di paesaggi**
Licht **la luce**
Lithographie **la litografia**
Malerei **la pittura**
Meißel **il cesello**
Meisterwerk **il capolavoro**
Metall **il metallo**
Miniatur **la miniatura**
Modell **il modello**
Mosaik **il mosaico**
Museum **il museo**
Neigung **l'inclinazione** (*f*)
offen **aperto**
Ölmalerei **la pittura a olio**
oval **ovale**
Pastell **il pastello**
Pinsel **il pennello**
Portrait **il ritratto**
Projekt **il progetto**
Radierung **l'acquaforte** (*f*)
Reproduktion **la riproduzione**
Restauration **il restauro**
Restaurator **il restauratore**
restauriert **restaurato**
römisch **romano**
Schatten **l'ombra** (*f*)
Schmiedeeisen **il ferro battuto**
Schnitzer **l'intagliatore** (*m*)
schöne Künste **le belle arti**
Schule **la scuola**
Seelandschaft **il paesaggio marino**
Skizze **lo schizzo, l'abbozzo** (*m*)
Skulptur **la scultura**
Spätwerke **le opere ultime**
Stadtplanung **l'urbanistica** (*f*)
Staffelei **il cavalletto**
statuarisch **statuario**
Statue **la statua**
Statuette **la figurina**
Stil **lo stile**
Stillleben **la natura morta**
Studio **l'atelier** (*m*), **il laboratorio**
Töpfer **il vasaio**
Ton **l'argilla** (*f*)
traditionell **tradizionale**
Versteigerung **la vendita all'asta**
verwickelt **intricato**
verziert **decorato**
Verzierung **la decorazione**
Wandteppiche **gli arazzi**
Zeichnung **il disegno**

Ich habe gerade die Ausstellung an der Königlichen Akademie besucht, die bereits Tausende von Besuchern angelockt hat. Es gibt dort die beste Sammlung von Zeichnungen und Skulpturen des italienischen Künstlers. Zwei der Gemälde wurden ausgezeichnet restauriert.

Ho appena visitato la mostra all'Accademia Reale, che ha già attirato migliaia di visitatori. C'è la più bella collezione di disegni e di sculture dell'artista italiano. Due dei dipinti sono stati restaurati con grande perizia.

➤ ARCHITEKTONISCHE BEGRIFFE Anh. 17b

17c Literatur

Autogramm **l'autografo** (*m*)
Besprechung **la recensione**
Bibliothek **la biblioteca**
öffentliche Bibliothek **la biblioteca pubblica**
Bibliothekar **il bibliotecario**
Buch **il libro**
Buchhändler **il libraio**
Buchhandlung **la libreria**
Charakter **il personaggio**
Dialog **il dialogo**
Einführung **l'introduzione** (*f*)
erzählende Literatur **la narrativa**
Erzähler **il narratore**
es erzählt **narra [-are]**
es führt ... ein **introduce [-durre]**
es spielt in ... **ha [avere] luogo in, si svolge [-ere] in ...**
Fantasie **l'immaginazione** (*f*)
fiktiv **romanzesco**
gebundenes Buch **il libro rilegato**
Gedicht **il poema**
ich durchblättere **sfoglio [-are]**
ich erzähle **racconto [-are]**
ich lese **leggo [-ere]**
ich stelle mir vor **immagino [-are]**
ich zitiere **cito [-are]**
Inspiration **l'ispirazione** (*f*)
inspiriert von **ispirato [-are] da**
Karte **la carta geografica**
komisch **comico**
Leser **il lettore**
Mythologie **la mitologia**
Mythos **il mito**
Notiz **la nota**
Poesie **la poesia**
poetisch **poetico**
Reim **la rima**
Seite **la pagina**
Text **il testo**
Titel **il titolo**
Untertitel **il sottotitolo**
Vers **il verso**
Vorwort **la prefazione**
wörtlich **letterale, letteralmente** (*Adv*)
Zeichensetzung **la punteggiatura**
Zitat **la citazione**

Literaturformen

Abenteuerroman **il romanzo d'avventura**
Atlas **l'atlante** (*m*)
Autobiografie **l'autobiografia** (*f*)
Biografie **la biografia**
Briefe **le lettere, l'epistolario** (*m*)
Dichtung **la poesia**
Enzyklopädie **l'enciclopedia** (*f*)
Epos **il poema epico**
Essay **il saggio**
Fabel **la favola**
feministischer Roman **il romanzo femminista**
Fiktion **la narrativa**
griechische Tragödie **la tragedia greca**
Handbuch **il manuale**
Horrorgeschichte **il racconto dell'orrore**
Jugendliteratur **la narrativa per i giovani**
Kinderliteratur **la letteratura infantile**
Kochbuch **il manuale di gastronomia**
komischer Roman **il romanzo comico**
Kriegsroman **il romanzo di guerra**
Kriminalroman **il romanzo poliziesco, il giallo**
Kurzgeschichte **il racconto**
Märchen **il racconto delle fate**
Memoiren **le memorie**
Mysterienspiel **la rappresentazione sacra**
Nachschlagewerk **il libro di consultazione**

➤ LESEN & SCHREIBEN 21b

Reisebuch **il libro di viaggio**
Roman **il romanzo**
Sachbuch **la saggistica**
satirisches Gedicht **il poema satirico**
Schelmen- **picaresco**
Schlüsselroman **il romanzo a chiave**
Sciencefiction **la fantascienza**
Spionagegeschichte **il racconto di spionaggio**
Tagebuch **il diario**
Taschenbuch **il libro tascabile**
Wörterbuch **il dizionario**
  zweisprachig **bilingue**
  einsprachig **monolingue**

Verlagswesen

Anhang **l'appendice** (*f*)
Ausgabe **l'edizione** (*f*)
Autor(in) **l'autore** (*m*), **l'autrice** (*f*)
Besprechung **la recensione**
Bestseller **il bestseller, il libro più venduto**
Bibliografie **la bibliografia**
Buchmesse **la fiera del libro**
Buchumschlag **la copertina**
Chefredakteur(in) **l'editore** (*m*), **l'editrice** (*f*)
  Lektor **il curatore tecnico**
Danksagung **il ringraziamento**
Fälligkeit **la scadenza**
Fußnoten **le note in calce**
gewidmet **dedicato**
Illustration **l'illustrazione** (*f*)
Inhaltsverzeichnis **l'indice** (*m*)
Kapitel **il capitolo**
Katalog **il catalogo**
Kopie **la copia**
Korrekturlesen **la correzione delle bozze**
Kurzversion **la versione ridotta**
Manuskript **il manoscritto**
mit einem Vorwort von **con una prefazione di**
Rezensent **il recensore, il critico**
Übersetzung **la traduzione**
Urheberrecht **i diritti d'autore**
Verlag **la casa editrice**
Verleger(in) **il direttore / propretario di giornale**
Veröffentlichungsdatum **la data di pubblicazione**
Version **la versione**
Vertrag **il contratto**
Vorwort **la prefazione**
Zitat **la citazione**

Wir haben eine Sammlung moderner fremdsprachiger Erzählungen. **Abbiamo una collezione di narrativa straniera moderna.**

Mein Roman handelt von den Veränderungen des italienischen Landlebens im neunzehnten Jahrhundert. **Il mio romanzo tratta dei cambiamenti nella società rurale italiana nel diciannovesimo secolo.**

Er beginnt mit einer lyrischen Beschreibung des Tals und endet mit der letzten Eintragung im Tagebuch des Romanhelden. **Inizia con una poetica descrizione della valle e termina con l'ultima annotazione nel diario dell'eroe.**

➤ VERSTÄNDNIS & KRITIK 17a

17d Musik & Tanz

Agent(in) **l'agente** (*m / f*)
Akustik **l'acustica** (*f*)
Audition, Vorspiel(en) **l'audizione** (*f*)
aufgeführt von **eseguito/a da**
Aufnahme **la registrazione**
Aufnahmestudio **lo studio di registrazione**
Ausführende(r) **l'esecutore** (*m*)
Ausführung **l'esecuzione** (*f*)
Ballett **il balletto**
Band **il complesso**
Bandleader **il direttore del complesso**
Blasinstrumente **gli strumenti a fiato**
Blaskapelle **la banda a ottoni**
Blatt (*Blasinstrumente*) **l'ancia** (*f*)
Bogen **l'arco** (*m*)
CD **il CD**
Chor **il coro**
Choral **corale**
Choreographie **la coreografia**
Diskjockey **il digei (DJ)**
Diskothek **la discoteca**
Ensemble **l'ensemble** (*m*)
es wird gespielt/aufgeführt **è eseguito [-ire]**
Geigenbauer (Violinen-) **il liutaio**
gestimmt **accordato**
Gruppe **il gruppo**
Harmonie **l'armonia** (*f*)
harmonisch **armonico, armonioso**
Hit **la canzone di successo**
Hitliste/Hitparade **la classifica dei successi**
Hörsaal **l'auditorio** (*m*)
ich dirigiere **dirigo [-ere]**
ich höre zu **ascolto [-are]**
ich interpretiere **interpreto [-are]**
ich komponiere **compongo [-porre]**
ich lege eine Platte auf **metto [-ere] un disco**
ich nehme auf **registro [-are]**
ich pfeife **fischio [-are]**
ich probe **provo [-are]**
ich singe **canto [-are]**
ich spiele **suono [-are]**
ich stimme **accordo [-are]**
ich summe **canticchio [-are]**
ich tanze **danzo [-are], faccio [fare] danza**
ich übe **mi esercito [-are]**
im Chor **in coro**
Instrument **lo strumento**
Instrumentalmusik **la musica strumentale**
Interpretation **l'interpretazione** (*f*)

—Spielen Sie ein Instrument?
—Ich spiele Bratsche.
—Ich habe nie gelernt, ein Instrument zu spielen.

—Lei suona uno strumento?
—Suono la viola.
—Non ho mai imparato a suonare uno strumento.

—Beim Studentenverband gibt es ein Konzert.
—Wie heißt die Band?
—Ich weiß es nicht. Ihre Texte sind ganz gut, aber die Musik ist grässlich.

—C'è un concerto all'unione studentesca.
—Come si chiama il gruppo?
—Non lo so. Le parole non sono male, ma la musica è tremenda.

➤ MUSIKER & MUSIKINSTRUMENTE Anh. 17d; ELEKTROARTIKEL 8c

Jazz **il jazz**
Kammermusik **la musica da camera**
Kassette **il nastro, la cassetta**
Komponist **il compositore**
Komposition **la composizione**
Konzert **il concerto**
Konzertsaal **la sala da concerto**
Lied **la canzone**
Mikrofon **il microfono**
Musik **la musica**
musikalisch **musicale, musicalmente** (*Adv*)
Musikbox **il juke-box**
Musiker **il musicista**
Musikwissenschaftler **il musicologo**
Note **la nota musicale**
Oboenspieler **il suonatore di oboe**
Orchester **l'orchestra** (*f*)
Orchestrierung **l'orchestrazione** (*f*)
Pfeifen **fischiare**
Platte **il disco**
Posaunist **il suonatore di trombone**
Probe **la prova**
Publikum **il pubblico**
Refrain **il ritornello**
rhythmisch **ritmico, ritmicamente** (*Adv*)
Rhythmus **il ritmo**
Richter/Juror **il giudice (di concorso)**
Rock **il rock**
Sänger(in) **il / la cantante**
Schlüssel **la chiave**
Solist(in) **il / la solista**
Solo **l'assolo** (*m*)
Songschreiber(in) **il / la canzonettista**
Spieler **il suonatore**
Stimme **la voce**
Stimmer **l'accordatore** (*m*)
Streichorchester **l'orchestra** (*f*) **d'archi**
Stück **il pezzo**
Taktstock **la bacchetta**
Tanz **la danza**
Tänzer **il ballerino**
Tanzmusik **la musica da ballo**
Ton **il tono**
Tour(nee) **la tournée**
auf Tour(nee) **in tournée**
tragbar **portatile**
Unterrichtsstunde **la lezione**
Verstärker **l'amplificatore** (*m*)
verstimmt **stonato**
Vokalmusik **la musica vocale**
Volksmusik **la musica popolare**
Vorstellung **lo spettacolo**
Werbevideo **il video promozionale**
Wettbewerb **il concorso**
Wohlklang **l'eufonia** (*f*)
Zuhören **l'ascolto** (*m*)

Der Dirigent wurde mit einer stehenden Ovation begrüßt. — **Il direttore d'orchestra fu accolto con un applauso scrosciante.**

Proben finden am Freitagabend in der Kathedrale statt. — **Le prove si terranno venerdì sera nella cattedrale.**

Wo ist mein Geigenkasten? — **Dov'è la mia custodia del violino?**

➤ MUSIKFORMEN; MUSIKALISCHE BEGRIFFE Anh. 17d

17e Theater & Film

Applaus **l'applauso** (*m*)
Aufführung **la recita**
aufregend **eccitante, emozionante**
Außenaufnahmen **gli esterni**
ausverkauft **esaurito**
Beleuchtung **le luci, i riflettori**
Besprechung/Rezension **la recensione**
Bühne (Theater) **il palcoscenico, la scena**
Bühne (Kino) **il teatro di posa**
Bühnenautor **il commediografo**
Bühnenbild **lo scenario**
Bühneneffekte **gli effetti scenici**
Cartoons **l'animazione** (*f*), **i cartoni animati**
Choreograph **il coreografo**
Designer **il / la progettista**
Drama **il dramma, il lavoro teatrale**
Drehbuch **il copione, la sceneggiatura**
Drehbuchautor **lo sceneggiatore**
drehen (Film) **giro [-are]**
Effekte **gli effetti**
Erstaufführung **la prima assoluta**
Erwartung **l'aspettativa** (*f*)
es läuft im ... **è [essere] in visione a ...**
Farce **la farsa**
Fiasko **il fiasco**
Film **il film**
Filmfachmann **il cineasta**
Filmliebhaber **il cinofilo**
Filmproduzent **il produttore**
Filmstar **la stella del cinema**
Filmvorführung **la proiezione**
Fortsetzung **la continuazione**
Fotografie **la fotografia**
Foyer **il ridotto**
Garderobe **il guardaroba**
Generalprobe **la prova generale**
hinter den Kulissen **dietro le quinte**
ich applaudiere **applaudo [-ire]**
ich entwerfe **disegno [-are]**
ich führe auf **recito [-are]**
ich führe Regie **dirigo [-ere]**
ich klatsche **applaudo [-ire]**
ich mache einen Film **faccio [fare] un film**
ich produziere **produco [-durre]**
ich reserviere/buche **prenoto [-are]**
ich spiele **recito [-are]**
ich unterlege den Soundtrack **sonorizzo [-are]**
ich zeige (Film) **mostro [-are]**
ich zoome **zumo [-are]**
Kabarett **lo spettacolo di varietà**
Kamera **la cinepresa, la macchina da presa**

Alle Kritiker werden bei der Premiere anwesend sein.	**Tutti i critici saranno presenti alla prima.**
Der Regisseur ist für den Oskar nominiert worden.	**Il regista è stato nominato per l'Oscar.**
Sciencefictionfilme waren in den sechziger Jahren sehr populär.	**I film di fantascienza erano molto diffusi negli anni sessanta.**

➤ FILMGENRES Anh. 17e; FOTOGRAPHIE Anh. 16c

Kameracrew **gli operatori**
Kameramann **l'operatore** (*m*)
Kartenschalter **la biglietteria**
Kino **il cinema** (*m*), **la cinematografia** (*f*)
Klatschen **l'applauso** (*m*)
Komödiant **l'attore** (*m*) **comico**
Lampenfieber **la paura del pubblico, il trac**
Leinwand **lo schermo**
Loge **il palco**
Matinee **lo spettacolo pomeridiano**
Meisterwerk **l'opera** (*f*) **d'arte**
Melodrama **il melodramma**
Mime **il mimo**
Ovation **l'ovazione** (*f*)
Pantomime **la pantomima**
Parkettplatz **le poltrone**
Pause **l'intervallo** (*m*)
Platzanweiserin **la maschera**
possenhaft **farsesco**
Premiere **la prima**
Probeaufnahme **il provino**
Produktion **la produzione**
Produzent **il produttore**
Publikum **il pubblico**
Rang **la galleria**
Regieassistent(in) **l'assistente alla regia** (*m / f*)
Regisseur **il / la regista**
Reihe **la fila**
Retrospektive **la retrospettiva**
Rolle **il ruolo**
Saal **l'auditorio** (*m*)
Schauspieler **l'attore** (*m*)
Schauspielerin **l'attrice** (*f*)
Schauspielschule **la scuola di recitazione**
Scheinwerfer/Rampenlicht **le luci della ribalta**
Sequenz **la sequenza**
Sitz **il posto**
Soundtrack **il sonoro**
Spezialeffekte **gli effetti speciali**
Statistenrolle **la particina**
Stück **la recita**
Stuntman **il cascatore, la controfigura**
Synchronisation **il doppiaggio**
synchronisiert **doppiato**
Szene **la scena**
Theater **il teatro**
Varietee **lo spettacolo di varietà, il teatro di varietà**
Vertrag **il contratto**
Vorhang **la tela**
Vorschau **la presentazione di nuovi film**
Vorstellung **l'esecuzione** (*f*), **lo spettacolo**
Zirkus **il circo**
Zuschauer **il pubblico, gli spettatori**
zweite Besetzung (*Theater*) **il sostituto**
Double (*Kino*) **la controfigura, il sostituto**

Die Matinee ist ausverkauft.	**Lo spettacolo pomeridiano è esaurito.**
Hat dieses Theater einen Zugang für Behinderte?	**Questo teatro ha un accesso per i disabili?**
Fremdsprachige Filme sind normalerweise synchronisiert, doch einige Filmklubs zeigen sie in der Originalsprache.	**Di solito i film stranieri sono doppiati, ma alcuni cineclub li proiettano in lingua originale.**

➤ VERSTÄNDNIS & KRITIK 17a; FERNSEHEN 18c

18 Die Medien

18a Allgemeines

Aktualität **l'attualità** (*f*)
aktuell **aggiornato**
Analyse **l'analisi** (*f*)
aufdringlich **invadente**
Aufnahme/Zulassung **l'ammissione** (*f*)
ausführlich **dettagliato**
Beispiel **l'esempio** (*m*)
Bericht **il resoconto**
Besprechung **la rivista, la recensione**
Desinformation **la disinformazione**
detailliert **dettagliato**
didaktisch **istruttivo, didattico**
diffamierend **diffamatorio**
Diffamierung **la diffamazione**
Diskussion **la discussione**
einflussreich **influente**
Einmischung **l'intrusione** (*f*), **l'invasione** (*f*)
Ereignis **l'avvenimento** (*m*), **l'evento** (*m*)
Erklärung **la dichiarazione**
Erstmeldung **il colpo giornalistico**
Erwartungen **le aspettative**
es diskriminiert **discrimina [-are]**
es erklärt **dichiara [-are]**
es findet statt **ha [avere] luogo**
es ist wahrscheinlich **è probabile**
es mischt sich ein **si intromette [-ere]**
es wird untersucht **viene [venire] preso in esame**
ethisch **etico**
Feature **l'articolo** (*m*) **di spalla**
Frage **il problema, la questione**
Freiheit **la libertà**
Gesellschaft **la società**
Gesetz zum Schutz der Privatsphäre **la legge sulla vita privata**
Gewalt **la violenza**
gewalttätig **violento**
Haltung **l'atteggiamento** (*m*)
homophobisch **omofobo**
ich analysiere **analizzo [-are]**
ich berufe mich auf **mi appello [-are] a**
ich beute aus **sfrutto [-are]**
ich diskutiere **discuto [-ere]**
ich gebe zu/lasse zu **ammetto [-ere]**
ich halte mich auf dem Laufenden **mi tengo [tenere] al corrente**
ich ignoriere **ignoro [-are], trascuro [-are]**

Während der letzten Wahlen war es schwer, in den Medien ein Beispiel für unparteiische Berichterstattung zu finden.	**Durante le ultime elezioni era difficile trovare un esempio di servizio imparziale.**
In den letzten Jahren kamen viele Kriegsberichterstatter bei Reportagen von der Front ums Leben oder wurden als Geiseln festgehalten.	**Negli ultimi anni molti corrispondenti di guerra hanno perso la vita o sono stati presi in ostaggio mentre facevano servizi al fronte.**

➤ DIE PRESSE 18b; FERNSEHEN & RADIO 18c; WERBUNG 18d

ich rezensiere **recensisco [-ire], riesamino [-are]**
ich unterhalte **intrattengo [tenere]**
ich vertraue **ho [avere] fiducia in**
Ignoranz **l'ignoranza** (*f*)
Information **l'informazione** (*f*)
informativ **informativo**
Interview **l'intervista** (*f*)
intrigant **intrigante**
Kampagne **la campagna**
Katastrophe **il disastro**
Kommentar **il commento**
Kritik **la critica**
kultiviert **colto**
Kultur **la cultura**
kulturell **culturale**
leichtgläubig **credulone**
Lokalnachrichten **la cronaca cittadina**
Material **il materiale**
Materialismus **il materialismo**
Nachricht **la notizia**
Nachrichten **le notizie**
parteiisch **di parte**
Politik **la politica**
Politiker **l'uomo** (*m*) **politico, la donna politico**
politisch **politico**
Presse **la stampa**
Privatsphäre **la dimensione strettamente personale**
Problem **il problema**
Rassismus **il razzismo**
Rassist **il / la razzista**
Rezension **la recensione**
scharfsinnig **scaltro, perspicace**
Schweigen **il silenzio**
schweigsam **silenzioso**
sensationell **sensazionale**
Sensationsheischerei **il sensazionalismo**
Sexismus **il sessismo**
sexistisch **sessista**
sozial **sociale**
täuschend **ingannevole**
Täuschung **l'inganno** (*m*), **il dolo**
trügerisch **illusorio, fallace**
überzeugend **persuasivo, convincente, valido**
Überzeugung **la persuasione**
unparteiisch **imparziale**
unzuverlässig **inaffidabile**
Verschwörung **la cospirazione**
versteckt **nascosto**
Vertrauen **la fiducia**
vertrauenswürdig **affidabile**
voreingenommen **di parte**
Vorurteil **il pregiudizio**
wahr **sincero, veritiero**
Wahrheit **la verità**
wahrscheinlich **probabile, verosimile** (*Adj*)
wöchentlich **settimanale** (*Adj*)
Zensur **la censura**
Zusammenfassung **il sommario**
zusammenfassend **sommario**

Ich bin freiberuflicher Journalist. Ich bin auf Recherchen spezialisiert. — **Sono giornalista indipendente. Mi specializzo in indagini giornalistiche.**

Alle großen Zeitungen haben Auslandskorrespondenten in allen europäischen Hauptstädten. — **Tutti i maggiori giornali hanno corrispondenti esteri in tutte le capitali europee.**

18b Die Presse

Abonnement **l'abbonamento** (*m*)
Artikel **l'articolo** (*m*)
Auflage **la circolazione, la diffusione**
Ausgabe **l'edizione** (*f*)
Barone **i baroni**
Cartoon **il fumetto**
Chefredakteur **il caporedattore**
Comicmagazin **il giornale a fumetti**
Druck **la stampa**
E-Mail **la comunicazione elettronica**
es erscheint **è pubblicato**
Farbbeilage **il supplemento a colori**
ich abonniere **mi abbono [-are] a**
ich berichte **faccio [fare] la cronaca**
ich drucke **stampo [-are]**
ich gebe die Zeitung heraus **dirigo [-ere] il giornale**
ich veröffentliche **pubblico [-are]**
Illustration **l'illustrazione** (*f*)
Illustrierte **la rivista illustrata**
Journalist(in) **il / la giornalista**
Klatschspalte **la cronaca mondana**
Kleinanzeige **l'annuncio** (*m*)
Korrespondent(in) **l'inviato** (*m* / *f*), **il / la corrispondente**
Auslands-/Sport-/Kriegs- **estero / sportivo / di guerra**
Kreuzworträtsel **le parole (in)crociate**
Kurznachricht **il breve articolo di cronaca**
Layout **l'impaginazione** (*f*)
Leitartikel **l'articolo** (*m*) **di fondo**
Leser(in) **il lettore** (*m*), **la lettrice** (*f*)
letzte Seite **l'ultima pagina** (*f*)
Lokalzeitung **il giornale regionale**
Macht **il potere**
mächtig **potente**
Monatszeitschrift **il mensile**
Pamphlet **il pamphlet, lo scritto polemico**
Presseagentur **l'agenzia** (*f*) **stampa**
Pressekonferenz **la conferenza stampa**
Pressezentrum **la sala stampa**
Qualitätspresse **la stampa di qualità**

Die Skandalpresse hat eine überraschend große Leserschaft.	**La stampa scandalistica ha un numero sorprendentemente alto di lettori.**
Medienbarone haben die Presse in vielen westlichen Ländern beherrscht.	**I baroni dei mass media hanno dominato la stampa in molti paesi occidentali.**
Die Sonntagsausgabe hat so viele Beilagen, dass ich die Kontaktanzeigen nicht finden kann.	**L'edizione della domenica ha un tal numero di supplementi che non riesco a trovare gli annunci personali.**
Heute Morgen bringt der Leitartikel im Examiner die sensationelle Nachricht.	**L'articolo di spalla dell'Examiner di questa mattina annuncia la sensazionale notizia.**

➤ ALLGEMEINES 18a

Ratgeberrubrik **la rubrica di consigli ai lettori**
Redakteur(in) **l'editore** (*m*), **l'editrice** (*f*)
Reportage **il servizio giornalistico**
Reporter(in) **il / la cronista**
Schlagzeile **il titolo, la testata**
Schrifttyp **il carattere**
Seite **la pagina**
Skandalblätter **i giornali scandalistici**
Sonderausgabe **l'edizione** (*f*) **speciale**
Spalte **la colonna**
Tageszeitung **il quotidiano**
Titelseite **la prima pagina**
überregionale Zeitung **il quotidiano nazionale**
Überschrift **l'intestazione** (*f*)
Verlag **la casa editrice**
Verleger **il direttore**
Wochenzeitung **il settimanale**
Zeitschrift **il periodico, la rivista**
Zeitung (Tages-) **il quotidiano, il giornale**
Zeitungshändler **l'edicolante** (*m / f*), **il giornalaio**
Zeitungsstand **l'edicola** (f)

Zeitungsteile

Anzeigenteil **gli annunci**
Auslandsnachrichten **la cronaca estera**
Essen & Trinken **la gastronomia**
Finanzen **la finanza**
Frauenseite **la pagina della donna**
Horoskop **l'oroscopo** *(m)*
Immobilien **la proprietà immobiliare**
Kultur **la cultura**
Leitartikel **l'articolo** *(m)* **di fondo**
Leserseite (Lebensberatung) **la pagina dei lettori**
Reise **i viaggi**
Spiele **i giochi**
Sport **la cronaca sportiva**
Todesanzeige **la necrologia**
überregionale Nachrichten **la cronaca nazionale**
Unterhaltung **gli spettacoli**
Wirtschaft **l'economia** *(f)*

—Wie häufig und mit welcher Auflage erscheint das Magazin?	**—Qual è la frequenza e la diffusione della rivista?**
—Es wird monatlich veröffenlicht, richtet sich an Motorradliebhaber und hat über 30.000 Abonnenten weltweit.	**—È pubblicata mensilmente ed è mirata ai patiti della motocicletta. Ha più di 30.000 abbonati in tutto il mondo.**
Wann wird die Farbbeilage veröffentlicht?	**Quando viene pubblicato il supplemento a colori?**
Ich nehme an, die Auflage der Zeitung ist in den letzten zwei Wochen maßgeblich gestiegen.	**Immagino che la circolazione del giornale sia aumentata in modo significativo nelle ultime due settimane.**

➤ VERLAGSWESEN 17c

18c Fernsehen & Radio

Ansager(in) **il presentatore, la presentatrice, il mezzobusto**
Antenne **l'antenna** (*f*)
Aufnahme **la registrazione**
Bildschirm **lo schermo**
Dokumentarfilm **il documentario**
Episode **l'episodio** (*m*)
Fernbedienung **il telecomando**
Fernsehen **la televisione**
im Fernsehen **alla televisione, alla tivù**
Fernseher **il televisore**
Fernsehfilm **il film realizzato per la TV**
Fernsehstudio **lo studio televisivo**
Fernsehsüchtige(r) **il / la videodipendente**
Glotze **la tivù**
hohe Frequenz **l'alta frequenza** (*f*)
ich nehme auf **registro [-are]**
ich schalte ab **spengo [spegnere]**
ich schalte ein **accendo [-ere]**
ich schaue ... an **guardo [-are] ...**
ich sende **emetto [-ere]**
ich übertrage **trasmetto [-ere]**
ich wiederhole **ripeto [-ere], ritrasmetto [-ere]**
ich zeige **trasmetto [-ere]**
interaktiv **interattivo**
Kabelfernsehen **la televisione via cavo**
Kameramann **il cameraman**
Kanal **il canale**
Kopfhörer **la cuffia**
Lautsprecher **l'altoparlante**
Livereportage **il servizio in diretta**
Livesendung **la trasmissione in diretta**
Mikrofon **il microfono**
Moderator **il conduttore**
Moderatorin **la conduttrice**
Nachrichten (Tagesgeschehen) **il programma di attualità**
Nachrichtensendung **il notiziario**
Nachrichtensprecher **l'annunciatore** (*m*)
niedrige Frequenz **la bassa frequenza**
Programm **il programma**
Publikum i**l pubblico**
Radio **la radio**
im Radio **alla radio**
Regiestudio **lo studio di regia**

—Was! Du hängst immer noch vor dem Fernseher? Du hast schon den ganzen Abend ferngesehen! Du bist schon richtig fernsehsüchtig geworden.	**—Ma sei ancora appiccicato al televisore? Hai guardato la televisione tutta la sera! Sei veramente diventato teledipendente.**
—Ich werde nur schnell diesen Film aufnehmen, dann komme ich zu dir. Haben wir eine leere Videokassette?	**—Registro solo questo film e poi ti raggiungo. Abbiamo una videocassetta vuota?**
—Was gibt es heute Abend im Fernsehen?	**—Cosa c'è alla tivù questa sera?**
—Um 9 kommt auf diesem Sender eine gute Quizsendung.	**—C'è un buon spettacolo quiz alle 21 su questo canale.**
—Wo ist die Fernbedienung?	**—Dov'è il telecomando?**

➤ MEDIEN / ALLGEMEINES 18a

Satellitenfernsehen **la televisione satellite**
Satellitenschüssel **l'antenna** (*f*) **parabolica**
Schulprogramme **i programmi per le scuole**
Sender **la stazione emittente**
Sendung **il programma**
Signal **il segnale**
synchronisiert **doppiato**
Teletext **il televideo, il servizio informazioni interattivo**
Untertitel **i sottotitoli**
Videoclip **l'inserto** (*m*) **filmato**
Videorekorder **il videoregistratore**
Videospiel **il videogioco**
Videothek **la videoteca**
Walkman **il walkman**
Werbung **la pubblicità**
Werbe- **commerciale**
Wiederholung **la ritrasmissione**
Zuhörer **l'ascoltatore** (*m*)
Zuschauer **il telespettatore**

Fernseh- & Radioprogramme

Dokumentarfilme **i documentari**
Drama **lo spettacolo teatrale**
Kinderprogramm **il programma per bambini**
Komödie **la commedia, lo spettacolo comico**
leichte Unterhaltung **gli spettacoli di varietà**
Nachrichten **il notiziario**
Quizsendungen **i programmi quiz**
Regionalnachrichten **il notiziario regionale**
Schulsendungen **i programmi per le scuole**
Seifenopern **gli sceneggiati, i teleromanzi**
Spielfilme **i lungometraggi**
Sportprogramm **i programmi sportivi**
Tagesgeschehen **il programma d'attualità**
Trickfilme **i cartoni animati**
Wettervorhersage **il bollettino meteorologico**
Wissenschaftssendungen **i programmi di scienza**

Als Dienst für ausländische Touristen werden die Verkehrsnachrichten im Sommer jede Stunde in vier Sprachen gesendet.
In estate il notiziario del traffico viene trasmesso ogni ora in quattro lingue per i turisti stranieri.

Wurde das Pink Floyd-Konzert live aus Venedig übertragen?
Il concerto dei Pink Floyd è stato trasmesso in diretta da Venezia?

Auf diesem Sender sollte eigentlich ein Programm über Stipendien für Studenten kommen, aber vielleicht würden die Kinder lieber Trickfilme sehen. Wo ist das Fernsehprogramm?
Dovrebbe esserci un programma sulle borse di studio per gli studenti su questo canale, ma forse i bambini preferirebbero guardare i cartoni animati. Dov'è il radiocorriere?

➤ FILMGENRES Anh. 17e

18d Werbung

Annonce **l'annuncio** (*m*)
Aufruf **l'appello** (*m*)
Bedarf **il bisogno, il desiderio**
Bild **l'immagine** (*f*)
Broschüre **l'opuscolo** (*m*)
es gefällt **piace [-ere] a**
es schafft einen Bedarf **crea [-are] un bisogno**
es springt ins Auge **attira [-are] l'attenzione**
ethisch (un-) **(non) etico**
Fernsehwerbung **la pubblicità televisiva**
Förderung (des Verkaufs) **la promozione (delle vendite)**
Güter **le merci**
ich begehre **desidero [-are] ardentemente**
ich lanciere **lancio [-are]**
ich mache Werbung für **faccio [fare] pubblicità**
ich motiviere **motivo [-are]**
ich verbreite **propagando [-are]**
ich verlocke zu **tento [-are]**
ich werbe für **promuovo [-ere]**
ich ziele (ab) auf **miro [-are]**
Inserat **l'inserzione** (*f*)
Kampagne **la campagna**
Katalog **il catalogo**
Kaufkraft **il potere d'acquisto**
Konkurrenz **la concorrenza**
Konsument **il consumatore**
Konsumgesellschaft **la società dei consumi**
Lebensstil **lo stile di vita**
Marke **la marca**
Markenimage **la notorietà della marca**
Marketing **il marketing**
Markt **il mercato, la piazza**
Marktumfrage **la ricera di mercato**
Materialismus **il materialismo**
Modell **il modello, la modella**
Nachfrage **la richiesta**
Plakat **il cartellone pubblicitario**
Poster **il manifesto**
Postwurfsendung **la vendita per posta**
Produkt **il prodotto**
Public Relations **le pubbliche relazioni**

Sonderangebot! Nur eine Woche! Kaufen Sie zwei und erhalten Sie eins kostenlos. Dazu noch 20% Ermäßigung bei Ihrem nächsten Einkauf.	**Offerta speciale! Solo per una settimana! Compratene due e uno è gratis. In più, il 20% di sconto sul prossimo acquisto!**
—Glaubst du, Fernsehwerbung ist wirkungsvoller als die Werbung in der Zeitung?	**—Credi che la pubblicità televisiva sia più efficace di quella nei giornali?**
—Die nationalen Fernsehsender erreichen eine höhere Anzahl von Verbrauchern, aber sie sind sehr teuer.	**—La TV nazionale raggiunge un maggior numero di consumatori, ma è costosissima.**
Unsere Marktumfrage zeigt, dass Kunden dazu neigen, die an den Kassen plazierten Artikel impulsiv zu kaufen.	**La nostra ricerca di mercato dimostra che i clienti tendono ad acquistare articoli esposti alle casse impulsivamente.**

➤ HANDEL & WIRTSCHAFT 14

Radiowerbung **la pubblicità radiofonica**
Reklame **la reclame**
Slogan **lo slogan, il motto pubblicitario**
Statussymbol **lo status symbol, il simbolo della condizione sociale**
Texter **il creativo**
Trend **la tendenza**
im Trend **alla moda**
Überzeugung **la persuasione**
unterbewusste Beeinflussung **la persuasione occulta**
wahrheitsgemäß **veritiero**
Werbemontage **la montatura pubblicitaria**
Werbeindustrie **l'industria** (*f*) **pubblicitaria**
Werbekampagne **la campagna pubblicitaria, la propaganda**
Werbespot **il comunicato pubblicitario, lo spot**
Werbe- **pubblicitario**
Werbung **la pubblicità**
Wettbewerb **la competizione, la gara**
Zielgruppe **il pubblico mirato**

Kleinanzeigen

Ausstellungen **mostre**
Geburtsanzeigen **nascite**
gesucht **cercosi**
Gesundheit **salute**
Hochzeitsanzeigen **matrimoni**
Immobilien **immobili, proprietà immobiliari**
Kontaktanzeigen **cuori solitari**
Mietangebote und -gesuche **affitti, vendite immobiliari**
Persönliche Dienste **servizi per i lettori**
Reise **viaggi**
Stellenangebote **lavoro**
Todesanzeigen **decessi**
Urlaub / Ferien **vacanze**
Veranstaltungen **corsi e conferenze**
Verkaufsanzeigen **vendo, in vendita**
Verlobungsanzeigen **fidanzamenti**
Wechselkurse **scambio**

Das war seine am wenigsten erfolgreiche Kampagne: beim nächsten Mal werden wir mit einer anderen Agentur arbeiten oder vielleicht mit einem freiberuflichen Texter.
Questa è stata la sua campagna pubblicitaria meno felice: la prossima volta useremo un'altra agenzia o forse un creativo esterno.

Die Gebäude sind mit hässlichen Werbeplakaten vollgeklebt.
Gli edifici sono ricoperti di brutti cartelloni pubblicitari.

Diese Werbung kann für bestimmte ethnische Gruppen beleidigend sein.
Questa pubblicità può offendere alcuni gruppi etnici.

Bis vor kurzem haben die meisten Werbespots Frauen ausschließlich in traditionellen Rollen dargestellt.
Sino a tempi recenti gli spot pubblicitari presentavano le donne in ruoli esclusivamente tradizionali.

➤ DIE PRESSE 18b; FERNSEHEN & RADIO 18c

19 Reisen

19a Allgemeines

Abfahrt **la partenza**
Aktentasche **la borsa, la cartella**
an Bord **a bordo**
Anfrage **la richiesta d'informazioni**
Ankündigung **l'annuncio** (*m*)
Ankunft **l'arrivo** (*m*)
auf dem Weg **in viaggio, per strada**
aus **da**
Ausgang **l'uscita** (*f*)
Ausweis **la tessera**
behindert **disabile**
Bekanntmachung **l'avviso** (*m*)
Belästigung **la seccatura**
besetzt **occupato**
Besucher(in) **il visitatore** (*m*), **la visitatrice** (*f*)
Biegung **la svolta**
direkt **diretto**
Dokumente **i documenti**
durch **attraverso**
einfache Fahrt **il biglietto di sola andata**
Eingang **l'entrata** (*f*)
Eintritt **l'ingresso** (*m*)
Entfernung **la distanza**
Erwachsener **l'adulto** (*m*)
Fahrer (*Auto*) **l'automobilista** (*m / f*)
  Fahrer (*Bus, Taxi*) **l'autista** (*m / f*)
  Zugführer **il macchinista** (*m*)
Fahrkarte **il biglietto**
Fahrplan (Flug-) **l'orario** (*m*)
Fenster **il finestrino**
Fensterplatz **il posto accanto al finestrino**
frei **libero**
früher **di buon'ora, in anticipo**
Fundbüro **l'ufficio** (*m*) **oggetti smarriti**
genau im Zeitplan **in perfetto orario**
Gepäck **il bagaglio**
Gepäckaufbewahrung **il deposito bagagli**
Geschäftsreise **il viaggio d'affari**
Geschwindigkeit **la velocità**
gültig **valido**
Haltestelle **la fermata**
Hilfe **l'aiuto** (*m*), **il soccorso, l'assistenza** (*f*)
hilfreich **di aiuto**
Hin- und Rückfahrt (-flug) **il giro completo, andate e ritorno**
ich beschleunige **accelero [-are]**
ich bestätige **confermo [-are]**
ich biege ab **giro [-are], svolto [-are]**
ich bitte um Hilfe **chiedo [-ere] assistenza**
ich bitte um Information **chiedo [-ere] informazioni**
ich fahre durch ... **passo [-are] da ...**
ich fahre um ... **parto [-ire] alle ...**
ich fülle ein Formular aus **compilo [-are] un modulo**
ich halte **mi fermo [-are]**
ich kaufe eine Karte **compro [-are] un biglietto**
ich kehre zurück **ritorno [-are]**
ich komme in ... an **arrivo [-are] a ...**
ich lasse zurück (*Person / Objekt*) **lascio [-are]**
ich nehme (*Bus, Zug*) **prendo [-ere]**
ich packe **preparo [-are] le valige**

 ➤ SCHIFFSREISEN 19b; MIT DEM AUTO 19c; FLUGREISEN 19d; BAHNREISEN 19e

ich packe (den Koffer) aus **disfo [-fare] le valige**
ich prüfe nach **verifico [-are]**
ich reise **viaggio [-are]**
ich reise ab **parto [-ire]**
ich reserviere **prenoto [-are]**
ich sage ab **disdico [-ire]**
ich trage **porto [-are]**
ich überquere **attraverso [-are]**
ich verlangsame **rallento [-are]**
ich verlasse (*Ort*) **parto [-ire] da**
ich verpasse **perdo [-ere]**
im Streik **in sciopero**
Information **l'informazione** (*f*)
Informationsbüro **l'ufficio** (*m*) **informazioni**
Kartenschalter **la biglietteria**
Kind **il bambino, la bambina**
Klasse **la classe**
Kurve **la curva**
langsam **lento**
Lautsprecher **l'altoparlante** (*m*)
Nachricht **il messaggio**
nicht hilfreich **di nessun aiuto**
Nichtraucher- **non fumatore**
Notbremsung **la fermata d'emergenza**
Notfall **l'emergenza** (*f*)
Notruf **la chiamata d'emergenza**
Passagier(in) **il passeggero** (*m*), **la passeggera** (*f*)
Personal **il personale**
Platz **il sedile**
Portier (Hotel) **il portiere**
  Gepäckträger **il facchino**
pünktlich **puntuale**
Rauchen **il fumo**
  Raucherraum **la sala per fumatori**
  Raucherwagen **la carrozza fumatori**
Reise **il viaggio**
Reiseauskunft **le informazioni di viaggio**
Reisebüro **l'agenzia** (*f*) **di viaggio**
Reisebürokaufmann **l'agente** (*m / f*) **di viaggio**
Reisedokumente **i documenti di viaggio**
Reisende(r) **il viaggiatore** (*m*), **la viaggiatrice** (*f*)
Reservierung **la prenotazione**
Reservierungsbüro **l'ufficio** (*m*) **prenotazioni**
Richtung **la direzione**
Rückfahrkarte **il biglietto di ritorno**
Rückkehr **il ritorno**
schnell **rapido, veloce**
Seekrankheit **il mal di mare**
sicher **sicuro**
Sicherheit **la sicurezza**
Sicherheitsgurt **la cintura di sicurezza**
Signal **il segnale**
Tarif/Zuschlag **la tariffa**
  Fahrpreisverbilligung **la riduzione tariffaria**
  verbilligter Tarif **la tariffa ridotta**
Tasche **la borsa**
Toilette **il gabinetto**
Tunnel **la galleria**
Übelkeit (*Auto*) **il mal d'auto,** (*Flugzeug*) **il mal d'aria**
Unfall **l'incidente** (*m*)
Verbilligung **la riduzione**
Verbindung (Flug) **il collegamento**
  Anschluss (Zug) **la coincidenza**
verloren **smarrito**
Versicherung **l'assicurazione** (*f*)
spät **tardi**
verspätet **in ritardo, trattenuto**
Verspätung **il ritardo**
Warnung **l'avvertimento** (*m*)
Wechselgeld **il resto**
Wochenende **il fine** (*f*) **settimana**
Wochentage **i giorni feriali**
Ziel **la destinazione**
Zuschlag **il supplemento**

➤ RICHTUNG & LAGE 2b; BEWEGUNG 2c; TRANSPORTMITTEL Anh. 19a

19b Auslands- & Schiffsreisen

Auslandsreisen

ausländische Währung **la valuta straniera**
Dutyfreeshop **il negozio duty-free**
Einschiffungsdokumente **i documenti d'imbarco**
Einwanderungsbehörde **l'ufficio** (*m*) **immigrazione**
Einwanderungsbestimmungen **il regolamento per l'immigrazione**
Erklärung **la dichiarazione**
Grenze **la frontiera**
ich gehe durch die Passkontrolle **passo [-are] il controllo passaporti**
ich überquere den Ärmelkanal **attraverso [-are] la Manica**
ich verzolle **dichiaro [-are]**
ich zahle Zoll für **pago [-are] il dazio su**
Kanaltunnel **il Tunnel sotto la Manica**
Pass **il passaporto**
Schmuggel **il contrabbando**
Schmuggler **il contrabbandiere**
Visum **il visto**
Währung **la valuta**
Wechselbüro **l'ufficio** (*m*) **cambio**
Wechselkurs **il tasso di cambio**
Zoll **la dogana, gli uffici doganali**
Zollbeamte **il doganiere**
zollfreie Waren **le merci non soggette a dazio doganale**
Zollgebühr **il dazio**
Zollkontrolle **i controlli di dogana**
Zollvorschriften **il regolamento doganale**

Schiffsreisen

an Bord **a bordo**
auf offener See **in mare aperto**
Ausschiffung **lo sbarco**
Besatzung **l'equipaggio** (*m*)
Bordkarte **la carta d'imbarco**
Brücke **il ponte**
Deck **il ponte**
 Unterdeck **il ponte inferiore**
 Oberdeck **il ponte superiore**
Dock **la darsena**
Gepäck **i bagagli**
Gezeiten **le maree** (*Pl*)
Hafen **il porto**
ich gehe an Bord **salgo [-ire] a bordo**
ich gehe an Land **sbarco [-are]**

—Hier sind meine Reisepapiere. Ich fahre nach Palermo. —Danke. Gute Reise!	**—Ecco i miei documenti. La mia destinazione ultima è Palermo. —Grazie. Buon viaggio!**
—Ich weiß die genaue Ankunftszeit nicht. —Hast du auf dem Fahrplan nachgesehen? —Nein, aber der Bus soll bald eintreffen.	**—Non so con certezza l'ora esatta dell'arrivo. —Hai verificato l'orario? —No, ma l'arrivo dell'autobus è previsto fra poco.**

 ➤ ALLGEMEINES 19a; FLUGREISEN 19d

ich schiffe mich ein **m'imbarco [-are]**
Kabine **la cabina**
Kai **la banchina**
Kapitän **il capitano**
Kreuzfahrt **la crociera**
Küste **la costa**
Liegesitz **la poltrona inclinabile**
Liegestuhl **la sedia a sdraio**
Offizier **l'ufficiale** *(m)*
Ozean **l'oceano** *(m)*
Rettungsboot **la scialuppa di salvataggio**
Salon **il salone**
Schwimmweste **il giubbotto di salvataggio**
See **il mare**
  bewegt **mosso, agitato**
  ruhig **in bonaccia, calmo**
  stürmisch **in burrasca**
Seekrankheit **il mal di mare**
Seemann **il marinaio**
Seewetterbericht **il bollettino dei mari**
Segelsport **la navigazione da diporto**
still **calmo**
Sturm **la tempesta**
über Bord **in mare**
Überfahrt **la traversata**
Wellen **le onde**
Werft **il cantiere navale**
Wind **il vento**
windig **ventoso**
Zahlmeister **il commissario di bordo**

Boote & Schiffe

Fähre **la nave traghetto**
Flugzeugträger **la portaerei**
Frachtschiff **la nave da carico**
Handelsschiff **la nave mercantile**
Jacht **il panfilo**
Kanu **la canoa**
Kriegsschiff **la nave da guerra**
Luftkissenboot **l'hovercraft** *(m)*
Motorboot **il motoscafo**
Ozeandampfer **il transatlantico**
Rettungsboot **la scialuppa di salvataggio**
Ruderboot **la barca a remi**
Schiff / Boot **la nave**
Schlepper **il rimorchiatore**
Segelboot **la barca a vela**
Tanker **la petroliera**
Tragflächenboot **l'aliscafo** *(m)*
Unterseeboot **il sottomarino**

— Hast du etwas gegen Seekrankheit?
— Ja, in meiner Kabine habe ich Tabletten. Treffen wir uns in zehn Minuten auf dem C-Deck.
— Ich glaube nicht, dass ich so lange überleben werde!

— Hai qualche rimedio contro il mal di mare?
— Sì, ho alcune pillole in cabina. Incontriamoci sul ponte C tra dieci minuti.
— Non credo di farcela!

Werden die Pässe an Bord kontrolliert?

I passaporti si controllano a bordo?

Von welchem Kai fährt das Schiff ab?

Da quale banchina parte la nave?

➤ LÄNDER Anh. 20a; WÄHRUNGEN Anh. 9a

19c Mit dem Auto unterwegs

Alkoholprüfgerät **il palloncino per l'alcoltest**
Alkoholtest **l'alcoltest** (*m*)
Ampel **il semaforo**
Anwohner frei **riservato ai residenti**
Augenzeuge(in) **il / la testimone** (*m / f*) **oculare**
Auto **l'automobile, la macchina, l'autovettura** (*f*)
Autobahn **l'autostrada** (*f*)
Autobahnpolizei **la polizia stradale**
Autobahnraststätte **l'area di servizio** (*f*), **l'autogrill** (*m*)
Autofahrt **la gita in automobile**
Automarke **la marca dell'auto**
Autosalon **il salone dell'auto**
Autoschlange **la fila di auto**
Autovermietung **il noleggio auto**
Autowaschanlage **il lavaggio auto**
Benzin **la benzina**
  bleifrei **senza piombo, verde**
  nicht bleifrei **con piombo**
  Normal **normale**
  Super **super**
Bus **l'autobus** (*m*), **il bus**
Busfahrer(in) **il / la conducente**
Busfahrpreis **la tariffa**
Bushaltestelle **la fermata d'autobus**
Chauffeur **l'autista** (*m / f*)
Dienstwagen **l'auto** (*m*) **della ditta**
Diesel **il diesel**
Durchfahrt **il passaggio**
Einbahnstraße **il senso unico**
Ersatzteile **i pezzi di ricambio**
es ist abgesperrt **è bloccato**
Fahren **la guida**
Fahrer **il / la conducente** (*m / f*)
Fahrlehrer **l'istruttore** (*m / f*) **di guida**
Fahrprüfung **l'esame** (*m*) **di guida**
Fahrrad **la bicicletta**
Fahrschule **la scuola di guida**
Fahrschüler(in) **il / la principante**
Fahrstunde **la lezione di guida**
Fahrzeug **il veicolo**
Fahrzeuginspektion (TÜV) **la verifica**
Fahrzeugpapiere **i documenti dell'auto**
Führerschein **la patente di guida**
Fußgänger **il pedone**
Fußgängerzone **la zona pedonale**
Gang **la marcia**
  im ersten Gang **in prima**
  im Leerlauf **in folle**
  im Rückwärtsgang **in retromarcia**
Garage **l'autorimessa** (*f*)
Gebrauchtwagen **la vettura d'occasione**
gefährlich **pericoloso**
Geldstrafe **l'ammenda** (*f*), **la multa**
Geschwindigkeit **la velocità**
Geschwindigkeitsbegrenzung **il limite di velocità**
Haupt- **principale**
Hauptverkehrszeit **l'ora** (*f*) **di punta**
Höchstgeschwindigkeit **la velocità massima**
ich beschleunige **accelero [-are]**
ich biege an ... ab **giro [-are]**
ich biege links ab **giro [-are] a sinistra**
ich biege rechts ab **giro [-are] a destra**
ich bin unschuldig **sono [essere] innocente**
ich bin versichert **sono [essere] assicurato**
ich breche auf **parto [-ire]**
ich erlaube **lascio [-are], permetto [ere]**
ich fahre **guido [-are]**
ich fahre 30 km/h **faccio [fare] 30 km all'ora**
ich fahre langsamer **rallento [-are]**
ich fahre rückwärts **faccio [fare] retromarcia**
ich fahre vorbei **passo [-are]**

 ➤ AUTOTEILE, VERKEHRSZEICHEN Anh. 19c

ich habe eine Panne **ho [avere] un guasto**
ich halte Abstand **mantengo [-tenere] la distanza**
ich hupe **suono [-are] il claxon**
ich lasse den Motor an **avvio [-are] il motore**
ich lasse jemandem die Vorfahrt **do [dare] la precedenza**
ich lege den Sicherheitsgurt an **allaccio [-are] la cintura di sicurezza**
ich miete **noleggio [-are]**
ich ordne mich in die Fahrspur ein **mi immetto [-ere] in corsia**
ich parke **posteggio [-are]**
ich prüfe **provo [-are]**
ich repariere **riparo [-are]**
ich schalte **cambio [-are] marcia**
ich schleppe ab **rimorchio [-are]**
ich setze zuruck **faccio [fare] la retromarcia**
ich steige aus dem Auto **scendo [-ere] dall'auto**
ich steige ins Auto **salgo [salire] in auto**
ich stelle ab **spengo [spegnere]**
ich stelle den Motor ab **spengo [spegnere] il motore**
ich stelle an **accendo [-ere]**
ich stoße zusammen, kollidiere **mi scontro [-are]**
ich tanke voll **faccio [fare] il pieno**
ich trampe **faccio [fare] l'autostop**
ich überfahre **investo [-ire]**
ich überhole **sorpasso [-are]**
ich überquere **attraverso [-are]**
ich warte **aspetto [-are]**
im Rückwärtsgang **in retromarcia**
kaputt **guasto, rotto**
Kehrtwendung **la svolta a U**
Kilometer **il chilometro**
kompetent **competente**
Kontrolle **la verifica**
Kraftfahrzeugbrief **il libretto di circolazione**
Kurve **la curva**
langsam **lento**
Lastwagen **il camion**
Lastwagenfahrer **il camionista**
Lastzug **l'autoarticolato** (*m*), **l'autotreno** (*m*)
Limit **il limite**
Liter **il litro**
Mechaniker **il meccanico**
mechanisch **meccanico**
Mietpreis **la tariffa noleggio**
Mietwagen **l'auto** (*m*) **a noleggio**
Motel **il motel**
Motorschaden **il guasto al motore**
öffentliche Verkehrsmittel **i trasporti pubblici**
Panne **il guasto**
Pannendienst **il soccorso stradale**
Parken **il posteggio, il parcheggio**
Parkplatz **il parcheggio**
Parkverbot **il divieto di parcheggio**
Passagier **il passeggero**
Polizei **la polizia**
Polizeirevier **il commissariato**
Polizist(in) **l'agente di polizia** (*m / f*), **il poliziotto, la poliziotta**
Position **la posizione**
Privatwagen **l'auto** (*m*) **privata**
Rampe **la rampa**
Rastplatz **la piazzola di sosta**
Reifenpanne **la foratura**
Reise **il viaggio**
Reparatur **la riparazione**
Route **l'itinerario** (*m*)
rutschig **sdrucciolevole**
Schlüssel **la chiave, le chiavi** (*Pl*)
Schlüsselanhänger **il portachiave**
Selbstbedienung **il self-service, il distributore automatico**
Service **il servizio**
Signal **il segnale**
Stadtplan **la pianta della città**
Stadtverkehr **la circolazione urbana**
Stau **l'ingorgo** (*m*)
Strafzettel **la multa (per parcheggio) vietato**
Straße **la strada, la via**

MIT DEM AUTO ➤ FORTSETZUNG

Straßenbauarbeiten **i lavori stradali**
Mautgebühr **il pedaggio**
Straßenkarte **la carta stradale**
Straßensperrung **il blocco stradale**
Straßenverkehrsordnung **il codice stradale**
Tankstelle **la stazione di servizio**
Taxi **il taxi, il tassì**
Taxifahrer **il tassista**
Taxistand **il posteggio taxi**
Tiefgarage **il parcheggio sotterraneo**
Tramper **l'autostoppista** (*m / f*)
Trunkenheit am Steuer **la guida in stato di ebbrezza**
Überholen **il sorpasso**
Umleitung **la deviazione**
Unfall mit Todesfolge **l'incidente** (*m*) **mortale**
verboten **proibito**
Verkehr **la circolazione, il traffico**
Verkehrsbericht **il bollettino del traffico, 'l'Onda Verde'**
Verkehrspolizei **la polizia stradale**
Verkehrsstau **l'ingorgo** (*m*) **stradale**
Verkehrsunfall **l'incidente** (*m*) **stradale**
Verkehrsvergehen **la trasgressione alle norme del codice stradale**
Verkehrszeichen **il cartello stradale**
Versicherung **l'assicurazione** (*f*)
Versicherungspolice **la polizza d'assicurazione**
Verwarnung **l'ammonizione** (*f*)
Vorfahrt **la precedenza**
Vorsicht **la prudenza**
Warndreieck **il triangolo rosso / d'emergenza**
Warnung **l'avvertimento** (*m*)
Wohnwagen **la roulotte**
Zeuge (-in) **il / la testimone**
zu vermieten **a nolo**
Zufahrt **l'accesso** (*m*)
Zusammenstoß **lo scontro**

Volltanken, bitte.	**Il pieno, per cortesia.**
Ich habe einen Platten. Könnten Sie auch die Kupplung nachsehen?	**Ho una gomma a terra. Può dare un'occhiata alla frizione?**
Hier ist mein Führerschein; wie Sie sehen, ist er noch gültig.	**Ecco la mia patente di guida; come vede è ancora perfettamente valida.**
Wie viel wird die Mautgebühr für diesen Abschnitt der Autobahn wohl kosten?	**Chissà quanto costerà il pedaggio per questo tratto dell'autostrada?**
Dein neues Auto verbraucht wenig Benzin.	**La tua nuova auto consuma pochissima benzina.**

➤ ALLGEMEINES 19a; RICHTUNG & LAGE 2b; BEWEGUNG 2c

Wege & Straßen

Abzweigung **il raccordo stradale**
Auffahrt **la corsia d'accesso**
Außenspur **la corsia esterna**
Autobahn **l'autostrada** (*f*)
Auffahrt **la corsia d'entrata**
Ausfahrt **la corsia d'uscita**
Autobahndreieck **lo svincolo**
Bahnübergang **il passaggio a livello**
Boulevard **il corso**
Brücke **il ponte**
Bürgersteig **il marciapiede**
Ecke **l'angolo** (*m*)
Einbahnstraße **la strada a senso unico**
Fußgängerübergang **il passaggio pedonale**
Fußgängerzone **la zona pedonale**
Gasse **il vicolo**
gesperrte Straße **la strada sbarrata**
Hauptspur **la corsia centrale**
Hauptstraße **la via principale**
Innenspur **la corsia interna**
Kreisverkehr **la rotatoria, la rotonda**
Kreuzung **l'incrocio** (*m*)
Kurve **la curva**
Markierungslinie (gelbe / weiße) **la linea gialla / bianca**
Platz **la piazza**
Rastplatz **la piazzola di sosta**
Raststätte **l'area** (*f*) **di servizio**
Sackgasse **la strada senza uscita**
Seitenstraße **la strada laterale**
Spur **la corsia**
Standspur **la corsia d'emergenza**
Straße **la strada, la via**
Straßenkreuzung **l'incrocio** (*m*) **stradale**
Umgehungsstraße **la tangenziale**
Unterführung **il passaggio sotterraneo**
Verkehrsinsel **lo spartitraffico**
Wohngebiet **la zona abitata**
Zusammenstoß **l'urto** (*m*), **lo scontro**

Auf der A1 hat sich zwischen Auffahrt 7 und 8 ein schwerer Unfall ereignet. Ein in Richtung Rom fahrender Lastwagen ist gegen die Leitplanke geprallt. Drei Fahrzeuge sind in den Unfall verwickelt und einer der Fahrer ist schwer verletzt. Ich habe die Warnblinkanlage eingeschaltet. Schicken Sie sofort einen Krankenwagen.

C'è stato un grave incidente sull'autostrada A1 fra gli svincoli 7 e 8. Un camion, in direzione Roma, ha sfondato la barriera spartitraffico. Tre vetture sono coinvolte e uno dei conducenti è gravemente ferito. Io ho messo le luci d'emergenza. Mandate un'ambulanza urgentemente.

Die Lichter funktionieren nicht. Es besteht Unfallgefahr.

Le luci non funzionano. C'è il rischio di scontrarsi.

➤ AUTOTEILE, VERKEHRSZEICHEN Anh. 19c; UNFÄLLE 11a

19d Flugreisen

Abflughalle **la sala d'attesa**
an Bord **a bordo**
Anweisungen **le istruzioni**
ausgefallen **annullato**
ausgefallener Flug **il volo annullato**
Aussicht **la vista**
Besatzung **l'equipaggio** (*m*) **di bordo**
Bordkarte **la carta d'imbarco**
Business Class **la business class**
Charterflug **il volo charter**
Direktflug **il volo diretto**
Economy **la classe economica**
Eincheckvorgang **le operazioni d'imbarco**
Einwanderer(in) **l'immigrante** (*m / f*)
Einwanderung **l'immigrazione** (*f*)
Einwanderungsbestimmungen **le leggi sull'immigrazione**
Erfrischungen **i rinfreschi**
Fallschirm **il paracadute**
Fenster **il finestrino**
Fensterplatz **il sedile vicino al finestrino**
Flug **il volo**
Flugbegleiter(in) **l'assistente** (*m / f*) **di volo**
Fluggesellschaft **la compagnia aerea**
Flughafen **l'aeroporto** (*m*)
Flugreise **il viaggio aereo**
Flugsteig **il cancello**
Flugzeug **l'aeroplano** (*m*), **il velivolo**
Flugzeugentführer **il pirata dell'aria**
Gate, Flugsteig **il cancello**
Gepäck **il bagaglio**
Gepäckband **il carosello**
Handgepäck **il bagaglio a mano**
ich besteige ein Flugzeug **salgo [salire] a bordo**
ich bin luftkrank **ho [avere] il mal d'aria**
ich checke ein **faccio [fare] le operazioni d'imbarco**

Gibt es einen Anschlussflug nach Cagliari? Muss ich umsteigen?	**C'è un collegamento con Cagliari? Devo cambiare volo?**
—Ich habe Übergepäck. —Haben Sie Ihr Gepäck selbst gepackt?	**—Il mio bagaglio supera un po' il peso.** **—Ha fatto le valigie Lei stesso?**
Über den Alpen herrscht etwas Turbulenz. Die Landung ist um 11:40 Uhr Ortszeit vorgesehen.	**C'è un po' di turbolenza sulle Alpi.** **Si prevede l'atterraggio alle 11.40, ora locale.**
Mein Gepäck ist noch nicht ausgeladen worden.	**Il mio bagaglio non è ancora stato scaricato.**

➤ ALLGEMEINES 19a; AUSLANDSREISEN 19b

ich fliege **volo [-are]**
ich fliege in einer Höhe von **volo [-are] a un'altezza di**
ich lande **atterro [-are]**
ich schnalle mich an **allaccio [-are]**
ich starte **decollo [-are]**
im Flugzeug **in aereo**
Inlandflug **i voli nazionali**
Kabine **la cabina**
Kontrollturm **la torre di controllo**
Kopfhörer **le cuffie**
Kopilot **il co-pilota**
Landebahn **la pista d'atterraggio**
Landebahnbeleuchtung **le luci d'atterraggio**
Landung **l'atterraggio** (*m*)
Leibesvisitation **la perquisizione**
Nonstop- **diretto**
Notausgang **l'uscita** (*f*) **d'emergenza**
Notlandung **l'atterraggio** (*m*) **d'emergenza**
Passagier(in) **il passeggero, la passeggera**
Passkontrolle **il controllo passaporti**
Pilot(in) **il / la pilota**
Rauchverbot-Anzeige **il segnale 'non fumare'**
Rumpf **la carlinga**
Schalter **il banco**
Schalter der Fluggesellschaft **il banco della compagnia aerea**
Schwimmweste **il giubbotto di salvataggio**
Sicherheitsmaßnahmen **le misure di sicurezza**
Sicherheitspersonal **il personale di sicurezza**
Start **il decollo**
Startbahn **la pista**
Steward **l'assistente** (*m*) **di volo**
Stewardess **l'assistente** (*f*) **di volo**
Tablett **il vassoio**
Terminal **il terminale**
Turbulenz **la turbolenza**
Übergepäck **l'eccesso** (*m*) **bagagli**
während des Fluges **durante il volo**
zollfreie Waren **le merci duty free**

—Herr und Frau Smith, gebucht auf Flug Nummer AZ131 nach Neapel, werden gebeten, sich am Informationsschalter zu melden.	**—I signori Smith in viaggio con il volo AZ131 per Napoli sono pregati di presentarsi al banco informazioni.**
—Wo muss ich für den Flug AZ131 einchecken?	**—Dove faccio le operazioni d'imbarco per il volo AZ131?**
Letzter Aufruf für die Passagiere des Fluges BZ881 nach Olbia.	**Ultima chiamata per i passeggeri diretti a Olbia con il volo BZ881.**
Wie ist die Flugnummer?	**Qual è il numero del volo?**
Zu Ihrem eigenen Komfort und Ihrer Sicherheit bitten wir Sie, den Sicherheitsgurt anzulegen.	**Per il vostro benessere e sicurezza, preghiamo di allacciare le cinture.**

➤ URLAUB / FERIEN 20

19e Bahnreisen

Abteil **lo scompartimento**
Ansage **l'annuncio** (*m*)
Anschluss **la coincidenza**
Bahnfahrkarte **il biglietto ferroviario**
Bahnhof **la stazione ferroviaria**
Bahnhofsvorsteher **il / la capostazione**
Bahnsteig **il binario**
Bahnübergang **il passaggio a livello**
Benutzer(in) **l'utente** (*m / f*)
besetzt **occupato**
Buffet **il buffet**
Buffetwagen **la carrozza buffet**
Direktzug **il treno diretto**
Eisenbahn **la ferrovia**
Ermäßigung **la riduzione**
Expresszug **il treno espresso**
Fahrkarte **il biglietto ferroviario**
erster / zweiter Klasse **prima / seconda classe**
Gruppen- **collettivo**
Einzel- **di sola andata**
Hin- und Rück- **di andata e ritorno**
Fahrkartenschalter **la biglietteria**
Fahrplan **l'orario** (*m*)
Sommer- / Winterfahrplan **l'orario estivo / invernale**
Fahrplanänderungen **i cambiamenti d'orario**
Fahrpreis **la tariffa**
Fenster **il finestrino**
Gepäcknetz **la reticella per bagagli**
Gepäckträger **il facchino**
Geschwindigkeit **la velocità**
Gleise **i binari**
Haltestelle, Station **la fermata**
ich entwerte/überprüfe (Fahrkarte) **convalido [-are] il biglietto**

Eine Sonderansage: An Sonn- und Feiertagen gibt es keine Verbindung nach Neapel und an Wochentagen wird nach 9 Uhr (auf dieser Strecke) ein Zuschlag erhoben. In den Zügen nach Bari sind außerdem für die Nichtraucherabteile Platzkarten erforderlich. Wir bitten Sie, die damit verbundenen Unannehmlichkeiten zu entschuldigen.	**Un annuncio speciale: La domenica e nei giorni festivi il servizio per Napoli non opera e nei giorni feriali dopo le ore 9 le tariffe sono soggette a supplementi tariffari. Inoltre le prenotazioni sono obbligatorie per posti negli scompartimenti per non fumatori sulla linea di Bari. Siamo spiacenti per il disagio.**
— Wo muss ich umsteigen? — Um zum Colosseum zu kommen, müssen Sie die Linie nach ... nehmen und an der nächsten Haltestelle aussteigen.	**— Dove devo cambiare? — Per andare al Colosseo deve prendere la linea per ... e scendere alla prossima fermata.**

➤ ALLGEMEINES 19a

ich fahre **vado [andare]**
ich halte **mi fermo [-are]**
ich lehne mich (zum Fenster) hinaus **mi affaccio [-are]**
ich verpasse **perdo [-ere]**
ich warte **aspetto [-are]**
Intercity **l'Intercity (IC)**
Kartenverkäufer **il bigliettaio**
Koffer **la valigia**
Nahverkehrszug **il treno regionale**
(Nicht)raucherabteil **lo scompartimento per (non) fumatori**
nicht rückerstattungsfähig **non rimborsabile**
pünktlich **puntuale**
Rampe **la rampa**
Raucher **i fumatori**
Reisende(r) **il viaggiatore, la viaggiatrice**
Reservierung **la prenotazione**
Rollwagen **il carrello**
Rucksack **lo zaino**
Schaffner **il controllore**
Schlafwagen **il vagone letto**
Schranke **la barriera**
Skitasche **la sacca portasci**
Speisewagen **la carrozza ristorante**
Toiletten **i gabinetti**
von **da**
Wagen **la carrozza**
Warnung **l'avviso** (*m*)
Wartesaal **la sala d'aspetto**
Zug **il treno**
  Direktzug **il treno diretto, il treno interregionale**
  Expresszug **il treno espresso**
  Intercity **il treno Intercity (IC)**
  Nahverkehrszug **il treno regionale**
Zuschlag **il supplemento**

Dieser Zug hat leider Verspätung. Er wird auch von einem anderen Gleis abfahren.	**Siamo spiacenti di annunciare che questo servizio è soggetto a ritardi. Ci sarà anche un cambiamento di binario.**
—Wann fährt dieser Zug ab?	**A che ora parte questo treno?**
—Der Zug um 11:45 Uhr nach Bari fährt jetzt von Gleis 10 ab.	**—Il treno delle 11.45 diretto a Bari è in partenza al binario 10.**
Ich brauche einen Rollstuhl für einen behinderten Fahrgast.	**Mi occorre una sedia a rotelle per un passeggero disabile.**
Entschuldigen Sie, dies ist ein Nichtraucherabteil.	**Mi scusi, questo è uno scompartimento per non fumatori.**
Ist das der Intercity nach Parma?	**È questo l'intercity per Parma?**

20 Urlaub & Ferien

20a Allgemeines

alleine **solo**
Ankunft **l'arrivo** (*m*)
Aufenthalt **il soggiorno**
Ausflug **l'escursione** (*f*), **il giro, la visita**
ausgebucht **completo, esaurito**
Aussicht **la vista**
Badeort **la stazione balneare**
bequem **comodo, confortevole**
Besuch **la visita**
Besucher **i visitatori**
Besuchszeiten **l'orario** (*m*) **di visita**
desorganisiert **disorganizzato**
Ernährung **l'alimentazione** (*f*)
Ferien **le vacanze**
Feuer **il fuoco, l'incendio** (*m*)
frei **disponibile, libero**
Fremdenverkehrsbüro **l'ufficio** (*m*) **del turismo, l'azienda** (*f*) **di soggiorno**
Führer(in) **la guida** (*m / f*)
Führung **la visita guidata**
Gebiet **la zona**
Gepäck **il bagaglio**
geschlossen **chiuso**
Gruppe **il gruppo**
Gruppenreise **il viaggio organizzato**
ich besuche **visito [-are]**
ich fahre **vado [andare]**
ich halte mich auf **soggiorno [-are]**
ich kehre nach ... zurück **ritorno [-are] a**
ich mache Pläne **faccio [fare] progetti**
ich organisiere **organizzo [-are]**
ich packe aus **disfo [disfare] le valige**
ich reise **viaggio [-are]**
ich sonne mich **prendo [-ere] il sole**
ich verbringe Zeit **passo [-are] il tempo**
ich werde braun **mi abbronzo [-are]**
im Ausland **all'estero**
Informationsbüro **l'ufficio** (*m*) **informazioni**
Kamera **la macchina fotografica**
Klappstuhl **la sedia pieghevole**
Klapptisch **il tavolino pieghevole**
Kleidung **gli abiti**
Klima **il clima**
Koffer **la valigia**
Komfort **le comodità** (*Pl*)
Land **la campagna, il paese, la terra**
Landschaft **il paesaggio**
Liegestuhl **la sedia a sdraio**
Nachteil **lo svantaggio**
Organisation **l'organizzazione** (*f*)
Reise **il viaggio**
Reiseführer **la guida (turistica)**
Rucksack **lo zaino**
sauber **pulito**
schmutzig **sporco**
See **il mare**
Seelandschaft **il paesaggio marino**
sehenswert **che vale la pena di vedere, degno di essere visto**
Sehenswürdigkeiten **le amenità, le attrattive**
Sonne **il sole**
sonnig **soleggiato**
Speise **il cibo**
Stadt **la città**
Stadtplan **la cartina, la pianta, la pianta della città**

 ➤ REISEN 19; WETTER 24d; SEHENSWÜRDIGKEITEN Anh. 20a;

Strand **la spiaggia**
Tourismus **il turismo**
Tourist(in) **il / la turista**
Touristenmenü **il menù turistico**
tragbar **portatile**
überfüllt **congestionato**
Unterbringung **la sistemazione**
voll **pieno**
Vorstellung **lo spettacolo**
Wechselgeld **il cambio**
Willkommen! **Benvenuto!**

Aktivitäten im Urlaub

Abenteuerurlaub **la vacanza avventurosa**
Auto-Tourismus **il turismo automobilistico**
Berg steigen **fare alpinismo**
Bootsferien **la vacanza in barca**
Busfahrt **la gita in pullman**
eine Rundfahrt/Tour machen **fare un giro turistico**
Fischen **la pesca**
Freiwilligenarbeit **il volontariato**
Jagd **la caccia**
Kanu fahren **fare canoa**
klettern **fare roccia**
Kreuzfahrt **la crociera**
Obst ernten **raccogliere frutta**
Rad fahren **andare in bicicletta**
Safari machen **fare un safari**
segeln **fare vela**
Ski fahren **sciare**
Strandurlaub **la vacanza al mare**
Studienreise **la vacanza di studio**
Surfen **il surfing**
tauchen **fare immersione**
trecken **fare escursionismo**
wandern **camminare**
Wasserski fahren **fare dello sci acquatico**
Weinprobe **la degustazione dei vini**
zelten **fare campeggio**

Liebe Kolleginnen und Kollegen!	**Cari colleghi!**
Ein wundervoller Urlaub! Das Wetter ist gut (ich bin schön braun geworden), der Campingplatz ist sauber und das Essen dieser Gegend ausgezeichnet.	**Una magnifica vacanza! Fa bello (ho una splendida abbronzatura), il campeggio è pulito e la cucina locale eccellente.**
Die Kinder haben auch viel Spaß, sie genießen die Wassersportmöglichkeiten, bauen Sandburgen und haben eine Menge Freunde gefunden.	**Anche i bambini si stanno divertendo un mondo, fanno sport d'acqua, castelli di sabbia e molte amicizie.**
Der Gedanke an die Heimkehr begeistert mich nicht.	**Il pensiero di ritornare a casa non mi entusiasma.**
Mit herzlichen Grüßen, Sarah.	**Cari saluti, Sara.**

➤ LÄNDER Anh. 20a; HOBBYS Anh. 16a; AM STRAND Anh. 20a

20b Unterbringung & Hotel

Unterbringung

Apartment **l'appartamento** (*m*)
Bauernhof **la fattoria**
Campingplatz **il campeggio**
Chalet **lo chalet, la villetta rustica**
Feriendorf **il villaggio vacanze**
Gasthaus **la locanda**
Halbpension **mezza pensione**
Hotel **l'albergo** (*m*)
Jugendherberge **l'ostello** (*m*) **della gioventù**
Motel **il motel**
Pension **la pensione**
Selbstversorgung **con servizi**
Villa **la villa**
Vollpension **pensione completa**
Wohnungstausch **lo scambio di casa**
Wohnwagen **la roulotte**

Buchung & Zahlung

Aufschlag **il supplemento**
Bargeld **il contante**
bezahlt **pagato**
billig **economico, a buon prezzo**
Broschüre **l'opuscolo** (*m*)
Erstattung **il rimborso**
Euroscheck **l'eurocheque**
exklusiv **esclusivo**
exklusive **escluso, non compreso**
Formular **il modulo**
Geld **i soldi, il denaro**
gratis **gratuito, gratis**
Hotelrechnung **il conto dell'albergo**
ich buche **prenoto [-are]**
ich fülle aus **compilo [-are]**
ich löse ... ein **incasso [-are]**
ich reserviere **prenoto [-are], riservo [-are]**
ich unterschreibe **firmo [-are]**
ich zahle **pago [-are]**
inklusive **incluso, compreso**
alles inklusive **tutto compreso**
Kosten **il costo**
Kredit **il credito**
Kreditkarte **la carta di credito**
Mehrwertsteuer **l'IVA** (*f*)
Nachlass **la riduzione**
Preis **il prezzo**
Preisliste **il listino prezzi**
preiswert **economico**
Rechnung **il conto, la fattura**
Reisescheck **l'assegno** (*m*) **turistico**
reserviert **prenotato, riservato**
Reservierung **la prenotazione**
Scheck **l'assegno** (*m*)
teuer **caro, costoso**
Unterschrift **la firma**
Zahlung **il pagamento**

Ich möchte gern ab 4. März für drei Tage ein Doppelzimmer mit Aussicht und Bad reservieren.	**Vorrei una camera con vista con letto matrimoniale e bagno per tre giorni dal 4 marzo.**
Ich möchte mich beschweren. Der Warmwasserhahn funktioniert nicht; es gibt nur einen Kleiderbügel und ich hatte um ein Zimmer mit Aussicht gebeten.	**Vorrei fare un reclamo. Il rubinetto dell'acqua calda non funziona; c'è solo una gruccia e ho chiesto una camera con vista.**
Wir zahlen jetzt gleich. Ich werde das Gepäck um 10:30 Uhr abholen.	**Saldiamo il conto ora. Passerò a ritirare i bagagli alle 10.30.**

➤ CAMPING & SELBSTVERSORGUNG 20c; WÄHRUNGEN Anh. 9a

Hotel

Abendessen **il pasto serale**
Anruf **la chiamata**
Aufenthalt **il soggiorno**
Aufzug **l'ascensore** (*m*)
Aussicht **la vista**
Badezimmer **il bagno**
Balkon **il balcone**
Beschwerde **il reclamo**
Bett **il letto**
Bettüberwurf **il copriletto**
Bettwäsche **la biancheria da letto**
Billiardzimmer **la sala da biliardo**
Dusche **la doccia**
Duschhaube **la cuffia per doccia**
Eingang **l'entrata** (*f*)
Einrichtungen **le attrezzature, i servizi**
Feuerlöscher **l'estintore** (*m*)
Fön **il fon**
Friseur **il parrucchiere**
Frühstück **la prima colazione**
Gast **l'ospite** (*m / f*)
Geschäftsessen **il pranzo d'affari**
Geschäftsversammlung **la riunione d'affari**
Handkoffer **la ventiquattrore**
Hosenpresse **lo stirapantaloni**
Hotel **l'albergo** (*m*)
ich begleiche die Rechnung **saldo [-are] il conto**
ich beschwere mich **reclamo [-are]**
ich gebe ein Trinkgeld **lascio [-are] una mancia**
ich reserviere **prenoto [-are]**
kaputt **rotto**
Kleiderbügel **la gruccia**
Klimaanlage **l'aria** (*f*) **condizionata**
Konferenz **la conferenza**
Konferenzräume **i servizi per conferenza**
laut **rumoroso**
mit Bad **con il bagno privato**
mit Toilette **con il gabinetto privato**
Nachricht **il messaggio**
Nachtportier **il portiere di notte**
Notausgang **l'uscita** (*f*) **di soccorso**
Parkplatz **il parcheggio**
Pension **la pensione**
  Vollpension **pensione completa**
  Halbpension **mezza pensione**
Portier **il portiere**
Rezeption **la ricezione**
Rezeptionist(in) **il / la ricezionista**
Salon **il salone**
Schaden **il danno**
Service **il servizio**
Speiseraum **la sala da pranzo**
Stecker **la spina**
Terrasse **la terrazza**
Treppenabsatz **il pianerottolo**
Trinkgeld **la mancia**
Wäschedienst **il servizio lavanderia**
Wäschesack **il sacco per la biancheria**
Weckruf **il servizio sveglia**
Willkommen! **Benvenuti!**
Zimmer **la camera**
  Doppelzimmer **la camera con letto matrimoniale**
  Zimmer mit Extrabetten **la camera con letti supplementari**
  Zweibettzimmer **la camera doppia**
Zimmermädchen **la cameriera**
Zimmerservice **il servizio in camera**

➤ RÄUME 8a; EINRICHTUNG 8c; ESSEN & AUSGEHEN 10a

20c Camping & Selbstversorgung

abgestellt **spento**
Ameisen **le formiche**
angeschlossen **innestato**
Batterie **la pila**
Betttuch **il lenzuolo (*Pl* le lenzuola)**
Bodenplane **il telo per il terreno**
Camper **il campeggiatore**
Camping **il campeggio**
Campingausrüstung **l'attrezzatura** (f) **per campeggio**
Campingbett **il lettino da campeggio**
Campinggas **il gas butano**
Campingplatz **il campeggio**
Fahrzeuge **i veicoli**
Gas **il gas**
Gasflasche **la bombola di gas**
Gaskocher **il fornello a gas**
Grill **la graticola**
ich baue ab (*Zelt*) **smonto [-are]**
ich baue das Zelt auf **pianto [-are] / monto [-are] la tenda**
ich repariere **riparo [-are], aggiusto [-are]**
ich zelte **faccio [fare] campeggio**
im Dunkeln **al buio, nell'oscurità**
Kochgelegenheit **l'attrezzatura** (*f*) **da cucina**
Lärm **il rumore**
Luftmatratze **il lettino da campeggio gonfiabile**
Moskitonetz **la zanzariera**
Mücke/Moskito **la zanzara**
Mückenstich **la puntura di zanzara**
Nachttopf **il vasino da notte**
Ort **il luogo, il posto**
Pflock **il picchetto**
Platz **lo spazio**
Reiseapotheke **la valigetta prontosoccorso**
repariert **riparato, aggiustato**
Schatten **l'ombra** (*f*)
Schlafsack **il sacco a pelo**
Taschenlampe **la pila**

—Wo sollen wir das Zelt aufbauen? **—Dove montiamo la tenda?**
—Weit weg vom Haupthaus. **—Lontano dal blocco principale.**
—Ich stelle es im Schatten unter diesem Baum auf. **—La pianto all'ombra, sotto quell'albero.**
—Nein, da ist es etwas feucht. Hier ist es besser und es gibt keine Mücken. **—No, là è un po' umido. Qui è meglio e non ci sono zanzare.**

—Wo ist die Taschenlampe? Sie ist nicht im Zelt. **—Dov' è la pila? Non è nella tenda.**
—Sie war eben noch im Rucksack. **—Era nello zaino or ora.**

—Sei bitte etwas leiser, wir versuchen zu schlafen! **—Abbassa la voce, per favore. Stiamo cercando di dormire!**

Hast du Ersatzpflöcke? **Hai dei picchetti di riserva?**

Hast du einen Flaschenöffner mitgebracht? **Hai portato il cavatappi?**

➤ ALLGEMEINES 20a; GRUNDNAHRUNGSMITTEL 9b; KOCHEN 10d

Toilette **il gabinetto, i servizi**
Trinkwasser **l'acqua** (*f*) **potabile**
unbequem **scomodo, fastidioso**
verboten **vietato**
Verlängerungsschnur **la prolunga**
Waschgelegenheit **la zona lavaggio**
Wasserfilter **il filtro per acqua**
Zelt **la tenda**

Selbstversorgung

Agentur **l'agenzia** *(f)*
Apartment **l'appartamento** *(m)*
Ausstattung **l'attrezzatura** *(f)*
Bauernhof **la fattoria**
beschädigt **danneggiato**
Besitzer **il proprietario**
Brunnen **il pozzo**
Elektrizität **l'elettricità** *(f)*
Elektroherd **la cucina a elettricità**
Ersatzschlüssel **il mazzo di chiavi di riserva**
Garten **il giardino**
gefährlich **pericoloso**
geliehen **in prestito**
sehr gepflegt **ben curato / tenuto**
Hilfe **l'aiuto** *(m)*
ich gebe ... zurück **restituisco [-ire]**
ich koche **cucino [-are]**
ich putze **pulisco [pulire]**
ich repariere **riparo [-are], aggiusto [-are]**
ich teile **condivido [-ere]**
Kochnische **la zona cottura**
Möbel **i mobili, la mobilia**
Putzlappen **lo strofinaccio**
Reparatur **la riparazione**
ruiniert **rovinato**
sauber **pulito**
Schäden **i danni**
Schaukel **l'altalena** *(f)*
Schlüssel **la chiave**
Schlüsselsatz **il mazzo di chiavi**
sicher **sicuro**
Sicherheit **la sicurezza**
Wasserversorgung **il rifornimento idrico**
Wohnwagen **la roulotte**
Zähler **il contatore**

Das Apartment ist in der Nähe aller Sehenswürdigkeiten, die nächsten Geschäfte sind nur ein paar Kilometer entfernt und das Schwimmbad ist nicht weit.	**L'appartamento è vicino a tutte le amenità, solo a pochi chilometri dai negozi più vicini e comodo per la piscina.**
Es sind keine Decken da, der Herd funktioniert nicht und im Bad sitzt ein Frosch.	**Non ci sono coperte, il fornello non funziona e c'è una rana nella stanza da bagno.**
Sie werden den Stromzähler unter der Treppe finden.	**Troverà il contatore dell'elettricità sotto le scale.**
Wie verschließt man die Tür?	**Come si chiude la porta a chiave?**
Wie schön! Was für eine wundervolle Aussicht!	**Com'è gradevole! Che bella vista!**
Gibt es Ersatzglühbirnen?	**Ci sono lampadine di riserva?**

➤ EINRICHTUNG 8c; KÜCHENGERÄTE Anh. 10d

21 Sprache

21a Allgemeines

Ableitung **la derivazione**
Abstammung **l'origine** (*f*)
ausführlich **diffusamente**
Begabung **l'attitudine** (*f*), **l'abilità** (*f*)
bekannt **conosciuto**
beruhend auf **basato su**
bewahrt **preservato**
Darlehen **il prestito**
einfach **facile**
Einfluss **l'influenza** (*f*)
einheimisch **nativo**
einsprachig **monolingue**
Entwicklung **lo sviluppo**
es bedeutet **significa [-are]**
es leitet sich aus ... ab **deriva [-are] da ...**
es überlebt **sopravvive [-ere]**
Fähigkeit **l'abilità** (*f*), **la competenza**
Fehler **lo sbaglio**
fortgeschritten **avanzato, superiore**
Frage **la domanda**
Fremdsprache **la lingua straniera**
getrennt **separato**
Grammatik **la grammatica**
grammatikalisch **grammaticale**
ich adaptiere **adatto [-are]**
ich adoptiere **adotto [-are]**
ich lerne **apprendo [-ere], imparo [-are]**
ich mache eine Prüfung **faccio [fare] una prova**
ich mime **mimo [-are]**
ich übe **pratico [-are]**
ich übersetze **traduco [tradurre]**
ich unterrichte **insegno [-are]**
ich verbessere mich **miglioro [-are]**
ich vergesse **dimentico [-are]**
ich verstehe **capisco [-ire]**
Irrtum **l'errore** (*m*)
klassische Sprachen **le lingue morte / classiche**
Kodex **il codice**
künstliche Sprache **il linguaggio artificiale**
Latein **il latino**
lebend **vivente**
Lehrer(in) **l'insegnante** (*m / f*)
Lernen **l'apprendimento** (*m*)
Linguistik **la linguistica**
moderne Sprachen **le lingue moderne**

Ich bin nicht sehr gut in Sprachen, aber meine Schwester ist ein Sprachtalent.	**Io non sono molto dotato per le lingue ma mia sorella è una poliglotta di talento.**
Von Minderheiten gesprochene Sprachen könnten untergehen, aber dank der mündlichen Überlieferung sind etliche erhalten geblieben.	**Le lingue minori possono scomparire ma grazie alla tradizione orale, alcune sono state conservate.**

 ➤ SPRACHGEBRAUCH 21b; GRAMMATIK Anh. 21b

Muttersprache **la lingua madre**
Name **il nome**
Nation **la nazione**
national **nazionale**
natürlich **naturale**
offiziell **ufficiale**
Philologie **la filologia**
Phonetik **la fonetica**
Phonetiker(in) **il / la fonetista**
Prüfung **la prova**
Register **il registro**
schwierig **difficile**
Selbstbeurteilung **l'autovalutazione** *(f)*
sorgfältig **accurato, preciso**
Sorgfalt **l'accuratezza** *(f)*
Sprache **la lingua**
Sprachfamilie **la famiglia delle lingue**
Sprachkenntnisse **le competenze linguistiche**
Sprachkurs **il corso di lingua**
Sprachschule **la scuola di lingue**
Struktur **la struttura**
Stufe **il livello**
Überleben **la sopravvivenza**
Übersetzung **la traduzione**
unbekannt **sconosciuto**
Unterricht **l'insegnamento** *(m)*
Veränderung **la mutazione**
Verbindung **il legame, il collegamento**
von Minderheiten gesprochene Sprachen **le lingue minori**
Zeichen **il segno**
Zweig **la branca, il ramo**
zweisprachig **bilingue**
Zweisprachigkeit **il bilinguismo**

Wörter & Wortschatz

Antonym **il contrario, l'opposto** *(m)*
Diphthong **il dittongo**
Glossar **il glossario**
Idiom, Redewendung **l'idioma** *(m)*
idiomatisch **idiomatico**
Jargon **il linguaggio, il gergo**
Konsonant **la consonante**
Lexikograf **il lessicografo**
Lexikon **il lessico**
Phonem **il fonema**
Satz **la proposizione, la frase**
Silbe **la sillaba**
Slang **il gergo**
Sprachführer **il frasario**
Synonym **il sinonimo**
Thesaurus **il tesoro**
umgangssprachlich **colloquiale**
Vokabular **il vocabolario**
Vokal **la vocale**
Wörterbuch **il dizionario**
Wort **la parola**
Wortspiel **il gioco di parole**

Sie hat Französisch und Italienisch in der Schule gelernt, Bulgarisch während ihrer vielen Reisen, und Urdu, als sie als Volontärin gearbeitet hat.	**Ha imparato il francese e l'italiano a scuola, poi, durante i suoi numerosi viaggi, ha appreso il bulgaro, e l'urdu mentre lavorava come volontaria.**

➤ SPRACHFAMILIEN Anh. 21a

21b Sprachgebrauch

Sprechen & Zuhören

Akzent **l'accento** (*m*)
regionaler Akzent **l'accento** (*m*) **regionale**
Aussprache **la pronuncia**
Betonung **l'enfasi** (*f*)
deutlich **chiaro, distinto**
Dialekt **il dialetto**
Diktion **la dizione**
Dolmetscher **l'interprete** (*m / f*)
fließend **corrente**
Geschwindigkeit **la velocità**
gesprochen **parlato**
gesprochene Sprache **la lingua parlata**
gut **bene**
Hörfähigkeit **l'abilità** (*f*) **di ascolto**
ich dolmetsche **interpreto [-are]**
ich drücke mich aus **mi esprimo [-ere]**
ich gebe von mir **emetto [-ere] un suono**
ich habe eine schlechte Aussprache **pronuncio [-are] male**
ich höre zu **ascolto [-are]**
ich kommuniziere **comunico [-are]**
ich lisple **sono [essere] bleso**
ich spreche **parlo [-are]**
ich spreche aus **pronuncio [-are]**
ich spreche deutlich **pronuncio [-are] distintamente**
ich stottere **balbetto [-are]**
ich unterhalte mich **converso [-are]**
Intonation **l'intonazione** (*f*)
klar **chiaro**
Lispeln **la pronuncia blesa**
mündlich **orale**
Rede **il discorso**
Rhythmus **il ritmo**
schlechte Aussprache **la cattiva pronuncia**
Sorgfalt **l'accuratezza** (*f*)
Sprachkenntnisse **l'abilità** (*f*) **del parlare, la competenza orale**
sprechen **parlare**
Stottern **la balbuzie**
Ton **il suono**
unaussprechlich **impronunciabile**
Unterhaltung **la conversazione**
verbal **verbalmente**
Zuhören **l'ascolto** (*m*)

— Ich habe keine Probleme, Italienisch zu lesen, aber ich verstehe nichts, wenn die Leute sehr schnell oder mit starkem regionalen Akzent sprechen. — Übst du Italienisch mit jemandem, dessen Muttersprache es ist? — Nein, ich gehe lieber in einen Kurs.	**— Non ho difficoltà a leggere l'italiano, ma non lo capisco quando la gente parla molto velocemente o con un forte accento regionale. — Fai pratica di italiano con una persona di madrelingua? — No, preferisco frequentare un corso.**
Mach dir jetzt erst einmal keine Sorgen um Rechtschreibungsfehler.	**Non preoccuparti degli sbagli di ortografia per il momento.**
Welche Sprache hat ein Runenalphabet?	**Quale lingua ha l'alfabeto runico?**

 ➤ KOMMUNIKATION MIT ANDEREN MENSCHEN 15; SPRACHFAMILIEN Anh. 21a

Lesen & Schreiben

Absatz **il paragrafo**
Alphabet **l'alfabeto** (*m*)
alphabetisch **in ordine alfabetico**
Analphabet **analfabeta** (*m/f*)
Braille **braille** (*m*)
Buchstabe **la lettera**
des Lesens und Schreibens kundig **che sa leggere e scrivere**
fettgedruckt **in neretto**
Gekritzel **lo sgorbio**
geschriebene Sprache **la lingua scritta**
graphisch **grafico**
Handschrift **la scrittura**
ich drucke **stampo [-are]**
ich drucke in Kursivschrift **stampo [-are] in corsivo**
ich entziffere **decifro [-are]**
ich korrespondiere mit **corrispondo [-ere] con**
ich kritzele **scribacchio [-are]**
ich lese **leggo [-ere]**
ich schreibe **scrivo**
ich transkribiere **trascrivo [-ere]**
ich unterschreibe **firmo [-are]**
ich unterstreiche **sottolineo [-are]**
Ideogramm **l'ideogramma** (*m*)
Kalligraphie **la calligrafia**
Kodex **il codice**
Korrespondenz **la corrispondenza**
kursiv **corsivo, italico**
Lesekenntnisse **le abilità di lettura**
Lesen **la lettura**
Literatur **la letteratura**
Note (Rand-/Fuß-) **una nota**
Orthographie **la scomposizione in lettere, l'ortografia** (*f*)
Philologe **il filologo, la filologa**
Philologie **la filologia**
Piktogramm **il pittogramma**
Schreibkenntnisse **le abilità di scrittura**
Schrift **la scrittura**
Schriftzeichen **il carattere**
Text **il testo**
Transkription **la trascrizione**
unleserliche Schrift **la scrittura illeggibile**
Unterschrift **la firma**
visuelles Symbol **il simbolo visivo**
Zeichen **il segno**

Hier wird Portugiesisch gesprochen.	**Si parla portoghese.**
Hast du Vorkenntnisse im Russischen?	**Ha qualche nozione di russo?**
Wie spricht man das aus?	**Come si pronuncia?**
—Welches ist die am einfachsten zu lernende Sprache für jemanden, dessen Muttersprache Englisch ist? —Italienisch natürlich!	**—Qual è la lingua più facile da imparare per una persona di lingua inglese? —L'italiano, naturalmente!**
Sie hat immer noch einen deutlichen ausländischen Akzent. Ich finde es interessant, sogar anziehend.	**Ha ancora un marcato accento straniero. Lo trovo molto interessante, anzi attraente.**

➤ SPRACHEN Anh. 21a; GRAMMATIK Anh. 21b; POST 15c

22 Erziehung & Ausbildung

22a Allgemeines

abwesend **assente**
Altersgruppe **il gruppo d'età**
Antwort **la risposta**
Arbeitserfahrung **l'esperienza** (*f*) **di lavoro, il tirocinio**
Aufgabe **l'incarico** (*m*), **l'impegno** (*m*), **il dovere**
Aufsatz **il tema, la relazione**
Ausbildung **l'istruzione** (*f*)
ausgezeichnet **eccellente**
außerschulische Aktivitäten **le attività** (*Pl*) **extra scolastiche**
Begabung **l'attitudine** (*f*)
Beispiel **l'esempio** (*m*)
Bericht **la relazione, il resoconto**
Berufsberatung **il centro d'orientamento professionale**
Bestrafung **la punizione, il castigo**
Bildungssystem **il sistema scolastico**
Computer **il computer, l'ordinatore** (*m*)
draußen **esterno, all'aperto, fuori**
einfach **facile**
Einheit (Arbeits-) **l'unità** (*f*) **(di lavoro)**
Einstufung nach Fähigkeiten **divisi in gruppi per abilità**
Elternabend **la serata per i genitori**
Erfolg **il successo, il conseguimento**
Fachlehrer(in) **l'insegnante** (*m / f*) **specializzato / a**
Ferien **le vacanze**
Forschung **la ricerca**
Forschungszentrum **il centro risorse**
Frage **la domanda**
Haupt- **principale**
Hausaufgaben **i compiti**
Hausmeister **il bidello**
ich analysiere **analizzo [-are]**
ich antworte (jemandem) **replico [-are]**
ich arbeite **lavoro [-are]**
ich arbeite hart an ... **lavoro [-are] molto / sodo ...**
ich beantworte (*eine Frage*) **rispondo [-ere] a**
ich (be)frage **interrogo [-are], faccio [fare] delle domande**
ich bestrafe **punisco [-ire]**
ich besuche die Schule **frequento [-are] la scuola**
ich bilde aus **istruisco [-ire] addestro, preparo [-are]**
ich bleibe zu Hause **rimango [rimanere] in / a**
ich büffele **sgobbo [-are]**
ich diskutiere **discuto [-ere]**
ich ermutige **incoraggio [-are]**
ich fasse zusammen **riassumo [-ere]**
ich fehle **sono [essere] assente**
ich forsche **faccio [fare] ricerca, svolgo [-ere] una ricerca**
ich habe nicht richtig verstanden **non ho [avere] capito bene, ho capito male**
ich hole nach **riguadagno [-are] il tempo perduto**
ich höre zu **ascolto [-are]**
ich interpunktiere **punteggio [-are]**
ich lehre **insegno [-are]**
ich lerne **imparo [-are], studio [-are]**
ich lese **leggo [-ere]**
ich lobe **lodo [-are]**
ich qualifiziere mich **mi qualifico [-are]**

 ➤ SCHULE 22b; FÄCHER & PRÜFUNGEN 22c

ich schaue an **guardo [-are]**
ich schreibe **scrivo [-ere]**
ich schreibe ab **riscrivo [-ere], copio [-are]**
ich schwänze **marino [-are] la scuola**
ich stelle eine Frage **faccio [fare] una domanda**
ich frage (jemanden) **chiedo [-ere] a qualcuno**
ich studiere **studio [-are]**
ich übersetze **traduco [-durre]**
ich vergesse **(mi) dimentico [-are]**
ich verlasse **lascio [-are]**
ich verstehe **capisco [-ire], intendo [-ere]**
ich wiederhole ein Jahr **ripeto [-ere] / rifaccio [-fare] l'anno**
Kapitel **il capitolo**
Karriere **la carriera**
Klasse **la classe, la lezione**
Klassenfahrt **la gita scolastica**
Klassenlehrer(in) **il professore, l'insegnante** (*m / f*)
Klassenrat **il consiglio di classe**
Klassensprecher **il / la rappresentante di classe**
Klub **il club, l'associazione** (*f*)
Kompetenz **l'abilità** (*f*), **la competenza**
Konzept **il concetto**
Kopie **la copia**
Kurs **il corso**
langweilig **noioso**
Lehrer(in) **l'insegnante** (*m / f*), **il maestro, la maestra, il professore, la professoressa**
Lehrkörper **il personale docente**
Lehrplan **il piano di studio**
Lektion **la lezione**
Lerneinheit/Lernmodul **il modulo**
Lesen/Lektüre **la lettura**
Lieblings- **preferito, favorito**
Lieblingsthema **la materia preferita**
Modul- **modulare**
mündlich **orale, a voce**
nachsitzen lassen **trattenere a scuola fuori orario**
ich sitze nach **mi trattengono [-tenere] a scuola**
Orthographie **l'ortografia** (*f*)
Pfuschen **scopiazzo [-are], imbroglio [-are]**
Projekt **il progetto, lo schema**
pünktlich **puntuale**
Qualifikation **la qualifica, il requisito**
Rechtschreibung **l'ortografia** (*f*)
Schrift **la scrittura**
schriftliche Arbeit **il lavoro scritto**
Schulamt **il provveditorato**
Schulbuch **il libro di testo**
Schüler **l'alunno** (*m*), **l'allievo** (*m*)
Schulfreund **un compagno di scuola**
Schulgruppe **il gruppo scolastico**
Schulkommittee **il comitato scolastico**
Schulleiter(in) **il / la preside**
Schulpflicht **la scuola d'obbligo**
Schulrat **il consiglio scolastico**
schwierig **difficile**
Seelsorge **la cura pastorale**
Semester **il semestre**
stellvertretender Schuldirektor **il vice preside**
streng **severo, preciso**
Studienzentrum **il centro (di) studi**
Summe **la somma, l'addizione** (*f*)
Trimester **il trimestre**
Tutor **il tutore, il / la docente**
Übersetzung **la traduzione**
Unterricht **l'insegnamento** (*m*)
Verständnis **la comprensione**
Zeichensetzung **la punteggiatura**
Zulassung **l'ammissione** (*f*), **l'accesso** (*m*)

➤ FORTBILDUNG & UNIVERSITÄTSSTUDIUM 22d

22b Schule

Schule

Aula **l'aula** (*f*)
Bibliothek **la biblioteca**
Buch **il libro**
Büro **l'ufficio** (*m*)
Computer **il computer**
Dia **la diapositiva**
interaktives Fernsehen **la televisione interattiva**
Kassette **la cassetta**
Kassettenrekorder **il mangiacassette**
Kopfhörer **le cuffie**
Lehrerzimmer **la sala professori**
Lernen **lo studio**
Lineal **la riga**
Mittagspause **l'ora** (*f*) **di pranzo**
Note **la nota**
Pause **la pausa, l'intervallo** (*m*)
Radiergummi **la gomma**
Satellitenfernsehen **la tv satellite**
Schulbank **il banco**
Schulhof **il cortile**
Schultasche **la cartella**
Sportplatz **il campo sportivo**
Sprachlabor **il laboratorio (linguistico)**
Stundenplan **l'orario** (*m*)
Tafel **la lavagna**
Turnhalle **la palestra**
Videokamera **la videocamera**
Videokassette **la videocassetta**
Videorekorder **il videoregistratore**
Werkstatt **il laboratorio, l'officina** (*f*)

Schularten

Abendschule **la scuola serale**
Abschlussklasse (Gymnasium) **l'ultimo anno** (*m*) **del liceo**
Grundschule **la scuola elementare**
Gymnasium **il liceo**
Hauptschule **la scuola media unica**
im Schulalter **in età scolastica**
Internat **il collegio**
Internatsschüler(in) **il/la pensionante**
Kindergarten **l'asilo** (*m*) **infantile, la scuola materna**
Privatschule **la scuola privata**
Schulart **il tipo di scuola**
Schule **la scuola**
Spielgruppe **il nido d'infanzia**
Tagesschule **la scuola diurna**
Technische Hochschule **l'istituto** (*m*) **tecnico**
weiterführend **secondaria**

—Von welchem Alter an gehen die Kinder in die Schule?
—Das Pflichtschulalter ist sechs.

—A che età i bambini cominciano la scuola?
—La scuola d'obbligo comincia a sei anni.

Unser Sohn geht schon in den Kindergarten und freut sich sehr, ins erste Schuljahr zu kommen.

Nostro figlio frequenta l'asilo d'infanzia e non vede l'ora di cominciare la prima elementare.

Meine Tochter geht in die Grundschule. Sie liest der Lehrerin jeden Tag vor und kann jetzt schon ziemlich gut lesen.

Mia figlia frequenta la prima elementare. Legge all'insegnante ogni giorno e ora legge benino.

➤ ALLGEMEINES 22a; FÄCHER 22c

Anordnungen im Klassenzimmer

Arbeitet in Gruppen! **Lavorate in gruppi!**
Arbeitet zu zweit! **Lavorate in due!**
Beantwortet die Frage! **Rispondete alla domanda!**
Beeilt euch! **Sbrigatevi!**
Bringt mir eure Arbeit! **Portatemi il vostro lavoro!**
Geh hinaus! **Esci dalla classe!**
Hört gut zu! **Ascoltate bene!**
Komm(t) her! **Vieni / Venite qui!**
Komm(t) herein! **Entra / Entrate!**
Kreuzt die Kästchen an! **Segnate le caselle!**
Lest diesen Text! **Leggete il testo!**
Macht die Hausaufgaben! **Fate i compiti!**
Macht nicht soviel Lärm! **Fate meno rumore!**
Macht Notizen! **Prendete appunti!**
Öffnet das Fenster! **Aprite la finestra!**
Passt auf! **Prestate attenzione!**
Putz die Tafel! **Pulisci la lavagna!**
Ruhe! **Silenzio!**
Schließt die Tür! **Chiudete la porta!**
Schreib auf! **Scrivilo!**
Schreib ins Reine! **Scrivilo in bella!**
Schreibt diese Sätze ab! **Copiate queste frasi!**
Schreibt einen Aufsatz! **Scrivete un tema!**
Schwatzt nicht! **Non parlate / chiacchierate!**
Seid aufmerksam! **State attenti!**
Setz(t) dich/euch! **Sieditil / Sedetevi!**
Setzt die Kopfhörer auf! **Mettete le cuffie!**
Steh(t) auf! **Alzati! / Alzatevi!**
Zeig mir dein Heft! **Fammi vedere il tuo quaderno!**

Das italienische Schulsystem

il nido d'infanzia Kinderspielgruppe (bis zum Alter von 3 Jahren)
l'asilo Kindergarten (Alter 3 – 6)
la scuola dell obbligo Pflichtschulalter (6 – 14)
la scuola elementare Grundschule (Alter 6 – 11)
la scuola media inferiore Höhere Schule / Unterstufe (Alter 11 – 14)
la scuola media superiore Oberstufe (Alter 14 – 19)
la prima elementare erstes Grundschuljahr
la seconda elementare zweites Grundschuljahr
la terza elementare drittes Grundschuljahr
la quarta elementare viertes Grundschuljahr
la quinta elementare fünftes Grundschuljahr
la prima media 6. Schuljahr (Hauptschule)
la seconda media 7. Schuljahr
la terza media 8. Schuljahr
la prima superiore 9. Schuljahr
la seconda superiore 10. Schuljahr
la terza superiore 11. Schuljahr
la quarta superiore 12. Schuljahr
la quinta superiore 13. Schuljahr

➤ PRÜFUNGEN 22c; SCHREIBMATERIAL Anh. 22b

22c Fächer & Prüfungen

Fächer

Arithmetik **l'aritmetica** (*f*)
Berufsberatung **l'orientamento** (*m*) **professionale**
Betriebswirtschaftslehre **gli studi commerciali, lo studio di economia aziendale**
Biologie **la biologia**
Chemie **la chimica**
Designtechnik **il disegno tecnologico**
Fach **la materia**
Fremdsprache **la lingua straniera**
Geographie **la geografia**
Geschichte **la storia**
Gymnastik **la ginnastica**
Handelskunde **il commercio**
Hauptfach **la materia principale**
Hauswirtschaftslehre **l'economia** (*f*) **domestica**
Informatik / Informationstechnologie **l'informatica** (*f*)
Italienisch **l'italiano** (*m*)
Jura **il diritto**
Kunst **l'arte figurativa** (*f*), **le belle arti** (*Pl*)
Mathematik **la matematica**
Musik **la musica**
Naturwissenschaften **le scienze**
Nebenfach **la materia sussidiaria**
Pflichtfach **la materia obbligatoria**
Philosophie **la filosofia**
Physik **la fisica**
Religion **la religione**
Sexualkunde **l'educazione** (*f*) **sessuale**
Soziologie **la sociologia**
Sport **lo sport, la ginnastica, l'educazione** (*f*) **fisica**
technisches Zeichnen **il disegno tecnico**
Technologie **la tecnologia**
Textilkunde **il lavoro tessile**
Wahlfach **la materia facoltativa**
Werkunterricht (Holz) **il lavoro in legno**
Metall **il lavoro in metallo**
Wirtschaftskunde **l'economia** (*f*)

Prüfungen

Abitur **il diploma di maturità**
Abschlussexamen **l'esame** (*m*) **finale**

—Welche Schule besuchst du?	**—Quale scuola frequenti?**
—Ich gehe in die höhere Schule in meinem Stadtteil. Es gefällt mir gut. Es gibt eine Menge Arbeitsgemeinschaften und sportliche Aktivitäten.	**—Frequento la scuola media del mio quartiere. Mi diverto abbastanza. Ci sono molti club e attività sportive.**
—Was ist dein Lieblingsfach?	**—Quale materia preferisci?**
—Ich mag Mathematik, aber Physik ist mir lieber.	**—Mi piace (la) matematica, ma preferisco (la) fisica.**
Das schwierigste Fach für mich ist Chemie.	**La materia più dura per me è (la) chimica.**
In Italienisch bin ich gut seit ich einen Schüleraustausch mitgemacht habe.	**Sono forte in italiano da quando ho fatto lo scambio.**

 ➤ FAKULTÄTEN & STUDIENRICHTUNGEN 22d; SPRACHEN Anh. 21a

Bewertung **la valutazione, il voto**
Diplom **il diploma, la laurea**
Dissertation **la tesi di dottorato**
Doktorat **il dottorato**
Doktortitel **il dottorato**
Examen **l'esame** (*m*)
extern **esterno**
Hochschulabschluss **la laurea**
Hörverständnis **la prova d'ascolto**
ich bestehe (eine Prüfung) **passo [-are] / supero [-are] (un esame)**
ich bestehe nicht **non supero [-are]**
ich bewerte **valuto [-are]**
ich gebe eine Note **do [dare] il voto**
ich promoviere **vinco [-ere] un dottorato**
ich prüfe **esamino [-are]**
Lehrling **l'apprendista** (*m / f*)
Magistertitel **la laurea in magistero**
mit Auszeichnung **con lode**
Mittlere Reife **il certificato di licenza media**
mündliche Prüfung **l'esame** (*m*) **orale**
Note **il voto**
Notensystem **il sistema di votazione**
Prüfung **l'esame** (*m*), **la prova**
Prüfung zum Textverständnis **la prova di comprensione di testo**
Punkt **il punto, il punteggio**
schriftliche Prüfung **l'esame** (*m*) **scritto**
Verdienst **il merito, la lode**
weiterführendes Studium **un corso post-laurea**
Zertifikat **il certificato**
Zeugnis **la scheda di valutazione, la pagella**

Noten

ausgezeichnet **ottimo**
sehr gut **molto buono**
gut **buono**
befriedigend **discreto**
ausreichend **sufficiente**
mangelhaft **insufficiente**
ungenügend **scarso, male**

Im italienischen Schulsystem gibt es verschiedene Arten der Benotung. In der **scuola elementare** (Grundschule) und in der **scuola media inferiore** (Höhere Schule / Unterstufe) wird mit Bemerkungen bewertet. Auf dem **liceo** (Gymnasium) benotet man von eins (*niedrigste Note*) bis zehn (*höchste Note*). Im Universitätsstudium werden Noten von achtzehn (*niedrigste Note*) bis dreißig (*höchste Note*) gegeben.

—Hier sind eure Noten! Peter, du hast die Beste. Gut gemacht! Simon, du musst deine Rechtschreibung verbessern und ordentlicher schreiben.
—Zählen diese Noten für unsere endgültige Note?

—Ecco i vostri voti! Pietro, tu hai il massimo. Bravo! Simone, tu dovrai migliorare l'ortografia e scrivere in modo più leggibile.
—Questi voti valgono verso il voto finale?

➤ SCHULE 22b

22d Fortbildung & Studium

Aufnahmebedingungen (Universität) **le qualifiche richieste per ammissione all'università**
Dekan **il decano**
Diplom **il diploma, la laurea**
Dozent **il professore, il lettore, il docente**
Erwachsenen- **adulto**
Erwachsenenbildung **l'istruzione** (*f*) **per adulti**
Fakultät **la facoltà**
Forschung **la ricerca**
Gymnasium **il liceo**
ich schule um **faccio [fare] un corso d'aggiornamento**
Lehre **l'apprendistato** (*m*)
Lehrling **l'apprendista** (*m / f*)
Lehrplan **il piano di studi**
Pädagogische Hochschule **l'istituto** (*m*) **magistrale**
Postgraduierte(r) **il diplomato post laurea**
Praktikum **lo stage**
praktisch **pratico, concreto**
Professor **il professore, il lettore, il docente**
Rektor **il rettore, il preside**
Seminar **il seminario**
Stipendium **la borsa di studio**
Student(in) **lo studente, la studentessa**
Studenten- **studentesco**
Studentenrat **il consiglio studentesco**
Studentenverband **l'unione** (*f*) **studentesca**

il liceo classico (la maturità classica)*	humanistisches/altsprachliches Gymnasium
il liceo scientifico (la maturità scientifica)	naturwissenschaftliches Gymnasium
il liceo artistico (la maturità artistica)	künstlerisch orientiertes Gymnasium
il liceo linguistico (diploma in lingue straniere, la maturità linguistica)	sprachwissenschaftliches Gymnasium
la scuola magistrale (diploma di abilitazione magistrale / all'inseguamento)	Pädagogische Fachhochschule
l'istituto magistrale (diploma di maturità magistrale)	Pädagogische Hochschule
l'istituto tecnico (diploma di maturità tecnica)	Technische Hochschule
l'istituto professionale (diploma di qualifica professionale)	Fachhochschule

* Spezielle Staatsexamen werden am Ende des jeweiligen Studiengangs abgelegt.

➤ ALLGEMEINES 22a; FÄCHER & PRÜFUNGEN 22c

Studentenwohnheim **la casa dello studente**
Technische Hochschule **l'istituto** (*m*) **tecnico o professionale**
Teilzeitstudium **lo studio a tempo parziale**
Umschulung **l'aggiornamento**
Universität **l'università** (*f*)
Vorlesung **la lezione, la conferenza**

Fakultäten und Studienrichtungen

Architektur **architettura**
Bauwesen **edilizia**
Betriebswirtschaft **gestione / economia aziendale**
Elektronik **elettronica**
Elektrotechnik **ingegneria elettronica**
Gastronomie **servizi di ristorazione**
Handel **commercio**
Hoch- und Tiefbau **ingegneria civile**
Hotel- und Gaststättenwesen **gestione alberghiera**
Ingenieurwesen **ingegneria**
Jura **legge, giurisprudenza**
Kunstgeschichte **storia dell'arte**
Linguistik **linguistica**
Literatur **letteratura, lettere**
Maschinenbau **ingegneria meccanica**
Medizin **medicina**
Nuklearwissenschaften **scienze nucleari**
Pädagogik **pedagogia**
Pharmazie **farmacia**
Philosophie **filosofia**
Psychologie **psicologia**
Sekretärinnenausbildung **(studi di) segreteria**
Soziologie **sociologia**
Sprachen **lingue straniere**
Theologie **teologia**
Touristik **turismo**
Umweltwissenschaft **scienza dell'ambiente**
Wirtschaft **economia**

—Das Ziel ist, die Zahl der Studienplätze zu erhöhen und ein breiteres Programm anzubieten.

—L'intenzione è di aumentare il numero di posti alle università e di offrire una programmazione più ampia.

—Das ist sicherlich alles sehr interessant, aber welche Konsequenzen hat das für den Lehrkörper und die Finanzen?

—Tutto ciò è certamente interessante, ma quali sono le consequenze per quanto riguarda il personale docente e le risorse?

Das Studium dauert vier Jahre (zwölf Trimester / acht Semester). Finanzielle Unterstützung ist sehr wichtig, aber nur wenige Studenten bekommen vom Staat ein Stipendium.

La durata dei corsi è di quattro anni (dodici trimestri). Il sostegno finanziario è della più grande importanza, ma solo pochi studenti godono di borse di studio dello Stato.

➤ FÄCHER 22c; SPRACHEN Anh. 21a; WISSENSCHAFTLICHE METHODEN 23a

23 Wissenschaft: Die Welt im Wandel

23a Wissenschaftliche Methoden, Biologie & Medizin

Wissenschaftliche Zweige

angewandte Wissenschaften **le scienze applicate**
Anthropologie **l'antropologia** (*f*)
Astronomie **l'astronomia** (*f*)
Astrophysik **l'astrofisica** (*f*)
Biochemie **la biochimica**
Biologie **la biologia**
Botanik **la botanica**
Chemie **la chimica**
Geologie **la geologia**
Medizin **la medicina**
Mikrobiologie **la microbiologia**
Physik **la fisica**
Physiologie **la fisiologia**
Psychologie **la psicologia**
Sozialwissenschaften **le scienze sociali**
Technologie **la technologia**
Zoologie **la zoologia**

Wissenschaftliche Methoden

Analyse **l'analisi** (*f*)
authentisch **autentico**
Entdeckung **la scoperta**
Erfindung **l'invenzione** (*f*)
Experiment **l'esperimento** (*m*)
Forschung **la ricerca**
Glaskolben **il matraccio**
Hypothese **le ipotesi** (*Pl*)
ich analysiere **analizzo [-are]**
ich beobachte **osservo [-are]**
ich entdecke **scopro [-ire]**
ich erfinde **invento [-are]**
ich experimentiere **sperimento [-are], faccio [fare] un esperimento**
ich forsche **faccio [fare] / svolgo [-ere] una ricerca**
ich führe eine Analyse durch **faccio [fare] un analisi**
ich identifiziere **identifico [-are]**
ich klassifiziere **classifico [-are]**
ich löse (ein Problem) **risolvo [-ere]**
ich messe **misuro [-are]**
ich prüfe **analizzo [-are], controllo [-are]**
ich prüfe nach **controllo [-are], verifico [-are]**
ich stelle in Frage **metto [-ere] in discussione**
ich übertrage **trasferisco [-ire]**
ich untersuche **esamino [-are], studio [-are], analizzo [-are]**
Klassifizierung **la classificazione**
Kontrolle **il controllo**
Labor **il laboratorio**
Material **il materiale**
Messung **la misura**
Mikroskop (Elektronen-) **il microscopio (elettronico)**
Pipette **la pipetta**
Prozess **il processo**
Reagenzglas **la provetta**
Resultat **il risultato**
Theorie **la teoria**
wissenschaftlicher Artikel **l'exposé accademico, la relazione**

Die Forscherin nahm eine Probe und untersuchte sie unter dem Mikroskop.

La ricercatrice ha prelevato un campione e lo ha messo sotto il microscopio per esaminarlo.

➤ PHYSIK 23b; ERDE & WELTRAUM 23c; UMWELT 24

Biologie

Atmung **la respirazione**
Ausscheidung **l'escrezione** (*f*)
Bakterien **i batteri**
Bevölkerung **la popolazione**
botanisch **botanico**
Chlorophyll **la clorofilla**
es erbt **eredita [-are]**
es frisst **mangia [-are]**
es mutiert **muta [-are], subisce [subire] una mutazione**
es nimmt ab **declina [-are]**
es scheidet ... aus **espelle [-ere]**
es überlebt **sopravvive [-ere]**
es vermehrt sich **si riproduce [-durre]**
es wächst **cresce [-ere]**
es zirkuliert **circola [-are]**
Fotosynthese **la fotosintesi**
Gen **il gene**
Genetik **la genetica**
genetische Krankheit **la malattia di origine genetica**
ich atme **respiro [-are]**
Kern **il nucleo**
Lebensraum **l'habitat** (*m*)
Membrane **la membrana**
Nahrungskette **la catena alimentare**
organisch **organico**
Organismus **l'organismo** (*m*)
Sensibilität **la sensibilità**
Spezies **la specie**
Überleben **la sopravvivenza**
Ursprung **l'origine** (*f*)
Verfall **il declino**
Virus **il virus**
Wachstum **l'aumento** (*m*)
Zelle **la cellula**
Zerfall **la disintegrazione**

Medizinische Wissenschaft & Forschung

DNA **il DNA**
Embryo **l'embrione** *(m)*
Embryoforschung **la ricerca embrionale**
Empfänger(in) **il / la ricevente**
Erbkrankheit **una malattia ereditaria**
ich erlaube **permetto [-ere], do [dare] il permesso**
ich rechtfertige **giustifico [-are]**
ich riskiere **rischio [-are]**
ich stoße ab (Organ) **rigetto [-are] (un organo)**
IVF (In-vitro-Fertilisation) **la fertilizzazione in provetta**
Mikroorganismus **il microorganismo**
moralische Erwägungen **la considerazione etica / morale**
Organtransplantation **il trapianto di organo**
plastische Chirurgie **la chirurgia plastica**
Retortenbaby **il bambino nato per inseminazione artificiale (in provetta)**
Risiko **il rischio**
Röntgenstrahlen **i raggi (X)**
Schrittmacher **il pace-maker**
Spender **il donatore, la donatrice**
Tierversuche **gli esperimenti sugli animali, la vivisezione**
Transplantation **il trapianto**
Überlebensrate **il tasso di sopravvivenza**

Forschung am Gewebe menschlicher Embryos wird wahrscheinlich immer der Gegenstand von Kontroversen bleiben.	**È probabile che la ricerca sui tessuti dell'embrione umano continuerà a essere oggetto di controversia.**

➤ TIERREICH 24b; LANDWIRTSCHAFT 24c; ÄRZTLICHE BEHANDLUNG 11c

23b Physik & Chemie

Chemie

Alkali **l'alcali** (*m*)
alkalisch **alcalino**
anorganisch **inorganico**
Bunsenbrenner **il becco Bunsen**
chemisch **chimico**
Element **l'elemento** (*m*)
Emulsion **l'emulsione** (*f*)
Erdgas **il gas naturale**
es ist löslich (wasser-) **si dissolve [-ere] (nell'acqua)**
es oxydiert **ossida [-are]**
es reagiert **reagisce [-ire]**
es verdunstet **evapora [-are]**
Feststoff **la sostanza solida**
fest **solido**
Flüssigkeit **il liquido**
flüssig **(di) liquido**
Gas **il gas**
Gleichung **l'equazione** (*f*), **la formula**
ich analysiere **analizzo [-are]**
ich errechne **calcolo [-are]**
Lackmuspapier **la cartina tornasole**
Legierung **la lega**
löslich **solubile**
Lösung **la soluzione**
Luft **l'aria** (*f*)
Materie **la materia**
Metall **il metallo**
nicht löslich **insolubile**
Periodensystem **la tabella periodica**
physikalisch **fisico**
Reaktion **la reazione**
rein **puro**
Salz **il sale**
Säure **l'acido** (*m*)
stabil **stabile**
Substanz **la sostanza**
träge **inerte**
transparent **trasparente**
undurchsichtig **opaco, non trasparente**
Verbindung **il composto**
Zusammensetzung **la composizione**

Physik & Mechanik

Akustik **l'acustica** (*f*)
automatisch **automatico**
Beobachtung **l'osservazione** (*f*)
Beschleunigung **l'accelerazione** (*f*)
Bewegung **il movimento**
Dampf **il vapore**
Dichte **la densità**
Druck **la pressione**
Eigenschaft **la proprietà**
Energie **l'energia** (*f*)
Entfernung **la distanza**
es beschleunigt **accelera [-are]**
es dehnt sich aus **si dilata [-are]**
es funktioniert **funziona [-are]**
es gefriert **(con)gela [-are]**
es vibriert **vibra [-are]**
Faser **la fibra**
Formel **la formula**
Gefrierpunkt **il punto di solidificazione**
Geschwindigkeit **la velocità**
Hebel **la leva**
Hitze **il calore**
ich betätige **opero [-are]**
ich erhitze **riscaldo [-are]**
ich sortiere **classifico [-are]**
in Betrieb **in funzione**
Klang/Ton **il suono**
Konservierung **la conservazione**
Kraft **la forza**
Kugellager **il cuscinetto a sfera**
künstlich **artificiale**
Laser **il laser**
Laserstrahl **il raggio laser**
Licht **la luce**
Lichtstrahl **il raggio di luce**
Magnet **il magnete**
Magnetismus **il magnetismo**
Maschine **la macchina**
Maschinerie **il macchinario**

➤ CHEMISCHE ELEMENTE, VERBINDUNGEN & LEGIERUNGEN Anh. 23b

Masse **la massa**
Mechanik **la meccanica**
mechanisch **meccanico**
Mechanismus **il meccanismo**
Messgerät **il misuratore**
Metallurgie **la metallurgia**
Mikrowellen **le microonde**
Mineral **il minerale**
Modell **il modello**
Optik **l'ottica** *(f)*
proportional **proporzionale**
Rakete **il missile**
Reflexion **il riflesso**
Refraktion **la rifrazione**
Reibung **la frizione**
Relativität **la relatività**
Roboter **il robot, l'automa** *(f)*
Schmieröl **il lubrificante**
Schwerkraft **la gravità**
Siedepunkt **il punto di ebollizione**
Strahl **il raggio**
Stromkreis **il circuito**
Struktur **la struttura**
synthetisch **sintetico**
Temperatur **la temperatura**
Theorie **la teoria**
Turbine **la turbina**
Übertragung **la trasmissione**
Vibration **la vibrazione**
Vorrichtung **il dispositivo**
Wärmeverlust **la perdita calorifica / di calore**
Welle **l'onda** *(f)*
  Langwelle **le onde lunghe**
  Mittelwelle / Kurz- **le onde medie / corte**
Wellenlänge **la lunghezza d'onda**
Widerstand **la resistenza**
widerstandsfähig **resistente**
Zahlenscheibe **il quadrante**
Zahn **il dente, l'ingranaggio** *(m)*

Zeit **il tempo**

Elektrizität

Batterie *(z.B. Auto)* **la batteria**
  (Taschenlampe) **la pila**
Dynamo **la dinamo**
elektrisch **elettrico**
Elektrizität **l'elettricità** *(f)*
Elektrode **l'elettrodo** *(m)*
Elektron **l'elettrone** *(m)*
Elektronik **l'elettronica** *(f)*
elektronisch **elettronico**
Generator **il generatore**
ich lade die Batterie auf **carico [-are] la batteria**
Ladung **la carica**
negativ **negativo**
positiv **positivo**
Strom **la corrente**
Voltzahl **il voltaggio, la tensione**

Kernphysik

Atom **l'atomo** *(m)*
atomar **atomico**
Elektron **l'elettrone** *(m)*
es strahlt **trasmette [-ere]**
Fusion **la fusione**
Kern **il nucleo**
  Kern- **nucleare**
Kernenergie **l'energia** *(f)* **nucleare**
Molekül **la molecola**
molekular **molecolare**
Neutron **il neutrone**
Partikel **la particella, la particola**
Proton **il protone**
Quantentheorie **la teoria dei quanti**
Reaktor **il reattore**
Spaltung **la fissione**
Strahlung **la radiazione**
Verseuchung **l'inquinamento** *(m)*

Eisen reagiert mit Schwefel zu Eisensulfid.	**Il ferro reagisce con lo zolfo per formare il solfuro di ferro.**

➤ MESSEN 4b; DINGE BESCHREIBEN 5c; ENERGIE 23c; MATERIALIEN 5f

23c Erde & Weltraum

Geologie & Mineralien

Bauxit **la bauxite**
Benzin **la benzina**
Bergwerk **la miniera**
Bodenkrume **il terriccio**
Diamant **il diamante**
Edelstein **la gemma**
Erde **il suolo**
Erforschung **l'esplorazione** *(f)*
Erz (Eisen-) **il minerale, il metallifero**
Geologe **il geologo**
Geologie **la geologia**
Graphit **la grafite**
Granit **il granito**
Grube **la cava**
ich grabe aus **scavo [-are]**
Kalk **la calce**
Kalkstein **il calcare**
Kieselerde **la silice**
Kreide **il gesso**
kreidig **gessoso**
Marmor **il marmo**
Mineral **il minerale**
Quarz **il quarzo**
Radiokarbonmethode **la datazione con carbonio**
Rohmaterialien **le materie prime**
Sand **la sabbia**
Sandstein **l'arenaria** *(f)*
Schicht **lo strato**
Schiefer **l'ardesia** *(f)*
Sediment **il sedimento**
Stalagmit **la stalagmite**
Stalaktit **la stalattite**
Ton **l'argilla** *(f)*

Energie & Brennstoffe

Atomenergie **l'energia** *(f)* **atomica**
Brennstoff **il combustibile**
Brennstoffverbrauch **il consumo di combustibili**
Energie **l'energia** *(f)*
Energiebedarf **i bisogni d'energia**
Energieeinsparung **il risparmio energetico**
Energiekonservierung **la conservazione dell'energia**
Energiequelle **una fonte d'energia**
Energieverbrauch **il consumo energetico**
Erdgas **il gas naturale**
es erzeugt **produce [-durre]**
fossiler Brennstoff **il combustibile fossile**
Gas **il gas**
geothermische Energie **l'energia** *(f)* **geotermica**
Gezeitenkraftwerk **la centrale mareomotrice**
ich stoße auf Öl **trovo [-are] il petrolio**
Kernkraftwerk **la centrale nucleare**
Kernreaktor **il reattore nucleare**
Kohle **il carbone**
Konzentration **la concentrazione**
Kühlmittel **il liquido refrigerante**
Öl **il petrolio**
Ölproduktion **la produzione di petrolio**
ölproduzierende Länder **i paesi produttori di petrolio**
Ozonschicht **la fascia d'ozono**
Petroleum **il petrolio**
Solarenergie **l'energia** *(f)* **solare**
Solarzelle **la cellula solare**
Staudamm **la diga idroelettrica**
Treibstoff **il propellente**
Wärmeenergie **l'energia** *(f)* **termica**
Wellenenergie **l'energia** *(f)* **delle onde**
Windenergie **l'energia** *(f)* **eolica**

➤ EDELSTEINE Anh. 9c; VERSCHMUTZUNG 24e; KERNPHYSIK 23b

Weltraum

Asteroid **l'asteroide** *(m)*
Eklipse **l'eclisse** *(f)*
es verfinstert sich **si eclissa [-are]**
galaktisch **galattico**
Galaxie **la galassia**
Gravitationskraft **la forza di gravità**
Himmel **il cielo**
Lichtjahr **l'anno luce** *(m)*
Meteorit **il / la meteorite**
Mond **la luna**
Neumond **la luna nuova**
Vollmond **la luna piena**
Nova **la nova**
Planet **il pianeta**
schwarzes Loch **il buco nero**
Sonne **il sole**
Sonnenfleck **la macchia solare**
Sonnensystem **il sistema solare**
Sonnenwende **il solstizio**
Stern **la stella**
Sternschnuppe **la stella cadente**
Umlaufbahn **l'orbita** *(f)*
Universum **l'universo** *(m)*
Urknalltheorie **la teoria del big bang**

Weltraumforschung & -fahrt

Antenne **l'antenna** *(f)*
Astrologe **l'astrologo** *(m)*
Astronaut **l'astronauta** *(m / f)*
Astronom **l'astronomo** *(m)*
es tritt wieder (in die Erdatmosphäre) ein **rientra [-are]**
ich starte **lancio [-are]**
Landung **l'atterraggio** *(m)*
Wasserlandung **l'ammaraggio** *(m)*
Mond(lande)fähre **il modulo lunare**
Mondlandung **l'allunaggio** *(m)*
Observatorium **l'osservatorio** *(m)*
Planetarium **il planetario**
Rakete **il razzo**
Raketentreibstoff **il combustibile**
Raumanzug **la tuta spaziale**
Raumfahrt **il viaggio spaziale**
Raumlabor **il laboratorio spaziale**
Raumschiff **la nave spaziale**
Raumsonde **la sonda spaziale**
Relativität **la relatività**
Satellit **il satellite**
Satellitenkommunikation **le comunicazioni** *(f)* **via satellite**
Spionagesatellit **il satellite spia**
Wettersatellit **il satellite meteorologico**
Space Shuttle **la navetta spaziale**
Startrampe **la rampa di lancio**
Stratosphäre **la stratosfera**
Teleskop **il telescopio**
Tierkreis **lo zodiaco**
Umlaufbahn **l'orbita** *(f)*
Verwerfung im Raum-Zeit-Kontinuum **la distorsione del tempo**
Weltraum **lo spazio**

Durch das Studium des Lichts von Sternen, die Millionen von Lichtjahren entfernt sind, erhoffen sich die Wissenschaftler Aufschluss über den Ursprung des Universums.	**Gli scienziati sperano di scoprire le origini dell'universo attraverso lo studio della luce ricevuta dalle stelle a molti milioni di anni luce.**
Die Teleskope auf dem Raumschiff wurden erfolgreich repariert.	**I telescopi sulla navicella spaziale sono stati riparati con successo.**

➤ PLANETEN & STERNE Anh. 23c; TIERKREISZEICHEN Anh. 23c

24 Umwelt & Natur

24a Geographie

angenehm **piacevole**
Äquator **l'equatore** (*m*)
Äquatorial- **equatoriale**
Archipel **l'arcipelago** (*m*)
auf dem Land **in campagna**
Ausbruch **l'eruzione** (*f*)
Bach **il ruscello**
Berg **la montagna**
Bergkette **la catena montuosa**
Böschung **la scarpata**
Bucht **la baia**
Buschwald **la macchia, il bosco ceduo**
Canon **il canyon**
Delta **il delta**
Dschungel **la giungla**
Düne **la duna**
er bricht aus **erutta [-are]**
er fließt **corre [-ere], scorre [-ere]**
Erdbeben **il terremoto, il movimento tellurico**
Erdstoß **il tremito, la scossa**
es liegt **si trova [-are]**
Feld **il campo**
Fjord **il fiordo**
flach **piatto**
Fluss **il fiume**
Flussbett **il letto fluviale**
friedlich **tranquillo**
Frühling **la primavera**
Gebiet **la regione**
gefährlich **pericoloso**
Gefälle **la pendenza, l'inclinazione** (*f*)
Geographie **la geografia**
geographisch **geografico**
Geysir **il geyser**
Gipfel **il vertice, la cima, la vetta**
Globus **il globo**
Gradient, Gefälle (z. B. Temp.) **il gradiente**
Grat **la cresta**
Grund **il fondo**
Halbinsel **la penisola**
Hemisphäre **l'emisfero** (*m*)
hoch **alto, elevato**
Holz **il legno**
Hügel **la collina**
Insel **l'isola** (*f*)
Karte **la carta geografica**
Kliff **la scogliera**
Kontinent **il continente**
Küste **la costa, la spiaggia**
Küstengebiet **la linea costiera**
Land **il paese, la terra**
Landschaft **la campagna**
Längengrad **il meridiano**
Meer **il mare**
Meeresboden **il fondo sottomarino**
Meeresufer **la riva del mare**
Mündungstrichter **l'estuario** (*m*)
national **nazionale**
Nationalpark **il parco nazionale**
Natur **la natura**
Ozean **l'oceano** (*m*)
Panorama **il panorama, il paesaggio**
Plateau **l'altopiano** (*m*)
Pol **il polo**
Provinz **la provincia**
Region **la regione**
regional **regionale**
Riff **la scogliera**
Sand **la sabbia**

➤ LÄNDER, OZEANE & MEERE, ETC. Anh. 20a; LAGE 2b

sauber **pulito, limpido**
See **il lago**
Spitze **la cima, la sommità**
Standort **la posizione**
Steppe **la steppa**
Strand **la spiaggia**
Sumpf **la palude**
Tal **la valle**
Territorium **il territorio**
tief **profondo**
Tiefgang **l'immersione** (*f*)
Tropen **i tropici**
Tundra **la tundra**
Ufer (Fluss-) **la riva**
unfreundlich **brutto, poco accogliente**
Vulkan **il vulcano**
Wald **il bosco, la foresta**
Wasser **l'acqua** (*f*)
 Frischwasser **l'acqua dolce**
 Meereswasser **l'acqua di mare**
 Salzwasser **l'acqua salata**
Wasserfall **la cascata**
Wüste **il deserto**
Zenith **lo zenit**
Zone **la zona**

Von Menschenhand Geschaffenes

Anbaugebiet **il terreno coltivato**
Aquädukt **l'acquedotto** *(m)*
Bauernhof **la fattoria**
Bootshafen **il porticciolo**
Brücke **il ponte**
Brunnen **il pozzo**
Damm **l'argine** *(m)*
Deich **la diga**
Dörfchen **il piccolo villaggio**
Dorf **il villaggio, il paese**
Fabrik **la fabbrica**
Hafen **il porto**
Hauptstadt **la capitale**
Industrie **l'industria** *(f)*
Kanal **il canale**
Landstraße **la strada di campagna**
Naturpfad **il sentiero ecologico**
Oase **l'oasi** *(f)*
Reservoir **il bacino idrico**
Stadt **la città**
Straße **la strada**
urbar gemachtes Land **il terreno bonificato**
Weg **la traccia, il percorso, il sentiero**

Während der Sommermonate sind Waldbrände in vielen italienischen Regionen eine echte Gefahr.
Gli incendi nei boschi sono un vero pericolo in molte regioni italiane durante i mesi estivi.

Ungefähr zwei Drittel der italienischen Landschaft sind hügelig oder bergig.
Circa due terzi del territorio italiano è collinoso o montagnoso.

Das Dorf liegt in einem Tal, ungefähr fünf Kilometer nördlich vom nächsten Krankenhaus.
Il villaggio è situato in una valle a circa cinque chilometri a nord dall'ospedale più vicino.

Die Bewohner der kleinen Dörfer am Fuß des Mount Everest zählten vor 1950 zu den ärmsten Menschen der Welt.
Prima del 1950 gli abitanti dei piccoli paesi ai piedi dell'Everest erano fra le comunità più povere del mondo.

➤ TIERREICH 24b; LANDWIRTSCHAFT 24c; WETTER 24d

24b Tierreich

Tiere

Allesfresser **l'onnivoro** (*m*)
Bau **la tana, il covo**
Beute **la preda**
er beißt **morde [-ere]**
er bellt **abbaia [-are]**
er brüllt **ruggisce [-ire]**
er gräbt sich ein **si rintana [-are]**
er piepst **squittisce [-ire]**
er springt **salta [-are]**
er vermehrt sich **si riproduce [-durre]**
es frisst **si nutre [-ire]**
es hält Winterschlaf **va [andare] in letargo**
es heult **ulula [-are], latra [-are]**
es kriecht **striscia [-are]**
Fleischfresser **il carnivoro**
Futter **il mangime**
Goldfisch **il pesce rosso**
Hamster **il criceto**
Hase **la lepre**
Haustier **l'animale domestico**
Höhle **la tana**
Hund **il cane**
Welpe **il cucciolo**
ich füttere **do [dare] da mangiare a**
ich gehe mit ... spazieren **porto [-are] a spasso**
ich habe eine Katze **ho [avere] un gatto**
ich streichele **accarezzo [-are]**
Igel **il riccio**
Käfig **la capanna, la gabbia**
Kaninchen **il coniglio**
Kater **il gatto**
Kätzchen **il gattino**
Katze **la gatta**
Lager **la tana, il covo**
Lebensraum **l'habitat** (*m*)
Maus **il topo**
Meerschweinchen **il porcellino d'India**
Pflanzenfresser **l'erbivoro** (*m*)
Raubtier **il predatore**
Reptil **il rettile**
Rudel **il branco**
Säugetier **il mammifero**
Schildkröte **la tartaruga**
sie miaut **miagola [-are]**
Streu **la lettiera, lo strame**
Tier **l'animale** (*m*)
Tierreich **il regno animale**
Tollwut **la rabbia**
Wellensittich **il pappagallino ondulato**
wildes Tier **l'animale selvatico**
Zoo **lo zoo, il giardino zoologico**

Vögel

er fliegt **vola [-are]**
er nistet **nidifica, si annida [-are]**
er pickt **becca [-are]**
er schwebt **si libra [-are]**
er singt **canta [-are]**
er zieht **migra [-are]**
Nest **il nido**
Schwarm **lo stormo**
Vogel **l'uccello** (*m*)

Meerschweinchen und Hamster sind in Großbritannien weit verbreitete Haustiere.	**I porcellini d'India e i criceti sono animali domestici molto diffusi in Gran Bretagna.**
Die Kampagne gegen den Walfang gewinnt immer mehr Zuspruch.	**La campagna contro la caccia alla balena riscuote consensi sempre maggiori.**

➤ WILDE TIERE Anh. 24b; VÖGEL Anh. 24b; LANDWIRTSCHAFT 24c

Leben im Wasser

Alligator **l'alligatore** (*m*)
Angel **la canna (da pesca)**
Angelhaken **l'amo** (*m*)
Angeln **la pesca (con la lenza)**
Delphin **il delfino**
es schwimmt **nuota [-are]**
Fisch **il pesce**
Fischschwarm **un banco di pesci**
Haifisch **lo squalo**
Harpune **l'arpione** (*m*)
ich fische **vado [andare] a pesca, pesco [-are]**
Koralle **il corallo**
Krabbe **il granchio**
Krokodil **il coccodrillo**
Netz **la rete**
Plankton **il plancton**
See- **marino, di mare**
Seeanemone **l'anemone** (*m*) **(di mare)**
Seehund **la foca**
Seestern **la stella di mare**
Tintenfisch **il polpo**
Wal **la balena**
Walfang **la caccia alla balena**
Wasserschildkröte **la tartaruga marina**
Weichtier **il mollusco**

Insekten

Ameise **la formica**
Biene **l'ape** (*f*)
Bienenkönigin **l'ape regina**
Arbeitsbiene **l'ape operaia**
Bienenstock **l'alveare** (*m*)
es sticht **punge [-ere]**
es summt **ronza [-are]**
es verwandelt sich **si transforma [-are] (in)**
Fliege **la mosca**
Floh **la pulce**
Grille **il grillo**
Heuschrecke **la locusta, la cavalletta**
Insekt **l'insetto** (*m*)
Käfer **lo scarabeo**
Kakerlake **lo scarafaggio**
Kokon **il bozzolo**
Larve **la larva**
Libelle **la libellula**
Marienkäfer **la coccinella**
Moskito **la zanzara**
Motte **la falena, la tarma**
Raupe **il bruco**
Schmetterling **la farfalla**
Schnecke **la lumaca**
Seidenraupe **il baco da seta**
sie spinnt ein Netz **fila [-are] una tela**
Skorpion **lo scorpione**
Spinne **il ragno**
Spinnennetz **la ragnatela**
Termite **la termite**
Wanze **la cimice**
Weinbergschnecke **la chiocciola**
Wespe **la vespa**
wirbelloses Tier **un invertebrato**
Wurm **il verme**
Zecke **la zecca**

Der Panda ist in freier Wildbahn vom Aussterben bedroht, weil der Bambus, von dem er sich ernährt, aus unerklärlichen Gründen alle fünfzig Jahre abstirbt.

Il panda è in pericolo di estinzione nelle regioni selvagge perché il bambù di cui si nutre si esaurisce inspiegabilmente ogni cinquanta anni.

➤ FISCH & MEERESFRÜCHTE 10b; KÖRPERTEILE DER TIERE Anh. 24b

24c Landwirtschaft & Gartenbau

Nutztiere

Bauernhof **la fattoria**
Bulle **il toro**
Ente **l'anatra** (*f*)
er kräht **canta [-are]**
Erzeugnisse **i prodotti**
es frisst **si nutre [-ire]**
es galoppiert **galoppa [-are]**
es grast **pascola [-are]**
es grunzt **grugnisce [-ire]**
es muht **muggisce [-ire]**
es quakt **fa [fare] quà quà**
es trabt **trotta [-are]**
es tritt **dà [dare] dei calci**
es wiehert **nitrisce [-ire]**
Fohlen **il puledro**
Fressen **il pasto**
Futter **il foraggio**
Gans **l'oca** (*f*)
Geflügel **il pollame**
Hahn **il gallo, il galletto**
Hengst **lo stallone**
Hufeisen **il ferro di cavallo**
Huhn **il pollo**
ich melke **mungo [-ere]**
ich reite (ein Pferd) **vado [andare] a cavallo**
ich schere **toso [-are]**
ich schlachte **macello [-are]**
Kuh **la vacca, la mucca**
Milch- **derivato dal latte, latticino**
Ochse **il bue**
Pferd **il cavallo**
Pony **il cavallino**
Schaf **la pecora**
Schäferhund **il cane pastore**
Schwein **il maiale**
Vieh **il bestiame**
Viehfutter **il mangime**
Weide **il pascolo, la pastura**
Zicklein **il capretto**
Ziege **la capra**

Auf dem Bauernhof

Bauer **il contadino**
Bauernhaus **il casale, la fattoria**
Bauernhof **la fattoria, l'azienda** (*f*) **agricola, l'aia** (*f*)
Ernte **la raccolta, la mietitura**
fruchtbares Land **il terreno arabile**
Gehege **il recinto**
Gestüt **la scuderia**
Heu **il fieno**
Heuballen **il mucchio di fieno**
ich bewässere **irrigo [-are]**
ich dünge **fertilizzo [-are]**
ich ernte **mieto [-ere], raccolgo [-ere]**
ich striegele **striglio [-are]**
Landwirt **l'agricoltore** (*m*)
Landwirtschaft **l'agricoltura** (*f*)
landwirtschaftlich **agricolo**
Mähdrescher **la mietitrebbia / la trebbiatrice**
Melkmaschine **la mungitrice (meccanica)**
Milchkanne **il bidone per il latte**
Milchwirtschaft **l'allevamento** (*m*) **di bestiame da latte**
Molkerei **la latteria**
Obstgarten **il frutteto**
Scheune **il capannone**
Schlachthaus **il macello, il mattatoio**
Schweinestall **il porcile**
Silo **il silaggio**
Stall **la stalla**
Traktor **il trattore**
Zaun **il recinto**

Landwirtschaft & Gartenbau

Baum **l'albero** (*m*)
Blatt **la foglia**
Blütenblatt **il petalo**
Blume **il fiore**

➤ GEMÜSE, OBST 10c; KRÄUTER Anh. 10c

Blumenvase **il vaso portafiori**
Busch **il cespuglio, l'arbusto** (*m*)
Dorn **la spina**
Dünger **il concime**
Eichel **la ghianda**
Ernte **il raccolto**
es blüht **fiorisce [-ire]**
es reift **matura [-are]**
es steht in Blüte **è [essere] in boccio, sboccia [-are]**
es wächst **si coltiva [-are], cresce [-ere]**
es welkt **appassisce [-ire]**
Flachs **il lino**
Gärtnerei **il giardinaggio**
Garten **il giardino**
Gartenbau **l'orticoltura** (*f*)
Gattung **la specie, le speci**
Gemüse **gli ortaggi** (*Pl*)
Gemüsegarten **l'orto** (*m*)
Gerste **l'orzo** (*m*)
Gras **l'erba** (*f*)
Hafer **l'avena** (*f*)
Hecke **la siepe**
Hirse **il sorgo**
ich baue an **coltivo [-are]**
ich ernte **raccolgo [cogliere]**
ich gieße **annaffio [-are]**
ich grabe **scavo [-are]**
ich hacke **zappo [-are]**
ich jäte Unkraut **sradico [-are] l'erbaccia** (*f*)
ich mähe **falcio [-are], mieto [-ere]**
ich pflanze **pianto [-are]**
ich pflanze um **trapianto [-are]**
ich pflücke **colgo [cogliere], scelgo [scegliere]**
ich züchte **coltivo [-are]**
Kaktus **il cactus**
Kastanie **la castagna**
Knolle **il bulbo, il tubero**
Knospe **il germoglio, la gemma**
Laub **il fogliame**
Mais **il granturco, il mais**
Pflanze **la pianta**
Pinie **il pino**
Pinienwald **la pineta**
Pollen **il polline**
Rasen **il prato**
reif **maturo**
Roggen **la segala**
Saat **il seme**
Saft (Pflanzen-) **la linfa**
Schnitt **il taglio**
Stengel **lo stelo**
Strauß **il mazzo di fiori**
Tanne **l'abete** (*m*)
Treibhaus **la serra**
Unkraut **l'erbaccia** (*f*)
Unterholz **il sottobosco**
Vegetation **la vegetazione**
verfault **marcio**
Weizen **il grano**
Wildblume **il fiore di campo**
Wurzel **la radice**

In den Entwicklungsländern befindet sich der fruchtbare Boden oft im Besitz reicher Landbesitzer.	**Nei paesi in via di sviluppo la terra arabile è spesso di proprietà di ricchi latifondisti.**

➤ BLUMEN & WILDBLUMEN, BÄUME Anh. 24c; WERKZEUGE Anh. 8b

24d Das Wetter

Altweibersommer **l'estate** (*f*) **di San Martino**
bedeckt **coperto**
bewölkt **nuvoloso**
Blitz **il lampo, il fulmine**
Donner **il tuono**
Dunst **la nebbiolina**
dunstig **nebbioso**
Durchschnittstemperatur **la temperatura media**
Dürre **la siccità**
Eis **il ghiaccio**
Eisnebel **la nebbia gelida**
es donnert **tuona [-are]**
es friert **fa molto freddo, c'è da congelare**
es hagelt **grandina [-are]**
es ist heiß **fa caldo**
es ist kalt **fa freddo**
es ist kühl **fa fresco**
es ist neblig **c'è la nebbia**
es ist schön **fa bel tempo**
es ist windig **tira il vento, c'è vento**
es nieselt **pioviggina [-are]**
es regnet **piove [-ere]**
es schneit **nevica [-are]**
feucht **umido**
Feuchtigkeit **l'umidità** (*f*)
Frost **il gelo**
frostig **freddissimo, gelido**
Gewitter **il temporale**
Gewitterwolke **la nube temporalesca**
Grad **il grado**
  Grad Celsius **il centigrado**
  über Null **sopra zero**
  unter Null **sotto zero**
Hagel **la grandine**
heiter **sereno**
heitere Periode **il periodo sereno**
Hitze **il calore**
Hitzewelle **l'ondata** (*f*) **di caldo**
Hochdruck **l'alta pressione** (*f*)
Hochdruckgebiet **l'anticiclone** (*m*)
Höchsttemperatur **la massima temperatura**
Kälte **il freddo**
Kaltfront **il fronte freddo**
Klima **il clima**
klimatisch **climatico**
Lawine **la valanga**
mild **mite**
Mond **la luna**
Monsun **il monsone**
nass **bagnato**
Nebel **la nebbia**
Nieselregen **la pioggerella**

Morgen wird es in den nördlichen Regionen eine Kältewelle geben. Die Höchsttemperatur wird bei 4-6 Grad Celsius liegen. Stellenweiser Nebel in der Po-Ebene sollte sich gegen Mittag auflösen.	**Domani un'ondata di freddo si abbatterà sulle regioni settentrionali. La temperatura massima raggiungerà i 4/6 gradi. I banchi di nebbia in alcune parti della pianura padana dovrebbero diradarsi entro mezzogiorno.**
Die Vorhersage für das Wochenende: in allen Regionen warm und heiter.	**Le previsioni per il fine settimana: caldo e sereno su tutte le regioni.**

➤ TEMPERATUR 4b; JAHRESZEITEN 3b

Okklusion **il fronte occluso**
Regen **la pioggia**
Regenwetter **il tempo piovoso**
Schatten **l'ombra** (*f*)
Schauer **lo scroscio di pioggia**
schlechtes Wetter **il maltempo**
Schnee **la neve**
Schneeball **la palla di neve**
Schneebericht (für Skifahrer) **il bollettino della neve**
Schneefall **la nevicata**
Schneeflocke **il fiocco di neve**
Schneeanhäufung **il cumulo di neve**
Schneemann **il pupazzo di neve**
Schneeregen **il nevischio**
Schneesturm **la tempesta di neve**
sie scheint **brilla [-are]**
Sonne **il sole**
sonnig **soleggiato**
  sonniger Tag **una giornata di sole**
Stern **la stella**
stickig **afoso, soffocante**
strömend **torrenziale**
Sturm **il vento fortissimo, la burrasca**
Sturm **la tempesta, la burrasca**
stürmisch **tempestoso, burrascoso**
Sturmwarnung **l'avviso** (*m*) **di mal tempo / di burrasca**
Taifun **il tifone**
Temperatur **la temperatura**
Tiefdruck **la bassa pressione, la depressione**
  Tiefstdruck **la pressione più bassa**
trocken **asciutto**
tropisch **tropicale**
trübes Wetter **il tempo grigio**
warm **caldo**
Wärmefront **il fronte caldo**
wechselhaft **variabile**
Wetter **il tempo**
Wetterbedingungen **le condizioni meteorologiche**
Wetterbericht **il bollettino meteorologico**
Wettervorhersage **le previsioni meteorologiche**
Wie ist das Wetter? **Che tempo fa? Com'è il tempo?**
Wildbach **il torrente**
Wind **il vento**
  Nordwestwind **il maestrale**
  Südwestwind **il libeccio**
Wirbelsturm **il ciclone**
Wolke **la nube, la nuvola**
wolkenlos **senza nuvole**
wundervoll **meraviglioso, stupendo**

Das ganze Land wird von Regen und Schneeregen betroffen sein.	**Tutte le regioni saranno colpite da pioggia e da nevischio.**
Einige afrikanische Länder leiden seit vielen Jahren unter Dürre.	**Alcuni paesi africani soffrono di siccità da molti anni.**
Aufgrund der jüngsten heftigen Regenfälle ist die Region von starken Überschwemmungen betroffen.	**A seguito delle recenti piogge torrenziali, violente inondazioni hanno colpito la regione.**

24e Umweltverschmutzung

Abfall **i rifiuti**
Abfallprodukte **i rifiuti**
Atommüll **le scorie nucleari**
Auspuffrohr **il tubo di scarico, la marmitta**
Beseitigung **l'eliminazione** (*f*)
Emission **l'emissione** (*f*)
Erhaltung **la conservazione, la preservazione**
es erschöpft sich **si esaurisce [-ire], si consuma [-are]**
es gibt ... ab **emette [-ere], emana [-are]**
es stirbt aus **scompare [-ire]**
Gift **il veleno**
ich beschädige **danneggio [-are]**
ich erhalte **conservo [-are]**
ich isoliere **isolo [-are]**
ich recycle **riciclo [-are]**
ich sage voraus **prevedo [-ere]**
ich schütze **proteggo [-ere]**
ich verbessere **miglioro [-are]**
ich verbrauche **consumo [-are]**
ich verfüge über **dispongo [porre] di**
ich vergifte **avveleno [-are]**
ich verschmutze **inquino [-are]**
ich verzichte auf **mi privo [-are] di, rinuncio [-are] a**
ich werfe weg **butto [-are] via**
ich zerstöre **distruggo [-ere]**
Industrieabfall **i rifiuti industriali**
Korrosion **la corrosione**
Müll **i rifiuti domestici**
Müllentsorgung **lo smaltimento dei rifiuti**
Müllkippe **lo scarico dei rifiuti**
natürliche Ressourcen **le risorse naturali**
natürliches Gleichgewicht **l'equilibrio** (*m*) **naturale**
Ökologie **l'ecologia** (*f*)
Ökosystem **l'ecosistema** (*m*)
Recyclingpapier **la carta** (*f*) **riciclata**
Rückstände **i residui**
Schaden **il danno**
schädlich **dannoso, nocivo**
Schadstoff **una sostanza inquinante**
Schrott **i rottami di ferro / metallo**
Umwelt **l'ambiente** (*m*)
Unglück **il disastro**
Umweltschützer(in) **l'ambientalista** (*m / f*)
Verbrauch **il consumo**
Verschmutzung **l'inquinamento** (*m*)
Wiederaufbereitung **la rigenerazione**
wiederverwertbar **riciclabile**

Jüngste Untersuchungen deuten an, dass das Ozonloch in der nördlichen Hemisphäre schwerwiegende Folgen haben wird.	**Secondo studi recenti, il buco nello strato di ozono avrà gravi conseguenze nell'emisfero settentrionale.**
Das Fischsterben wurde durch die industrielle Verschmutzung der Flüsse verursacht.	**I pesci sono morti a causa dell'inquinamento industriale nel fiume.**

➤ ERDE 23c; KERNPHYSIK 23b

Auf der Erde

Abfall **i rifiuti, l'immondizia** *(f)*
biologisch abbaubar **biodegradabile**
Bodenerosion **l'erosione** *(f)* **del suolo**
Herbizid **il diserbante, l'erbicida** *(m)*
Kunstdünger **il concime chimico**
Müllhaufen **il cumulo di rifiuti**
Naturschutzgebiet **la riserva naturale**
Nitrate **i nitrati**
Pestizid **il pesticida**
radioaktiv **radioattivo**
radioaktiver Müll **i residui radioattivi**
Regenwald **la foresta pluviale**
Rodung **il disboscamento, la deforestazione**

In der Atmosphäre

Abgase **le fughe di gas**
Aerosol **l'aerosol** *(m)*
Atmosphäre **l'atmosfera** *(f)*
bleifrei **senza piombo**
FCKW **il CFC**
Gasemission **l'emissione** *(f)* **(di gas)**
Gefahr (für) **il pericolo (per)**
Hautkrebs **il tumore della pelle**
ich sprühe **spruzzo [-are]**
Katalysator **il catalizzatore, il convertitore catalitico**
Luftverschmutzung **l'inquinamento** *(m)* **atmosferico**
Ozonschicht **lo strato di ozono**
saurer Regen **la pioggia acida**
Smog **lo smog**
Spray **l'aerosol** *(m)*
Spraydose **la bombola**
Treibhauseffekt **l'effetto** *(m)* **serra**
Verbrennungsanlage **l'inceneritore** *(m)*

In Flüssen & Meeren

Abwasser **l'acqua** *(f)* **di scolo**
Behandlung **il trattamento**
Dürre **la siccità, la mancanza d'acqua**
Entwässerung **il prosciugamento**
Grundwasserschicht **la falda freatica**
Industrieabfall **lo scarico industriale**
Meeresspiegel **il livello del mare**
Ölfleck **la chiazza di petrolio**
Phosphate **i fosfati**
Reinigungsmittel **il detersivo, il detergente**
Überschwemmung **l'inondazione** *(f)*
Wasserstand **il livello dell'acqua**
Wasserversorgungsanlage **l'impianto** *(m)* **idrico**
Wasserversorgungssystem **il sistema idrografico**

Die Anwohner des Gebietes haben sich zusammengeschlossen, um die von der geplanten Autobahnerweiterung bedrohten Bäume zu retten.	**Gli abitanti della zona si sono uniti nella lotta per salvare gli alberi minacciati dalla progettata estensione dell'autostrada.**
Die Stadtverwaltung bietet Recyclingmöglichkeiten für Glas, Dosen und Zeitungen an.	**Il Comune ha organizzato servizi per il riciclaggio del vetro, delle lattine e dei giornali.**

25 Regierung & Politik

25a Das politische Leben

allgemein **comune**
Amtszeit **la durata**
Aufstand **la rivolta, l'insurrezione** (*f*)
Außenpolitik **la politica estera**
Beamter **il funzionario pubblico, l'impiegato** (*m*) **statale**
Beschluss **il decreto, la deliberazione**
Besteuerung **la tassazione**
Bezirk (Regierungs-) **la provincia**
Bürger/in **il cittadino, la cittadina**
Bürgerkrieg **la guerra civile**
Debatte **il dibattito**
Delegierter **il delegato**
Demonstration **la manifestazione**
Diskussion **la discussione, il dibattito**
Einheit **l'unita** (*f*)
Erlass **un decreto, una legge**
Ernennung **la nomina**
es tritt in Kraft **entra [-are] in vigore**
es wird zum Gesetz **diventa [-are] legge**
Exekutivausschuss **l'esecutivo** (*m*), **il comitato**
Exekutiv- **esecutivo**
Freiheit **la libertà**
Gesetz **la legge**
Gesetzesentwurf **il disegno, il progetto di legge**
Gesetzgebung **la legislazione**
Gleichheit **l'eguaglianza** (*f*), **la parità**
ich benenne **nomino [-are]**
ich billige **approvo [-are]**
ich bin dagegen **mi oppongo [-porre] a**
ich demonstriere **manifesto [-are]**
ich diskutiere **discuto [-ere]**
ich führe **dirigo [-ere]**
ich kürze/senke **riduco [ridurre], abbasso [-are]**
ich lege ... vor **presento [-are]**
ich lege ein Veto ein **esercito [-are] il diritto di veto**
ich lehne ab **rifiuto [-are], respingo [-ere]**
ich löse auf **sciolgo [sciogliere]**
ich organisiere **organizzo [-are], preparo [-are]**
ich privatisiere **privatizzo [-are]**
ich protestiere **protesto [-are]**
ich ratifiziere **ratifico [-are]**
ich reformiere **riformo [-are]**
ich regiere **governo [-are]**
ich repräsentiere **rappresento [-are]**
ich schaffe ab **abolisco [-ire], abrogo [-are]**
ich schaffe ein Gesetz ab **abrogo [-are] una legge**
ich schließe ein Abkommen mit **stabilisco [-ire] un accordo / patto con**
ich stürze **rovescio [-are], abbatto [-ere]**
ich trete zurück **do [dare] le dimissioni**
ich übernehme die Macht **m'impadronisco [-ire] del potere**
ich unterdrücke **reprimo [-ere]**
ich unterstütze **sostengo [-tenere]**
ich verabschiede/entlasse **licenzio [-are], congedo [-are]**
ich verfasse **compilo [-are], stendo [-ere]**
ich verstaatliche **nazionalizzo [-are]**
ich weise zurück **respingo [-ere]**

➤ INTERNATIONALE BEZIEHUNGEN 27c; KRIEG 27a

Koalition **la coalizione, l'alleanza** (*f*)
kommunale Angelegenheiten **gli affari comunali / regionali**
Kommunalverwaltung **l'amministrazione comunale / regionale**
Kooperation **la cooperazione, la collaborazione**
Korruption **la corruzione**
Krise **la crisi**
kurzfristig **a breve termine**
langfristig **a lungo termine**
Legislative **la legislatura**
Macht **il potere**
Mehrheit **la maggioranza**
Minderheit **la minoranza**
Minderheits- **minoritario**
Ministerium **il ministero**
Mittelstand **il ceto medio, la borghesia**
Nation **la nazione**
national **nazionale**
Nationalflagge **la bandiera nazionale**
italienische Nationalflagge **il tricolore**
nationalistisch **nazionalista**
Öffentlichkeit **il pubblico**
Öffentlichkeit/öffentliche Meinung **l'opinione** (*f*) **pubblica**
öffentlich **pubblico**
Opposition **l'opposizione** (*f*)
Pakt/Abkommen **il patto, il trattato, l'accordo** (*m*)
Pflicht **il dovere**
Politik **la politica**
politisch **politico**
politischer Flüchtling **il profugo politico**
Putsch **il colpo di stato**
reaktionär **reazionario**
Rechtsordnung **l'ordinamento** (*m*) **giudiziario**
Rede **il discorso**
Redefreiheit **la libertà di parola**
Reform **la riforma**
Regierung **il governo**
Rücktritt **le dimissioni** (*Pl*)
Sanktion **la sanzione**
Sitz (parlamentarischer) **il seggio (parlamentare)**
Solidarität **la solidarietà**
Staat **lo stato**
Staatsmann **lo statista**
Steuer **la tassa, l'imposta** (*f*)
unilateral **unilaterale**
verantwortlich **responsabile**
Verantwortung **la responsabilità**
Verfassung **la Costituzione**
verfassungswidrig **anticostituzionale**
Versammlung **la riunione, l'assemblea** (*f*)
Verwaltung **l'amministrazione** (*f*)
Veto **il veto**
Widerstand **la resistenza**
Wiedervereinigung **la riunificazione**
ziviler Ungehorsam **la disubbidienza civile**

Die italienischen Abgeordneten stimmten über die Frage der Einwanderungskontrolle ab. Die Ergebnisse sind überraschend.

La Camera ha votato sulla questione dei controlli sull'immigrazione. I risultati sono sorprendenti.

Es bestehen Pläne, die Mehrwertsteuer auf Bücher zu erhöhen, aber die italienische Lehrerschaft ist strikt dagegen.

Esistono piani per aumentare l'IVA sui libri, ma i docenti italiani si oppongono fermamente a questa misura.

➤ WAHLEN & IDEOLOGIE 25b; SOZIALE ANGELEGENHEITEN 12

25b Wahlen & Ideologie

Wahlen

Abstimmung **lo scrutinio**
allgemeines Stimmrecht **il suffragio universale**
ich bin wahlberechtigt **ho [avere] il diritto al voto**
ich gehe zur Wahl **mi presento [-are] alle urne**
ich halte Wahlen ab **procedo [-ere] alle elezioni**
ich stehe zur Wahl **pongo [porre] la mia candidatura (alle elezioni)**
ich stimme für **voto [-are] per**
ich wähle **eleggo [-ere]**
ich zähle nach **riconto [-are]**
Kampagne **la campagna**
Kandidat **il candidato**
Kommunalwahlen **le elezioni amministrative**
Mehrheitssystem **il sistema maggioritario**
Meinungsumfrage **il sondaggio d'opinione**
Meinungsumschwung **il cambiamento d'opinione**
Nachwahl **l'elezione** (*f*) **suppletiva**
Nachzählung **il nuovo conteggio**
Partei **il partito**
politische Wahlen **le elezioni politiche**
Referendum **il referendum**
siebenjährige Amtszeit **il settennato**
Stimme **il voto, il suffragio**
Stimmenzählung **il conteggio, lo scrutinio**
Stimmrecht **il suffragio, il diritto di voto**
Stimmzettel **la scheda (per votazioni)**
unentschlossene Wählerstimme **il voto oscillante**
Urne **l'urna** (*f*)
Verhältniswahlsystem **il sistema proporzionale**
Wahl **lo scrutinio**
Wahlen **le elezioni**
Wähler(in) **il / la votante, l'elettore** (*m*), **l'elettrice** (*f*)
Wählerschaft **l'elettorato** (*m*)
Wahlkreis **la circoscrizione**
Wahlrecht **il diritto al voto**

Politische Ideologie

Anarchie **l'anarchia** (*f*)
Anarchist **l'anarchico** (*m*)
Arbeiterpartei **il partito operaio**

Parlamentarische Wahlen werden alle fünf Jahre abgehalten.	**Le elezioni parlamentari si tengono ogni cinque anni.**
In den Vereinigten Staaten finden alle vier Jahre Präsidentschaftswahlen statt.	**Le elezioni presidenziali negli Stati Uniti hanno luogo ogni quattro anni.**
Die Wähler gingen heute zu den Urnen; es war eine Rekordbeteiligung.	**Gli elettori si sono recati oggi alle urne; è stato un livello di partecipazione record.**
Die gestrige Meinungsumfrage ergab, dass die demokratische Partei der nationalistischen um zwei Punkte voraus ist.	**Un sondaggio d'opinione fatto ieri dava all'Alleanza Democratica un vantaggio di due punti rispetto all'Alleanza Nazionale.**

➤ DAS POLITISCHE LEBEN 25a

Aristokratie **l'aristocrazia** (*f*)
aristokratisch **aristocratico**
Demokratie **la democrazia**
demokratisch **democratico**
Diktator **il dittatore**
Diktatur **la dittatura**
Extremist **l'estremista** (*m / f*)
Faschismus **il fascismo**
Faschist **il / la fascista**
Grüne Partei **il partito verde**
Herzog **il duca**
ich gewinne die Unabhängigkeit **ottengo [-tenere] l'indipendenza**
Ideologie **l'ideologia** (*f*)
Imperialismus **l'imperialismo** (*m*)
Imperialist **l'imperialista** (*m / f*)
Imperium **l'impero** (*m*)
Kaiser **l'imperatore** (*m*)
Kaiserin **l'imperatrice** (*f*)
Kapitalismus **il capitalismo**
Kapitalist **il / la capitalista**
Kommunismus **il comunismo**
Kommunist **il / la comunista**
König **il re**
Königin **la regina**
königlich **reale**
konservativ **conservatore**
Konservativer **il conservatore**
Konservativismus **il conservatorismo**
liberal **liberale**
Liberalismus **il liberalismo**
Linke **la sinistra**
links **di sinistra**
Marxismus **il marxismo**
Marxist **il / la marxista**
Mitte **il centro**
linke Mitte **il centro sinistra**
rechte Mitte **il centro destra**
Monarchie **la monarchia**
Nationalismus **il nazionalismo**
Nationalist **il / la nazionalista**
patriotisch **patriottico**
Patriotismus **patriottismo**
Prinz **il principe**
Prinzessin **la principessa**
radikal **radicale**
Radikalismus **il radicalismo**
Rassismus **il razzismo**
Rassist **razzista**
Rechte **la destra**
rechts **di destra**
Republik **la repubblica**
republikanisch **repubblicano**
republikanische Gesinnung **il repubblicanismo**
revolutionär **rivoluzionario**
Royalist **il monarchico**
Sozialismus **il socialismo**
Sozialist **il / la socialista**
unabhängig **indipendente**
Unabhängigkeit **l'indipendenza** (*f*)

Wählen Sie mich!	**Votate per me!**
Unsere Partei hat bei den Kommunalwahlen die Mehrheit der Sitze im Stadtrat gewonnen.	**Alle elezioni amministrative il nostro partito ha vinto la maggioranza dei seggi nel consiglio comunale.**
Der Vorsitzende der Abgeordnetenkammer kehrt heute morgen zurück, um sich mit dem Außenminister zu treffen.	**Il Presidente della Camera dei Deputati ritorna questa mattina per incontrare il Ministro degli Affari Esteri.**
Der Premierminister ist heute zurückgetreten.	**Il Presidente del Consiglio ha dato le dimissioni oggi.**

➤ POLITISCHE INSTITUTIONEN, POLITIKER Anh. 25a

26 Verbrechen & Justiz

26a Verbrechen

Angreifer **l'aggressore** *(m)*
Angriff **l'attacco** *(m)*, **l'aggressione** *(f)*
Autodiebstahl **il furto di auto**
Bande **la squadra, il gruppo, la banda**
Bandenkrieg **la guerra fra bande**
Betrug **la frode, la truffa**
bewaffnet **armato**
Computer-Hacker **lo scassinatore di codici computerizzati**
Dieb **il ladro**
Diebesgut **la refurtiva**
Drogen **gli stupefacenti** *(m)*, **la droga**
Drogenabhängige(r) **il / la tossicodipendente**
Drogenbaron **il barone della droga**
Drogenhändler **lo spacciatore di droga**
Drogenmissbrauch **l'abuso** *(m)* **di stupefacenti, la tossicomania**
Drogenschmuggel **il traffico di droga**
Einbrecher **il ladro, lo scassinatore**
Einbruch **il furto, la violazione di domicilio**
Entführer **il rapitore**
Entführung **il sequestro**
Ermordung **l'assassinio** *(m)*
Erpressung **l'estorsione** (*f*)
Fälschung **la contraffazione**
Feuerwaffe **l'arma** (*f*) **da fuoco**
Folterung **la tortura**
Gangster **il / la teppista**
gefälscht **falso, falsificato**
Geisel **l'ostaggio** *(m)*
Gewalt **la violenza, i maltrattamenti**
Gewehr **il fucile**
Gift **il veleno**
Handschellen **le manette**
Handtaschenraub **lo scippo**
Hilfe! **Aiuto!**
ich begehe ein Verbrechen **commetto [-ere] un delitto**
ich belästige **molesto [-are]**
ich beleidige **offendo [-ere], contravvengo [-ire]**
ich betrüge **inganno [-are], truffo [-are]**
ich breche ein **rubo [-are]**
ich entführe **dirotto [-are], sequestro [-are] a scopo di estorsione**
ich ermorde **assassino [-are]**

Pablo Escobar, der berüchtigtste Drogenbaron der Welt, kam bei einer Schießerei mit der Polizei und der Armee in Medellín ums Leben.

Il più famigerato barone della droga del mondo, Pablo Escobar, è stato ucciso a Medellín nel corso di una sparatoria con la polizia e l'esercito.

➤ WAFFEN 27b; SUCHT & GEWALT 12d

ich fälsche (Banknote/Unterschrift) **falsifico [-are] (una banconota / una firma)**
ich kämpfe **combatto [-are]**
ich schmuggle **traffico [-are]**
ich stehle **rubo [-are]**
ich töte **uccido [-ere]**
ich überfalle **aggredisco [-ire]**
ich vergewaltige **violento [-are], stupro [-are]**
ich vergifte **avveleno [-are]**
ich verletze **ferisco [-ire]**
ich veruntreue **mi approprio [-are] indebitamente di**
ich werde handgreiflich **vengo [venire] alle mani**
illegal **illegale**
Kindesmisshandlung **la violenza contro i minori**
Komplize(in) **il / la complice**
Kriminalität **la delinquenza**
kriminell **criminale**
Ladendiebstahl **il taccheggio**
legal **legale**
Lösegeld **il riscatto**
Luftpirat(in) **il / la pirata dell'aria**
Mafia **la mafia**
Messer **il coltello**
Messerstich **la coltellata**
misshandeltes Kind **il bambino maltrattato**
Mord **l'omicidio** (*m*)
Mörder **l'assassino** *(m)*, **l'omicida** (*m*)
Opfer **la vittima**
Pistole **la pistola**
Prostituierte(r) **la prostituta, il prostituto**
Prostitution **la prostituzione**
Raubüberfall **la rapina**
Schlägerei **la lotta, la rissa, il litigio violento**
Schmuggel **il traffico, il contrabbando**
schwere Körperverletzung **grave danno fisico**
Spion **la spia**
Spionage **lo spionaggio**
Tachendieb **il borsaiolo**
Taschendiebstahl **il borseggio**
tätlicher Angriff **l'aggressione** (*f*) **(con percosse)**
Terrorist **il terrorista**
Überfall **l'aggressione** (*f*)
Unterwelt **la malavita**
Verbrechen **il delitto, il reato, il crimine**
Verbrechensrate **il tasso di criminalità**
Verbrecher(in) **il / la criminale**
Vergeltungsmaßnahme **la rappresaglia**
Vergewaltigung **lo stupro**
Veruntreuung **l'appropriazione** (*f*) **indebita**
Welle von Straftaten **l'ondata** (*f*) **di criminalità**
Zuhälter **il protettore, lo sfruttatore**
Zuhälterei **fare il protettore**
Prostituierte ausbeuten **sfruttare prostitute**

Er war wegen Geschwindigkeitsüberschreitung in einem Wohngebiet von der Polizei angehalten worden.	**Era stato fermato dalla polizia per eccesso di velocità in una zona residenziale.**
Autodiebstahl und Handtaschenraub in Stadtgebieten sind in den letzten sechs Monaten zurückgegangen, aber die Einbruchsrate nimmt zu.	**I furti d'auto e gli scippi sono in diminuzione nelle zone urbane, ma il tasso di furti con scasso è in aumento.**

➤ GERICHTSVERHANDLUNG 26b; BESTRAFUNG 26c

26b Gerichtsverhandlung

Amtsrichter **il magistrato, il giudice**
Angeklagte(r) **l'accusato** (*m*), **l'imputato** (*m*)
Anklage **l'accusa** (*f*), **l'imputazione** (*f*)
Anklagebank **il banco degli imputati**
Anklagebeschluss **l'accusa** (*m*)
Aufruf **la convocazione, la citazione**
Augenzeuge **il / la testimone oculare**
Aussage **la deposizione**
Berufung **l'appello** (*m*)
Berufungsgericht **la corte d'appello**
Beschuldigung **l'incriminazione** (*f*)
Beweis **la prova**
Eid **il giuramento**
einstimmig **unanime**
Entschädigung **il risarcimento**
Erlass **un decreto**
fahrlässige Tötung **l'omicidio colposo**
Gerechtigkeit **la giustizia**
Gericht **la corte, il tribunale**
Gerichtssaal **l'aula** (f) **giudiziaria**
Geschworene(r) **il giurato**
Geschworenenbank **il banco della giuria**
Geständnis **la confessione**
Gnade **la grazia**
ich befrage **interrogo [-are]**
ich bekenne mich (nicht) schuldig **mi dichiaro [-are] colpevole /innocente**
ich belohne **ricompenso [-are]**
ich bin der/des ... angeklagt **sono [essere] accusato di**
ich bin schuldig **sono [essere] reo di**
ich bürge für **mi rendo [-ere] garante per**
ich diskutiere **discuto [-ere]**
ich erörtere **metto [-ere] in discussione**
ich gestehe **confesso [-are]**
ich klage an **accuso [-are]**
ich lege Berufung ein **presento [-are] un appello**
ich leite ein Verfahren ein **faccio [fare] causa a**
ich nehme ins Kreuzverhör **eseguo [-ire] un controinterrogatorio**
ich sage aus **testimonio [-are]**
für die Verteidigung **per la difesa**
für die Anklage **per l'accusa** (*f*)
ich schwöre **giuro [-are]**
ich spreche frei **assolvo [-ere]**
ich spreche aus Mangel an Beweisen frei **rilascio [-are] per mancanza di prove**
ich stimme nicht überein **non sono [essere] d'accordo**
ich überzeuge **convinco [-ere]**

Heute wird ein Mann vor Gericht erscheinen, der des versuchten Mordes an seiner Frau angeklagt ist.	**Un uomo apparirà oggi in tribunale accusato di tentativo di uxoricidio.**
Das Verfahren gegen den Angeklagten wurde aus Mangel an Beweisen eingestellt.	**Il capo d'imputazione contro l'imputato è caduto per mancanza di prove.**

➤ VERBRECHEN 26a; BESTRAFUNG 26c

ich verhöre **interrogo [-are]**
ich verklage **faccio [fare] causa, perseguisco [-ire]**
ich verkünde das Urteil **pronuncio [-are] la sentenza**
ich verteidige **difendo [-ere]**
ich verteidige mich **mi difendo [-ere]**
in Untersuchungshaft **trattenuto in carcere**
Instanz **l'istanza** (*f*)
Jury **la giuria**
Justizirrtum **l'errore** (*m*) **giudiziario**
lebenslängliche Freiheitsstrafe **l'ergastolo** (*m*)
Meineid **lo spergiuro, la falsa testimonianza**
mildernde Umstände **le attenuanti** (*Pl*)
Motiv **il movente**
Nachsicht **l'indulgenza** (*f*), **la clemenza** (*f*)
nicht schuldig **non colpevole, innocente**
Oberberufungsgericht **l'alta corte d'appello**
Oberster Gerichtshof **la corte suprema**
Plädoyer **l'arringa** (*f*)
Prozess **il processo, la causa**
Rechtsanwalt **l'avvocato** (*m*)
Rechtsstreit **la causa**
Richter **il giudice**
Richterschaft **la magistratura**
Schuld **la colpevolezza**
schuldig **colpevole**
Staatsanwalt **il pubblico ministero, commissario distrettuale**
Stattgegeben! **A favore!**
Strafmilderung beantragen **trattare una riduzione della pena**
Strafverfolgung **il procedimento, il giudiziario**
Tat **il reato, il delitto**
Unschuld **l'innocenza** (*f*)
unschuldig **innocente**
unter Anklage stellen **metto [-ere] sotto accusa**
Untersuchungsrichter **il giudice istruttore / di istruzione preliminare**
Urteilsspruch **il verdetto**
verdächtige Person **la persona sospetta**
Verfahren **la procedura**
Verteidiger **l'avvocato** (*m / f*) **difensore**
Verteidigung **la difesa**
Verteidigungsvorbringen **gli argomenti per la difesa**
Vorsätzlichkeit **la premeditazione**
Vorstrafen **i precedenti penali**
Wiederaufnahmeverfahren **il nuovo processo**
Zeuge(in) **il / la testimone**
Zeugenstand **il banco dei testimoni**

Der Zeuge hat sich aus Angst vor Vergeltungsmaßnahmen geweigert, eine ausschlaggebende Aussage zu machen.
Il testimone ha rifiutato di dare testimonianza cruciale per paura di rappresaglie.

Der Angeklagte hat enge Verbindungen zur Unterwelt.
L'imputato ha stretti legami con la malavita.

26c Bestrafung

Ausbruch **l'evasione** (*f*)
Bestrafung **la pena**
ein Zeitraum von fünf Jahren **un periodo di cinque anni**
Gefangener **il prigioniero, il detenuto**
Gefängnis **la prigione, il carcere**
Gefängniswärter **il carceriere**
Geldstrafe **la multa, la cotravvenzione, l'ammenda** (*f*)
Haft **la reclusione**
Einzelhaft **(la reclusione) in cella d'isolamento**
Häftling **il detenuto, il carcerato**
Härte **la severità**
ich befreie **libero [-are]**
ich gewähre einem zum Tode Verurteilten Strafaufschub **rinvio [-are] l'esecuzione di un condannato a morte**
ich bestrafe **punisco [-ire]**
ich deportiere **deporto [-are]**
ich fliehe **evado [-ere]**
ich lasse auf Kaution frei **rilascio [-are] su cauzione**
ich sitze eine Strafe ab **sconto [-are] una pena**
ich sperre ... ein **metto [-ere] in prigione**
ich verhänge eine Geldstrafe **faccio [fare] una contravvenzione**
ich verurteile (zum Tode) **condanno [-are] (a morte)**
schuldig gesprochen **dichiarato colpevole**
Strafe **la condanna, la sentenza**
Todesstrafe **la pena di morte**
Zwangsarbeit **i lavori forzati**

Verbrechensbekämpfung

Alarm **l'allarme** (*m*)
Alarmanlage / Autoalarm **l'antifurto** (*m*)
Ausbrecher **il fuggiasco, l'evaso** (*m*)
Auslieferung **l'estradizione** (*f*)
Autopsie **l'autopsia** (*f*)
Befehl **il mandato**
Haftbefehl **il mandato di cattura**
Durchsuchungsbefehl **il mandato di perquisizione**
Belohnung **la ricompensa**
Bereitschaftspolizei **il pronto intervento**
Bürgerliches Gesetzbuch **il codice civile**

—Was ist das Urteil der Jury?	**—Qual è il verdetto della giuria?**
—Der Angeklagte wurde zu vier Jahren Gefängnis verurteilt.	**—L'imputato è stato condannato a quattro anni di prigione.**
—Wird er die gesamte Strafe absitzen?	**—Dovrà scontare tutta la pena?**
—Nein, er hat bereits acht Monate in Untersuchungshaft verbracht. Er wird wahrscheinlich in zwei Jahren herauskommen.	**—No, ha già scontato otto mesi in attesa del processo. Probabilmente uscirà fra due anni.**
—Hat er sich schuldig bekannt?	**—Si è dichiarato colpevole?**
—Ja, wegen fahrlässiger Tötung.	**—Sì, di omicidio colposo.**

➤ VERBRECHEN 26a; PROZESS 26b

Deportation **la deportazione** (*f*)
Drogenfahndung **la squadra (di) narcotici**
Drogenrazzia **il sequestro di droga**
Ermittlung **l'inchiesta** (*f*)
Ermittlungsbeamter(in) **l'investigatore** (*m*), **l'investigatrice** (*f*)
Fehler **l'errore** (*m*)
Fingerabdrücke **le impronte digitali**
Flucht **l'evasione** (*f*), **la fuga**
Gegenüberstellung **il confronto all'americana**
Gesetz **la legge**
Gesetzesübertretung **la violazione della legge**
gesucht **ricercato**
Handschellen **le manette**
ich ermittle **investigo [-are]**
ich fliehe **evado [-ere]**
ich interviewe **intervisto [-are]**
ich liefere aus **estrado [-are]**
ich verhafte **arresto [-are]**
ich verhöre **esamino [-are], interrogo [-are]**
ich verschließe **chiudo [-cre] a chiave**
in Zivil **in borghese**
Indiz **l'indizio** (*m*)
Informant(in) **l'informatore** (*m*), **l'informatrice** (*f*)
Interview **l'intervista** (f)
Knüppel **il manganello**
Polizeiabzeichen **il distintivo di poliziotto**
Polizeifoto **il fotofit**
Polizeihund **il cane poliziotto**
Polizeiinspektor **l'ispettore** (*m*) **di polizia**
Polizist **il poliziotto**
Privatdetektiv **l'investigatore** (*m*) **privato**
Radarfalle **il radar per il controllo della velocità**
Schloss **la serratura**
Schlüssel **la chiave**
Sicherheit **la sicurezza**
Strafgesetz **il diritto penale**
Verbrechensverhütung **la prevenzione dei crimini**
Verhaftung **l'arresto** (*m*)
Verhör **l'interrogatorio** (*m*)
Verkehrspolizei **la polizia stradale**
Vorhängeschloss **il lucchetto**
Vorstrafenregister **la fedina penale**
ohne Vorstrafe **con la fedina pulita**
Wache **il commissariato**
Zoll **la dogana**
Zollbeamter **il doganiere**

Er wurde des Einbruchdiebstahls für schuldig befunden und aufgrund seiner Vorstrafen zu zwei Jahren Gefängnis verurteilt.	**È stato dichiarato colpevole di furto con scasso e, visti i suoi precedenti penali, condannato a due anni di reclusione.**
Die Regierung empfiehlt, weniger Gefängnisstrafen für Straftäter zu verhängen.	**Il governo propone una diminuzione del numero delle condanne alla reclusione.**
Überbelegung ist ein ernstes Problem in vielen Gefängnissen.	**Il sovraffollamento è un grave problema in molte prigioni.**

➤ SUCHT & GEWALT 12d

27 Krieg & Frieden

27a Krieg

Alliierte **l'alleato** (*m*)
Angreifer **l'aggressore** (*m*)
Angriff **l'aggressione, l'assalto** (*m*)
Armee **l'esercito** (*m*)
Atom- **atomico**
Attacke **l'attacco** (*m*)
Aufstand **la sommossa**
Besetzung **l'occupazione** (*f*)
Blockade **il blocco**
Bombardierung **il bombardamento**
Bombenalarm **l'allarme** (*m*) **di bombe**
Bündnis **l'alleanza** (*f*)
ich entführe **sequestro [-are]**
das Flugzeug stürzt ab **l'aereo si francassa [-are]**
das Schiff sinkt **la nave affonda [-are]**
das Schiff taucht auf **la nave emerge [-ere]**
der Krieg bricht aus **la guerra scoppia [are]**
die Schlacht tobt **la battaglia infuria [-are]**
Einschreiten **l'intervento** (*m*)
Einschüchterung **l'intimidazione**
ethnische Säuberung **la pulizia etnica**
Evakuierung **l'evacuazione** (*f*)
Explosion **l'esplosione** (*f*)**, lo scoppio**
Feigling **il codardo, il vigliacco**
Feind **il nemico**
Feindseligkeiten **le ostilità**
Festnahme **la cattura**
Frieden **la pace**
Front **il fronte**
Gefecht **lo scontro**
Guerillakrieg **la guerriglia**
Hauptquartiere **il quartiere generale**
Hinterhalt **l'imboscata** (*f*)
ich berufe ein **chiamo [-are] alle armi**
ich besetze **occupo [-are], invado [-ere]**
ich besiege **sconfiggo [-ere]**
ich bin besiegt **sono sconfitto**
ich bin verwundet **sono ferito**
ich blockiere **blocco [-are]**
ich drohe **minaccio [-are]**
ich entdecke **scopro [-ire]**
ich erkläre den Krieg **dichiaro [-are] la guerra**
ich ermorde **assassino [-are]**
ich evakuiere auf dem Luftweg **evacuo [-are] per ponte aereo**
ich flüchte **fuggo [-ire]**
ich gewinne **vinco [-ere], riporto [-are] la vittoria**
ich greife an **attacco [-are]**
ich halte gefangen **detengo [tenere]**
ich inspiziere **passo [-are] in rivista**
ich kämpfe in einer Schlacht **combatto [-ere] una battaglia**
ich leiste Widerstand **resisto [-ere]**
ich liquidiere **liquido [-are]**
ich mobilisiere **mobilito [-are]**
ich nehme fest **catturo [-are]**
ich patroulliere **pattuglio [-are]**
ich provoziere **provoco [-are]**
ich rebelliere **mi rivolto [-are], mi ribello [-are]**
ich spioniere **spio [-are]**
ich sprenge **faccio [fare] esplodere**
ich stelle ein Ultimatum **do [dare] un ultimatum**

 ➤ WAFFEN, MILITÄR 27b

ich trete ein **intervengo [venire]**
ich übernehme die Verantwortung für **rivendico [-are] la responsabilità di / per**
ich überrasche **sorprendo [-ere]**
ich verhöre **interrogo [-are]**
ich vernichte (den Gegner) **schiaccio [-are]**
ich versenke das Schiff **faccio [fare] affondare la nave**
ich verseuche **contamino [-are], inquino [-are]**
ich verteidige **difendo [-ere]**
ich verwunde **ferisco [ferire]**
ich wehre ab **respingo [-ere], mi ribello [-are]**
ich zerstöre **distruggo [-ere]**
Invasion **l'invasione** (*f*)
Kampagne **la campagna**
Kaserne **la caserma**
Konflikt **il conflitto**
konventionelle Waffen **le armi convenzionali**
Krieg **la guerra**
Kriegsgericht **la corte marziale**
Kriegstreiber **il guerrafondaio**
Kriegsursachen **le cause della guerra**
Kriegsverletzung **la ferita di guerra**
Lager **il campo, l'accampamento**
Luftabwehr **la contraerea**
Luftalarm **l'allarme** (*m*) **aereo**
Luftangriff **il bombardamento aereo**
Luftschutzkeller **il rifugio anti-aereo**
Luftstreitkräfte **le forze aeree** (*f*)
Manöver **le manovre**
Marine **la marina**
Massaker **il massacro**
Militärdienst **il servizio militare**
Mobilisation **la mobilitazione** (*f*)
Moral **la morale**
mutig **coraggioso**
Niederlage **la sconfitta**
Nuklear- **nucleare**
Obdach **il rifugio**
Offensive **l'offensiva** (*f*)
Propaganda **la propoganda**
Rang **il rango, la schiera**
Revolution **la rivoluzione**
Scharmützel **la scaramuccia**
Schlacht **la battaglia**
Schlachtfeld **il campo di battaglia**
Schützengraben **la trincea, lo scavo**
Sicherheitskontrolle **il controllo di sicurezza**
Spion **la spia**
Spionage **lo spionaggio**
Strategie **la strategia**
Taktiken **le tattiche**
Terroristenüberfall **l'attacco** (*m*) **terroristico**
Trümmer **le macerie**
Überleben **la sopravvivenza**
Überraschungsangriff **l'incursione** (*f*)
untergründig **clandestino**
Vergeltungsmaßnahme **la rappresaglia**
Verhör **l'interrogatorio** (*m*)
vermisst **disperso al fronte**
Vernichtung **la devastazione**
Verstärkung **i rinforzi**
Verteidigung **la difesa**
vielseitig **multilaterale**
Völkermord **il genocidio**
Widerstand **la resistenza**

Der Falklandkrieg brach im April 1982 aus.	**La guerra delle Malvine scoppiò nell'aprile del 1982.**
Bürgerkriege sind die blutigsten.	**Le guerre civili sono le più sanguinose.**

➤ FRIEDEN, INTERNATIONALE BEZIEHUNGEN 27c

27b Militär & Waffen

Militär

zerstörend **distruttivo**
Division **la divisione**
Bogenschütze **un arciere**
Deserteur **il disertore**
Fallschirmjäger(in) **il / la paracadutista**
Geheimagent **l'agente** (*m*) **segreto**
Geisel **l'ostaggio** (*m*)
General **il generale**
Heckenschütze **il cecchino**
Infanterie **la fanteria**
Infanteriesoldat **il soldato di fanteria**
Nachrichtenoffizier **il funzionario del servizio segreto**
Kavallerie **la cavalleria**
Konvoi **il convoglio**
Kriegsdienstverweigerer **l'obiettore** (*m*) **di coscienza**
Kriegsgefangener **il prigioniero di guerra**
Marineinfanterist **il fante di marina**
Matrose **il marinaio**
Militärpersonal **il personale militare**
Mörder **l'assassino** (*m*)
Offizier **l'ufficiale** (*m*)
Partisan **il partigiano**
Rebell **il ribelle**
Regiment **il reggimento**
Rekrut **la recluta**
Schwadron **lo squadrone**
Sieger(in) **il vincitore, la vincitrice**
Soldat **il soldato**
Spion **la spia**
Sturmpatrouille **la pattuglia d'assalto**
Terrorist **il / la terrorista**
Toter **il morto**
Truppen **la truppa**
Unteroffizier **il sottufficiale**
Verräter(in) **il traditore, la traditrice**
Verteidigungsministerium **il ministero della difesa**
Verwundete(r) **il ferito**
Wache **la guardia, la sentinella**
Zivilperson **il civile**

Waffen und ihre Auswirkung

Armbrust **la balestra**
Artillerie **l'artiglieria** (*f*)
Atomsprengkopf **la testata nucleare**
Ausrüstung **gli armamenti**
Autobombe **l'autobomba** (*f*)
Bajonett **la baionetta**
Belagerung **l'assedio** (*m*)
biologischer Krieg **la guerra batteriologica**
Bombardierung **il bombardamento**
Bombe **la bomba**
Bomber **il bombardiere**
Briefbombe **la lettera esplosiva**
chemisch **chimico**

In Sarajevo wurde heute ein Mann von einem Heckenschützen erschossen.	**A Sarajevo oggi un uomo è stato ucciso da un cecchino.**
Die Explosion erfolgte einige Kilometer entfernt, doch sie warf alle zu Boden.	**L'esplosione era a molte miglia di distanza, ma scaraventò tutti per terra.**

➤ MILITÄRISCHE RÄNGE Anh. 27b

Düsenjet **il jet, l'aereo** (*m*) **a reazione**
es trifft **colpisce [colpire]**
Flugzeugträger **la portaerei**
Fregatte **la fregata**
Gas **il gas**
Gasangriff **l'attacco** (*m*) **di gas**
gepanzert **blindato**
Gewehr **il fucile**
Giftgas **il gas nocivo**
Granate **la granata**
Granatsplitter **i frammenti di proiettile**
Handgranate **la bomba a mano**
ich bombardiere **bombardo [-are]**
ich stocke auf **accumulo [-are] le riserve**
ich schieße auf **tiro [-are]**
ich teste **verifico [-are], esamino [-are]**
ich torpediere **siluro [-are]**
ich töte **uccido [-ere], ammazzo [-are]**
ich ziele auf **prendo [-ere] la mira**
ich zünde eine Bombe **faccio [fare] esplodere una bomba**
Jagdflugzeug **il caccia**
Kernwaffen **le armi nucleari**
Kriegsschiff **la nave da guerra**
Kugel **la pallottola, il proiettile**
Laser **il laser**
Maschinenpistole **il (fucile) mitragliatore, la mitragliatrice**
Messer **il coltello**
Minenfeld **il campo minato**
Minensuchboot **il dragamine**
Minenwerfer **il mortaio**
Munition **le munizioni** (*Pl*)
Neutronenbombe **la bomba al neutrone**
Panzer **il carro armato**
Pistole **la pistola, la rivoltella**
Radar **il radar**
Radarschirm **lo schermo radar**
radioaktiv **radioattivo**
radioaktiver Niederschlag **la pioggia radioattiva**
Rakete **il missile, il razzo**
Raketenabschussrampe **il lanciamissile**
Raketenangriff **l'attacco** (*m*) **missilistico**
Revolver **la rivoltella, la pistola**
Sabotage **il sabotaggio**
Sprengstoff **l'esplosivo** (*m*)
Stacheldraht **il filo spinato**
Strahlung **la radiazione**
Torpedo **il siluro**
Torpedoangriff **l'attacco** (*m*) **di siluri**
U-Boot **il sottomarino**
Waffe **l'arma** (*m*)
semiautomatische Waffe **l'arma da fuoco semiautomatica**
Waffen **le armi**
Waffenhersteller **il fabbricante d'armi**
Wasserstoffbombe **la bomba H**
Wettrüsten **la corsa alle armi**
Zerstörer (Schiff) **il cacciatorpediniere**
Ziel **il bersaglio**

Die abgeschossene Rakete verstreute ihre Trümmer über ein weites Gebiet.	**Il missile che era stato colpito sparse i frammenti in una vasta zona circostante.**

➤ VERBRECHEN 26a

27c Frieden & Internationale Beziehungen

Frieden

Abrüstung **il disarmo**
Abschreckungsmittel **il deterrente**
Anti-Atombombenkampagne **la campagna per il bando della bomba atomica**
Demobilisierung **la smobilitazione**
frei **libero**
Frieden **la pace**
Friedensplan **il piano per la pace**
Friedenstruppen **l'esercito della pace**
Friedensverhandlungen **le trattative per la pace**
ich befreie **libero [-are]**
ich demobilisiere **smobilito [-are]**
ich ergebe mich **mi arrendo [-ere]**
ich erkläre den Frieden **dichiaro [-are] la pace**
ich vermittle **faccio [fare] da intermediario, medio [-are]**
ich verringere die Spannung **diminuisco [-ire] la tensione**
Informationsaustausch **gli scambi d'informazioni**
Kapitulation **la resa**
Kontrolle **il controllo**
Menschenrechte **i diritti umani**
Militärdienst **il servizio militare**
neutral **neutro**
Neutralität **la neutralità**
Nuklearwaffenteststop **il bando di test nucleari**
Pakt **il trattato, il patto**
Pazifismus **il pacifismo**
Pazifist(in) **il / la pacifista**
Sieg **la vittoria**
unverbindlich/nicht festgelegt **non vincolato**
Verhandlungen **le trattative**
Waffenruhe **il cessate il fuoco**

Internationale Beziehungen

Abgesandter **l'inviato** (*m*)
Abrüstung **la riduzione delle armi**
Attaché **l'addetto** (*m*)
Ausländer **lo straniero**
Auslandshilfe **gli aiuti all'estero**
auswärtige Angelegenheiten **gli affari esteri**
Block **il blocco**
Botschaft **l'ambasciata** (*f*)
Botschafter(in) **l'ambasciatore** (*m*), **l'ambasciatrice** (*f*)
bündnisfrei **non allineato**
Diplomat **il diplomatico**
Diplomatie **la diplomazia**
diplomatische Immunität **l'immunità** (*f*) **diplomatica**
Dritte Welt **il terzo mondo**
Entwicklungsländer **i paesi in via di sviluppo**

Die italienische Regierung war in Gefahr, in eine diplomatische Kontroverse verwickelt zu werden.	**Il governo italiano correva il pericolo di essere coinvolto in una controversia diplomatica.**
Verteidigungsausgaben machen drei Prozent des Bruttosozialproduktes aus.	**La spesa per la difesa rappresenta il tre percento del prodotto nazionale lordo.**

 ➤ LÄNDER Anh. 20a; INTERNATIONALE ORGANISATIONEN Anh. 27c

Gipfeltreffen **la conferenza al vertice**
Hilfe **l'assistenza** (*f*)
Hilfsgüter **i rifornimenti di soccorso**
Hilfsorganisation **l'organizzazione umanitaria**
Hungersnot **la carestia**
ich ratifiziere **ratifico [-are]**
ich verhänge Witschaftssanktionen **applico [-are] sanzioni ecnomiche**
ich vertrete **rappresento [-are]**
ich werde Mitglied **m'associo [-are] a**
in Übersee **oltremare**
Konsul **il console**
Konsulat **il consolato**
nationale Sicherheit **la sicurezza del paese**
neutral **neutrale**
Not- **d'urgenza**
Sanktionen **le sanzioni**
Staatsbürger **il cittadino**
Staatsbürgerschaft **la cittadinanza**
unterentwickelte Länder **i paesi sottosviluppati**

Handel

Agrarpolitik **la politica agricola**
Auslandsinvestition **gli investimenti esteri**
Bruttosozialprodukt **PNL / prodotto nazionale lordo**
es schwankt **oscilla [-are]**
Europäische Union **l'Unione** (*f*) **Europea**
Exporte **le esportazioni**
freie Handelszone **la zona franca**
Gemeinsamer Markt **il Mercato Comune**
Handelsbilanz **la bilancia commerciale**
Handelsbilanzdefizit **disavanzo della bilancia commerciale**
Handelstarifabkommen/GATT **l'accordo** (*m*) **generale sulle tariffe doganali e il commercio / GATT**
Importe **le importazioni**
Importkontrolle **controlli sulle importazioni**
Kluft zwischen Arm und Reich **il divario fra i ricchi e i poveri**
schwankende Währung **la moneta oscillante**
Tarife **le tariffe**
Währung **la valuta**
Wechselkurs **il tasso di cambio**
Zahlungsbilanz **la bilancia dei pagamenti**
Zoll **la dogana**
Zollschranken **le barriere tariffarie**
Zollunion **l'unione** (*f*) **doganale**

Ein Sprecher der italienischen Handelskammer gab bekannt, dass die europäische Kommission angebliche betrügerische Handelspraktiken untersucht.

Un portavoce della Camera di commercio italiana ha rivelato che la Commissione Europea sta indagando su presunte pratiche commerciali disoneste.

Importeure machen sich weiterhin die niedrigen Zolltarife zunutze.

Tutti gli importatori continuano ad avvantaggiarsi delle tariffe più basse possibili.

➤ WIRTSCHAFT 14e

C

ANHANG

Anhang

3b Uhren

Armbanduhr **l'orologio** (*m*) **da polso**
Digitaluhr **l'orologio** (*m*) **digitale**
ich ziehe auf **do [dare] la corda a**
Kuckucksuhr **l'orologio** (*m*) **a cucù**
Pendel **l'orologio** (*m*) **a pendolo**
Sanduhr **la clessidra**
Sonnenuhr **l'orologio** (*m*) **solare**
Stoppuhr **il cronometro**
Uhr **l'orologio** (*m*)
Uhr (am Küchenherd) **il cronometro (da cucina)**
Uhrarmband **il cinturino**
Wecker **la sveglia**
Zeiger **la lancetta**
Minutenzeiger **la lancetta dei minuti**
Stundenzeiger **la lancetta dell'ora**
Sekundenzeiger **la lancetta dei secondi**
Zifferblatt **il quadrante**

4d Mathematische & geometrische Begriffe

Achse **l'asse** (*m*)
Algebra **l'algebra** (*f*)
algebraisch **algebrico**
arabische Zahlen **i numeri arabi**
Arithmetik **l'aritmetica** (*f*)
arithmetisch **aritmetico**
Bruch **la frazione**
dezimal **decimale**
Faktor **il fattore, il coefficiente**
Funktion **la funzione**
ganze Zahl **il numero intero**
Geometrie **la geometria**
geometrisch **geometrico**
Gleichwertigkeit **l'eguaglianza** (*f*)
ich zerlege in Faktoren **scompongo [scomporre] in fattori**
imaginär **immaginario**
irrationale Zahl **il numero irrazionale**
komplex **complesso**
konstant **costante**
Kreisumfang **la circonferenza**
Kubikwurzel **la radice cubica**
Logarithmus **il logaritmo**
Mittel **la media**
Mittelwert **la mediana**
natürliche Zahl **il numero naturale**
numerisch **numerico**
Potenzerhebung **l'elevazione** (*f*) **a potenza**
zur dritten Potenz **cubico**
fünfte Potenz **la quinta potenza**
ich erhebe zur 9. Potenz **elevo [-are] alla nona (potenza)**
Primzahl **il numero primo**
Produkt **il prodotto**
Quadrat **il quadrato**
Quadratwurzel **la radice quadrata**
Quotient **il quoziente**
Radius **il raggio**
rational **razionale**
Rechnung **il calcolo**
reell **reale**
reziproker Wert **reciproco**
römische Zahl **il numero romano**
Serie **la serie**
spitz **acuto**
stumpf **ottuso**
Symmetrie **la simmetria**
symmetrisch **simmetrico**
Tabellen **le tabelle**
Tangente **la tangente**

Trigonometrie **la trigonometria**
Variable **la variabile**
Vektor **il vettore**
Vielfaches **il multiplo**
Wahrscheinlichkeit **la probabilità**
Würfel **il cubo**

5b Körperteile

Arm **il braccio** (*fpl* **le braccia**)
Auge **l'occhio** (*m*)
Augenbraue **il sopracciglio**
Bein **la gamba**
Blase **la vescica**
Blut **il sangue**
Blutdruck **la pressione del sangue**
Brust **il torace**
Busen **il seno, le mammelle**
Darm **l'intestino** (*m*)
Daumen **il pollice**
Drüse **la ghiandola**
Ellbogen **il gomito**
Finger **il dito** (*fpl* **le dita**)
Fingernagel **l'unghia** (*f*)
Fuß **il piede**
Gebärmutter **l'utero** (*m*)
Gehirn **il cervello**
Genitalien **i genitali**
Gesäßbacke **la natica**
Gesicht **il viso, la faccia**
Haar **il pelo, il capello**
Hals **il collo**
Hand **la mano**
Handgelenk **il polso**
Haut **la pelle**
Herz **il cuore**
Hormon **l'ormone** (*m*)
Hüfte **l'anca** (*f*), **il fianco**
Kehle **la gola**
Kiefer **la mascella**
Kinn **il mento**
Knie **il ginocchio** (*fpl* **le ginocchia)**
Knochen **l'osso** (*m*) (*fpl* **le ossa**)
Knöchel (Finger) **la nocca**
(Fuß) **la caviglia**
Kopf **la testa**
Körper **il corpo**
Körperteil **la parte del corpo**
Leber **il fegato**
Lid **la palpebra**
Lippe **il labbro** (*fpl* **le labbra**)
Lunge **il polmone**
Magen **lo stomaco**
Mund **la bocca**
Muskel **il muscolo**
Nacken **la nuca**
Nase **il naso**
Nasenloch **la narice**
Niere **il rene**
Ohr **l'orecchio** (*m*) (*fpl* **le orecchie**)
Organ **l'organo** (*m*)
Penis **il pene**
Rücken **la schiena**
Rückgrat **la spina dorsale**
Schenkel **la coscia**
Schulter **la spalla**
Sexualorgane **gli organi sessuali**
Stirn **la fronte**
Taille **la vita**
Vagina **la vagina**
Wange **la guancia**
Wimper **il ciglio** (*fpl* **le ciglia**)
Zahn **il dente**
Zeh **il dito del piede**
Zeigefinger **l'indice** (*m*)
Zunge **la lingua**

6a Menschliche Eigenschaften

abhängig (un-) **(in)dipendente**
Abhängigkeit **la dipendenza**
Aggression **l'aggressione** (*f*)
aggressiv **aggressivo**
aktiv **attivo**
amüsant **divertente**
angenehm **amabile, benvoluto, simpatico**
ängstlich **ansioso**
anpassungsfähig **adattabile**
anspruchsvoll **esigente**
arrogant **arrogante**

Arroganz **la superbia**
attraktiv **attraente**
aufmerksam **premuroso**
aufrichtig **sincero**
Aufrichtigkeit **la sincerità**
ausgeglichen **equilibrato**
bescheiden **modesto**
Bescheidenheit **la modestia**
besitzergreifend **possessivo**
bösartig **maligno**
böse **cattivo, malvagio**
charmant **affascinante, incantevole**
Charme **il fascino**
clever **intelligente, bravo**
demütig **umile**
dickköpfig **testardo**
dienstfertig **servizievole**
dumm **sciocco, stupido**
Dummheit **la stupidaggine**
Egoismus **l'egoismo** (*m*)
ehrbar **onorevole**
Ehrgeiz **l'ambizione** (*f*)
ehrgeizig **ambizioso**
ehrlich (un-) **(dis)onesto**
Ehrlichkeit **l'onestà** (*f*)
einsam **solitario, solo**
eitel **vanitoso**
Eitelkeit **la vanità**
energisch **energico, attivo**
entschlossen (un-) **(in)deciso**
ernst **serio**
extrovertiert **estroverso**
exzentrisch **eccentrico**
Fantasie **l'immaginazione** (*f*)
fantasievoll **immaginoso, fantasioso**
faul **pigro**
Faulheit **la pigrizia**
feige **codardo, vigliacco**
freundlich **gentile**
Freundlichkeit **la gentilezza**
frivol **frivolo**
fröhlich **allegro, contento**
gedankenlos **sconsiderato**
Geduld **la pazienza**
geduldig (un-) **(im)paziente**
gehorsam (un-) **(dis)obbediente**
Gehorsamkeit **l'obbedienza** (*f*)
geistesabwesend **distratto, svagato**
geistreich **divertente, spiritoso**
geizig **avaro**
geschwätzig **chiacchierone**
gesellig (un-) **(non) socievole**
gewalttätig **violento**
gewissenhaft **coscienzioso, attento**
gierig **ingordo**
gleichgültig **indifferente**
grausam **crudele**
großzügig **generoso**
Großzügigkeit **la generosità**
gut gelaunt **di buon umore**
herzlich **affettuoso**
heuchlerisch **ipocrita**
höflich **cortese, garbato**
Höflichkeit **la cortesia, la garbatezza**
idealistisch **idealista**
individualistisch **individualista**
intelligent **intelligente, acuto**
Intelligenz **l'intelligenza** (*f*)
Intoleranz **l'intolleranza** (*f*)
introvertiert **introverso**
ironisch **ironico**
kalt **freddo**
komisch **comico, spiritoso**
kreativ **creativo**
kritisch **critico**
kultiviert **colto, istruito**
künstlerisch **artistico**
langweilig **noioso**
launisch **instabile, capriccioso**
lebhaft **vivace**
liberal **liberale**
liebenswert **amabile, caro**
Liebenswürdigkeit **la cortesia, la gentilezza, l'amabilità**
menschlich (un-) **(in)umano**
merkwürdig **strano**

misstrauisch **diffidente**
moralisch (un-) **(im)morale**
mürrisch **imbronciato, di malumore**
Mut **il coraggio**
mutig **coraggioso**
naiv **ingenuo**
Naivität **l'ingenuità** (*f*)
natürlich **naturale, spontaneo** (*Adj*)
Neid **l'invidia** (*f*)
neidisch **invidioso**
nervös **nervoso**
Nervosität **il nervosismo, l'apprensione** (*f*)
nett **amabile, gentile**
Neugierde **la curiosità**
neugierig **curioso**
optimistisch **ottimista**
ordentlich (un-) **(dis)ordinato**
Originalität **l'originalità** (*f*)
originell **originale**
pessimistisch **pessimista**
rebellisch **ribelle**
reif (un-) **(im)maturo**
reizbar **irascibile, irritabile**
reserviert **riservato**
Respekt **il rispctto**
respektabel **rispettabile**
respektvoll **rispettoso**
sarkastisch **sarcastico**
schlau **furbo, scaltro**
schüchtern **timido**
selbstbewusst **sicuro di sé**
Selbstbewusstsein **la stima di sé**
selbstgenügsam **autosufficiente**
selbstlos **altruista, generoso**
selbstsicher **sicuro di sé**
Selbstvertrauen **la confidenza, la sicurezza in se stessi**
sensibel (un-) **(in)sensibile**
Sorgfalt **la cura, l'attenzione** (*f*)
sorgfältig **attento, diligente**
still **silenzioso**
Stolz **l'orgoglio** (*m*)
stolz **orgoglioso**
streng **severo**
süß **caro, dolce**
Sympathie **la simpatia**
sympathisch (un-) **simpatico (antipatico)**
Takt **la delicatezza, il tatto**
taktvoll **delicato, discreto**
talentiert **dotato di talento**
tolerant (in-) **(in)tollerante**
Toleranz **la tolleranza**
traditionell **tradizionale**
traurig **triste**
treu (un-) **(in)fedele**
Treue **la fedeltà**
tüchtig **capace**
tugendhaft **onesto, virtuoso**
Unabhängigkeit **l'indipendenza** (*f*)
unbesonnen **sbadato, sconsiderato**
Unehrlichkeit **la disonestà**
Ungeduld **l'impazienza** (*f*)
Ungehorsam **la disobbedienza**
ungezogen **maleducato**
Ungezogenheit **la maleducazione**
Unschuld **l'innocenza** (*f*)
unschuldig **innocente**
unverschämt **sfacciato**
verächtlich **sprezzante**
verantwortlich (un-) **(ir)responsabile**
verdächtig **sospettoso**
vernünftig (un-) **assennato, (ir)ragionevole, dissennato**
verrückt **pazzo, folle**
Verrücktheit **la pazzia, la follia**
verständnisvoll **comprensivo**
Vertrauen **la fiducia**
vertrauensvoll **fiducioso**
vielbeschäftigt **operoso, impegnato**
voreingenommen **prevenuto**
warmherzig **amichevole, di buon cuore**
weise **saggio, giudizioso, assennato**

Weisheit **la saggezza**
Witz **lo spirito, l'umorismo** (*m*)
witzig **spiritoso**
wohlerzogen **(ben)educato**
Zuneigung **l'affetto** (*m*)

8b Werkzeuge

Axt **l'ascia** (*f*), **l'accetta** (*f*)
Bohrer **la punta da trapano**
Bohrmaschine **il trapano**
Bolzen **il bullone**
Brecheisen **il palanchino, il piede di porco**
Eimer **il secchio**
Feile **la lima**
Gartenhandschuhe **i guanti da giardino**
Gartenschere **le forbici per giardinaggio**
Hacke **la marra, la zappa**
Hammer **il martello**
Heckenschere **le forbici per potare siepi**
Hobel **la pialla**
Holzhammer **il mazzuolo**
Klemmschraube **il morsetto**
Klinge **la lama**
Lack **la vernice**
Leiter **la scala**
Meißel **lo scalpello**
Mutter **il dado**
Nagel **il chiodo**
Pflanzkelle **la paletta da giardiniere**
Pinsel **il pennello**
Rasenmäher **la falciatrice da giardino**
Rechen **il rastrello**
Rolle **il rullo**
Säge **la sega**
Schaufel **la pala, il badile**
Schlauch **il tubo flessibile**
Schleifmaschine **la levigatrice**
Schmirgelpapier **la carta vetrata**
Schraube **la vite**
Schraubenschlüssel **la chiave fissa**
Schraubenzieher **il cacciavite**
Schraubstock **la morsa**
Spaten **la vanga**
Spitzhacke **il piccone**
Stehleiter **la scala a libro**
Taschenmesser **il temperino**
Wasserwaage **la livella a bolla d'aria**
Werkzeugkasten **la cassetta portautensili**
Zange **le pinze, la pinza**

9a Geschäfte, Läden & Dienstleistungen

Antiquitätengeschäft **il negozio di antiquariato**
Apotheke **la farmacia**
Automat **il distributore automatico**
Bäckerei **il panificio / la panetteria**
Bank **la banca**
Blumengeschäft **il fioraio**
Boutique **la boutique**
Buchhandlung **la libreria**
Einkaufszentrum **il centro commerciale**
Eisenwarenhandlung **il negozio di ferramenta**
Elektrogeschäft **il negozio di elettrodomestici**
Ersatzteilhändler **il negozio di ricambi**
Fischgeschäft **la pescheria**
Fischstand **il banchetto dei pesci**
Fotogeschäft **il negozio fotografico**
Friseur (Damen-) **il parrucchiere**
Friseur (Herren-) **il barbiere**
Gartenzentrum **un centro di giardinaggio**
Geschäft **il negozio**

Herrenmoden **il negozio di abbigliamento da uomo**
Immobilienagentur **l'agenzia** (*f*) **immobiliare**
Juweliergeschäft **l'oreficeria** (*f*), **la gioielleria**
Kaufhaus **il grande magazzino**
Keramikladen **il negozio di ceramiche**
Kiosk **il chiosco**
Konditorei **la pasticceria**
Kunsthandlung **il negozio d'arte**
Laden **il negozio, la bottega**
Lebensmittelgeschäft **il negozio di generi alimentari**
Lottoannahme **la ricevitoria**
Markt **il mercato**
Marktplatz **il mercato all'aperto**
Markthalle **il mercato coperto**
Metzgerei **la macelleria**
Milchgeschäft **la latteria**
Möbelgeschäft **il negozio di mobili**
Modegeschäft (Damen-) **il negozio di abbigliamento (da donna)**
Modellbauladen **il negozio di modellistica**
Musikgeschäft **il negozio di dischi / musica**
Obst- und Gemüsehandel **il negozio di frutta e verdura**
Optiker **l'ottico** (*m*)
Parfümerie **la profumeria**
Postamt **l'ufficio** (*m*) **postale**
Reformhaus **il negozio di alimenti naturali / di dietetica**
Reinigung **la tintoria, la lavanderia a secco**
Reisebüro **l'agenzia di viaggi** (*f*)
Schnellimbiss **la rosticceria**
Schreibwarenhandlung **il cartolaio / la cartoleria**
Schuhgeschäft **la calzoleria, il negozio di calzature**
Schuster **il calzolaio**
Souvenirladen **il negozio di souvenirs**
Spielwarengeschäft **il negozio di giocattoli**
Sportgeschäft **il negozio di articoli sportivi**
Supermarkt **il supermercato, l'ipermercato**
Süßwarengeschäft **il negozio di dolciumi**
Tabakwarenhandlung **la tabaccheria**
Tierhandlung **il negozio di animali domestici**
Versicherungsmakler **l'agente** (*m*) **d'assicurazione**
Videogeschäft **il negozio di video**
Waschsalon **la lavanderia a gettone**
Wettbüro **il botteghino di allibratore**
Wurstwarengeschäft **la salumeria**
Zeitschriftenhandlung **il giornalaio**
Zeitschriftenstand **l'edicola** (*f*) **(dei giornali)**

9a Währungen

D-Mark **il marco**
Dollar **il dollaro**
Euro **l'euro** (*m*)
Escudo **lo scudo**
Franc **il franco**
Gulden **il fiorino**
Lire **la lira**
Pesete **la peseta**
Pfund Sterling **la lira sterlina**
Rubel **il rublo**
Yen **lo yen**

9c Schmuck

Anhänger **il pendente, il ciondolo**
Armband/Armreif **il bracciale(tto)**
Brosche **la spilla**
Diadem **il diadema**

echt **vero**
Edelstein **la pietra preziosa**
Ehering **la fede (nuziale)**
Halbedel- **semiprezioso**
Halskette **la collana**
Karat **il carato**
Kette **la catenina**
Krawattennadel **lo spillo per cravatta**
Manschettenknöpfe **i gemelli**
Medaillon **il medaglione**
Modeschmuck **la bigiotteria**
Ohrring **l'orecchino** (*m*)
Ring **l'anello** (*m*)
Schmuck **i gioielli** (*Pl*), **le gioie** (*Pl*)
Schmuckkasten **il portagioielli**
Schmuckstück **il gioiello, la gioia**
unecht **falso**
Verlobungsring **l'anello** (*m*) **di fidanzamento**

9c Edelsteine & -metalle

Achat **l'agata** (*f*)
Amethyst **l'ametista** (*f*)
Bernstein **l'ambra** (*f*)
Chrom **il cromo**
Diamant **il diamante**
Elfenbein **l'avorio** (*m*)
Gold **l'oro** (*m*)
Koralle **il corallo**
Kristall **il cristallo**
Kupfer **il rame**
Onyx **l'onice** (*f*)
Perle **la perla**
Perlmutt **la madreperla**
Platin **il platino**
Quarz **il quarzo**
Rubin **il rubino**
Saphir **lo zaffiro**
Silber **l'argento** (*m*)
Smaragd **lo smeraldo**
Topas **il topazio**
Türkis **il turchese**
vergoldet **placcato d'oro**
versilbert **placcato d'argento**
Zinn **il peltro**

10c Kräuter & Gewürze

Anis **l'anice** *(m)*
Basilikum **il basilico**
Dill **l'aneto** *(m)*
Estragon **il dragoncello**
Ingwer **lo zenzero**
Kaper **il cappero**
Knoblauch **l'aglio** *(m)*
Kümmel **il cumino**
Lorbeerblatt **il lauro**
Majoran **la maggiorana**
Minze **la menta**
Muskatnuss **la noce moscata**
Nelken **i chiodi di garofano**
Oregano **l'origano** *(m)*
Petersilie **il prezzemolo**
Pfeffer **il pepe**
Rosmarin **il rosmarino**
Safran **lo zafferano**
Salbei **la salvia**
Schnittlauch **la cipollina**
Senf **la mostarda**
Thymian **il timo**
Zimt **la cannella**

10d Küchengeräte

Alufolie **la carta di alluminio**
Backblech **la teglia**
Bratspieß **lo spiedo, lo schidione**
Deckel **il coperchio**
Dosenöffner **l'apriscatole** (*m*)
Esslöffel **il cucchiaio da tavola**
  ein Essöffel voll **una cucchiaiata**
Gabel **la forchetta**
Grill **la griglia, la graticola, la gratella**
Kasserolle **il tegame, la casseruola**
Küchenmixer **il frullatore**
Löffel **il cucchiaio**
Messer **il coltello**

Nudelholz **il matterello**
Pfanne **la padella**
Reibe **la grattugia**
Sieb **il setaccio, il crivello, il colatoio, il colino**
Spachtel **la spatola**
Teelöffel **il cucchiaino da tè**
Topf **la pentola, la pignatta**
Tranchiermesser **il trinciante**
Waage **la bilancia**
Wachspapier **la carta oleata**
Wasserkessel **il bollitore**

10d Rauchen

Asche **la cenere**
Aschenbecher **il portacenere, il posacenere**
Feuerzeug **l'accendino** (*m*)
ich rauche **fumo [-are]**
Pfeife **la pipa**
Pfeifenreiniger **lo scovolino**
Rauch **il fumo**
Rauchen verboten **vietato fumare**
Streichholz **il fiammifero**
Wachsstreichholz **il cerino**
Streichholzschachtel **la scatola di fiammiferi**
Tabak **il tabacco**
Tabakwarenhandlung **il tabaccaio**
Zigarre **il sigaro**
Zigarette **la sigaretta**
Zigarettenkippe **il mozzione**

11b Krankheiten

AIDS **l'AIDS** (*m / f*)
Anfall **l'attacco** (*m*)
Angina **l'angina** (*f*)
Arthritis **l'artrite** (*f*)
Asthma **l'asma** (*f*)
Bakterie **i batteri**
Bazille **il bacillo**
Blasenentzündung **la cistite**
Blinddarmentzündung **l'appendicite** (*f*)
Bluthochdruck **l'ipertensione** (*m*)
Bronchitis **la bronchite**
Bruch **l'ernia** (*f*)
Cholera **il colera**
Depression **la depressione**
Dermatitis **la dermatite**
Diabetes **il diabete**
Diphtherie **la difterite**
Durchfall **la diarrea**
Ekzem **l'eczema** (*m*)
Epilepsie **l'epilessia** (*f*)
Erkältung **il raffreddore**
Fieber **la febbre**
Gallensteine **i calcoli biliari**
Geisteskrankheit **la malattia di mente**
Gelbfieber **la febbre gialla**
Gelbsucht **l'itterizia** (*f*)
Gerstenkorn **l'orzaiolo**
Geschlechtskrankheit **la malattia venerea**
Gonorrhö **la gonorrea**
Grippe **l'influenza** (*f*)
Hämorrhoiden **le emorroidi**
Harnröhreninfektion **l'infezione** (*f*) **delle vie urinarie**
Hepatitis **l'epatite** (*f*)
Herzinfarkt **l'attacco cardiaco, l'infarto**
Hirnhautentzündung **la meningite**
HIV-positiv **sieropositivo**
Hühnerauge **il callo**
Husten **la tosse**
Infektion **l'infezione** (*f*)
Inkontinenz **l'incontinenza** (*f*)
Katarrh **il catarro**
Keuchhusten **la pertosse**
Kolik **la colica**
Kopfschmerzen **il mal di testa**
Krankheit **la malattia**
Krätze **la scabbia**
Krebs **il cancro**
Läuse **i pidocchi**
Lebensmittelvergiftung **l'intossicazione alimentare** (*f*)

Leukämie **la leucemia**
Lungenentzündung **la polmonite**
Magengeschwüre **le ulcere**
Magenschmerzen **il mal di stomaco**
Magenverstimmung **il mal di pancia**
Malaria **la malaria**
Mandelentzündung **la tonsillite**
Masern **il morbillo**
Migräne **l'emicrania**
Mikrobe **il microbo**
Mongolismus **la sindrome di Down, il mongolismo**
Multiple Sklerose **la sclerosi multipla**
Mumps **la parotite**
Muskelschwund **le distrofia muscolare**
Ohrenschmerzen **il mal d'orecchio**
Parkinsonsche Krankheit **il morbo di Parkinson**
Pocken **il vaiolo**
Polio **la poliomielite**
Rheumatismus **il reumatismo**
Röteln **la rosolia**
Salmonelle **la salmonella**
Schlaganfall **il colpo apoplettico** (*m*)
Schwindel **il capogiro, le vertigini**
Seekrankheit **il mal di mare**
Syphilis **la sifilide**
Taubheit **la sordità**
Tetanus **il tetano**
Thrombose **la trombosi**
Tollwut **la rabbia**
Tuberkulose **la tubercolosi**
Übelkeit **la nausea**
Überdosis **una dose eccessiva**
Verstopfung **la stitichezza**
Windpocken **la varicella**
Wundstarrkrampf **la cancrena**
Zahnfleischentzündung **la gengivite**
Zahnschmerzen **il mal di denti**

11c Im Krankenhaus

Ambulanz **l'ambulatorio** (*m*)
Apotheke **la farmacia**
Aufnahme **l'accettazione** (*f*)
Aufwachraum **la sala post-operatoria**
Augenabteilung **il reparto di oculistica**
Behandlungsraum **l'infermieria, il gabinetto medico**
Blutbank **il centro trasfusioni (di sangue)**
Chirurgie **il reparto di chirurgia**
Dialyseabteilung **il centro dialisi**
Entbindungsstation **il reparto maternità**
fachärztliche Beratung **il gabinetto dello specialista**
Geriatrie **il reparto di geriatria**
Gynäkologie **il reparto di ginecologia**
Hals-, Nasen-, Ohrenabteilung **il reparto di otorinolaringoiatria**
Herzabteilung **il reparto di cardiologia**
Infektionskrankheiten **le malattie contagiose**
Intensivstation **il reparto di rianimazione**
Krebsstation **il reparto di oncologia**
Leichenhalle **il mortuario**
Not- **d'urgenza**
Notaufnahme **il pronto soccorso**
Operationssaal **la sala operatoria**
Orthopädie **il reparto di ortopedia**
Pädiatrie **il reparto di pediatria**
Pathologie **il reparto di patologia**
Psychiatrie **il reparto di psichiatria**

Rezeption **la ricezione**
Röntgenaufnahmen **i raggi (X)**
Station **il reparto, il padiglione**
Transfusion **la trasfusione**

11d Friseur

Dauerwelle **la permanente**
Entfärbung **la decolorazione**
Färben **la colorazione, la tintura**
Farbtabelle **la tabella dei coloranti / delle tinture**
Festiger **il fissatore**
Friseur(in) **il parrucchiere, la parrucchiera**
Frisur **l'acconciatura** (*f*), **la pettinatura**
Haar **i capelli** (*Pl*)
  fettig **grassi**
  grau **grigi**
  matt **senza vita**
  trocken **secchi**
Haarschnitt **il taglio dei capelli**
Haarspray **la lacca per capelli**
ich färbe **tingo [-ere], coloro [-are]**
ich lasse mir die Haare schneiden **mi taglio [-are] i capelli**
ich schneide **taglio [-are]**
ich stutze **spunto [-are]**
  ich stutze den Bart **spunto [-are] la barba**
Koteletten **le basette**
Nachschneiden **la spuntatina**
oben (auf dem Kopf) **in cima**
Perücke **la parrucca**
  ich trage eine Perücke **porto [-are] la parrucca**
Pony **la frangia**
Schnurrbart **i baffi**
Schuppen **la forfora**
Seiten (des Kopfes) **i lati**
Shampootönung **lo shampo colorante**
Waschen und Legen **lo shampo e la messa in piega**

13b Fest- & Feiertage

Allerheiligen (1. Nov.) **Tutti i Santi, Ognissanti**
Allerseelen (2. Nov.) **I Morti**
Aschermittwoch **il Mercoledì delle Ceneri**
Chanukka **l'Hanouka**
Christi Himmelfahrt **l'Ascensione** (*f*)
Faschingsdienstag **il martedì grasso**
Fastenzeit **la quaresima**
Fest **la festa**
Fronleichnam **il Corpus Domini**
Heiligabend **la vigilia di Natale**
Jom Kippur **l'Yom Kippur**
Karfreitag **il Venerdì Santo**
Karneval **il Carnevale**
Lichtmess **la calendora**
Mariä Himmelfahrt **L'Assunzione della Maria Vergine**
Neujahr **il capodanno**
Ostermontag **il lunedì di Pasqua**
Ostern **la Pasqua**
Ostersonntag **il giorno di Pasqua, la Pasqua**
Palmsonntag **la domenica delle Palme**
Passahfest **la Pasqua ebraica**
Ramadan **il ramadan**
Sabbat **il sabato**
Silvester **la vigilia di capodanno**
Tag der Arbeit **la festa dei lavoratori**
Weihnachten **il Natale**
  zu Weihnachten **a Natale**
1. Weihnachtstag **il giorno di Natale**
2. Weihnachtstag **Santo Stefano**

14b Berufe & Jobs

Kunst

Ansager(in) **l'annunciatore** (*m*), **l'annunciatrice** (*f*)
Architekt **l'architetto** (*m*)
Bildhauer(in) **lo scultore, la scultrice**
Buchdrucker(in) **il poligrafico, la poligrafica**
Buchhändler(in) **il libraio, la libraia**
Chefredakteur **il direttore di redazione**
Dichter(in) **il poeta, la poetessa**
Fernsehmoderator(in) **l'annunciatore** (*m*), **l'annunciatrice** (*f*), **il presentatore, la presentatrice**
Filmstar **la stella del cinema**
Fotograf(in) **il fotografo, la fotografa**
Grafiker(in) **il grafico / la grafica**
Journalist(in) **il / la giornalista**
Kameramann **il cineoperatore, il cameraman**
Künstler(in) **l'artista** (*m / f*)
Maler(in) **il pittore, la pittrice**
Modell **il modello, la modella**
Musiker(in) **il / la musicista**
Produzent(in) *(Theater)* **il produttore, la produttrice**
Regisseur(in) **il / la regista**
Reporter(in) **il / la cronista, il / la reporter**
Sänger(in) **il / la cantante**
Schauspieler(in) **l'attore** (*m*), **l'attrice** (*f*)
Schriftsteller(in) **l'autore** (*m*), **l'autrice** (*f*), **lo scrittore, la scrittrice**
Verleger(in) **l'editore** (*m*), **l'editrice** (*f*)

Bildung & Forschung

Aushilfslehrer(in) **l'insegnante** (*m / f*) **supplente**
Forscher(in) **il ricercatore, la ricercatrice**
Grundschullehrer(in) **il maestro / la maestra, l'insegnante elementare**
Hilfslehrer(in) **l'insegnante** (*m / f*) **di sostegno**
Lehrer(in) **l'insegnante** (*m / f*)
Lehrkörper **il corpo docente**
Oberschullehrer(in) **l'insegnante** (*m / f*) **di scuola media**
Physiker **il fisico, la fisica**
Professor(in) **il professore / la professoressa**
Schulleiter **il / la preside**
Student(in) **lo studente, la studentessa**
Techniker **il tecnico**
Wissenschaftler(in) **lo scienziato, la scienziata**

Gastronomie & Einzelhandel

Apotheker(in) **il / la farmacista**
Bäcker **il panettiere, il fornaio**
Bauer **l'agricoltore** *(m / f)*, **il coltivatore, il contadino**
Bierbrauer **il fabbricante di birra**
Blumenhändler **il / la fiorista, il fioraio, la fioraia**
Drogist **il droghiere**
Einkäufer **l'acquirente** (*m / f*), **il compratore, la compratrice**
Fischer **il pescatore**
Fischhändler **il pescivendolo**
Goldschmied **l'orefice** *(m)*
Juwelier **il gioielliere,**
Kaufmann (-frau) **il / la negoziante**
Kellner(in) **il cameriere, la cameriera**
Koch/Köchin **il cuoco, la cuoca**
Lieferant von Speisen und Getränken **il fornitore**
Metzger **il macellaio**
Obsthändler **il fruttivendolo**

Tabakwarenhändler **il tabaccaio**
Verkäufer(in) **il commesso / la commessa**
Vertreter(in) **il / la rappresentante**
Winzer(in) **il vignaiolo, il viticultore / la viticultrice**

Öffentlicher Dienst

Abgeordneter **il deputato, il senatore**
Angehöriger der Streitkräfte **un membro delle forze armate**
Angestellte(r) **l'impiegato** (*m*) **l'impiegata** (*f*)
Beamte(in) **il funzionario (pubblico)**, **l'ufficiale** (*m/f*)
Feuerwehrmann **il pompiere**
Geheimagent(in) **l'agente** (*m/f*) **segreto / a**
Matrose **il marinaio**
Minister **il ministro**
Politiker **il politico**
Polizist **il poliziotto, il carabiniere**
Polizistin **la poliziotta**
Richter **il giudice, il magistrato**
Soldat **il soldato, il militare**
Zollbeamte(in) **il doganiere / la doganiera**

Gesundheitswesen

Analytiker(in) **l'analista** (*m/f*)
Arzt/Ärztin **il medico, il dottore / la dottoressa**
Chirurg **il chirurgo**
Doktor(in) (Dr.) **il medico, il dottore, la dottoressa**
Gynäkologe(in) **il ginecologo / la ginecologa**
Hebamme **l'ostetrica** (*f*)
Krankenpfleger/-schwester **l'infermiere** (*m*) **l'infermiera** (*f*)
Optiker **l'ottico** (*m*)
praktischer Arzt **il medico generico**
Psychiater(in) **lo / la psichiatra**
Psychologe(in) **lo psicologo, la psicologa**
Spezialist(in) **lo / la specialista**
Tiermediziner **il veterinario**
Zahnarzt/-ärztin **il / la dentista**

Industrie & Baugewerbe

Arbeiter **il manovale**
Bauarbeiter **il costruttore**
Bergmann **il minatore**
Fabrikant **il fabbricante, il produttore**
Glaser **il vetraio**
Industrielle(r) **l'industriale** (*m/f*)
Ingenieur(in) **l'ingegnere** (*m/f*)
Maurer **il muratore**
Mechaniker **il meccanico**
Metallarbeiter **l'operaio** (*m*) **metallurgico**
Schreiner **il falegname, il carpentiere**
Steinmetz **il muratore**
Verputzer **l'intonacatore** (*m*)
Vorarbeiter **il capo, il caposquadra**

Dienstleistungssektor

Agent(in) **l'agente** (*m/f*)
Anstreicher **il pittore, il decoratore**
Bankdirektor(in) **il direttore / la direttrice di banca**
Berater(in) **il consigliere, la consigliera, il / la consulente**
Bestattungsunternehmer **l'impresario** (*m*) **di pompe funebri**
Bibliothekar(in) **il bibliotecario, la bibliotecaria**
Börsenmakler(in) **l'agente** (*m/f*) **di cambio**
Briefträger(in) **il postino, la postina**
Buchhalter(in) **il ragioniere / la ragioniera**

Büroangestellte(r) **l'impiegato** (*m*), **l'impiegata** (*f*)
Dolmetscher(in) **l'interprete** (*m/f*)
Elektriker(in) **l'elettricista** (*m/f*)
Empfangschef/-dame **li/la ricezionista** (*m/f*)
Fremdenführer(in) **la guida**
Friseur(in) **il parrucchiere, la parrucchiera**
Gärtner **il giardiniere**
Geschäftsfrau **la donna** (*m*) **d'affari**
Geschäftsmann **l'uomo** (*m*) **d'affari**
Gewerkschaftler(in) **il/la sindacalista**
Hausangestellte(r) **il domestico, la domestica**
Hausmeister(in) **il/la custode**
Herrenfriseur **il barbiere**
Immobilienkaufmann **l'agente immobiliare**
Klempner **l'idraulico** (*m*)
Konstruktionszeichner(in) **il/la progettista**
Landvermesser(in) **il/la geometra** (*m/f*)
Müllmann **il netturbino**
Priester **il prete, il sacerdote**
Programmierer(in) **il programmatore, la programmatrice**
Putzmann/-frau **l'addetto** (*m*), **l'addetta** (*f*) **alle pulizie**
Rechtsanwalt/-anwältin **l'avvocato** (*m*), **l'avvocatessa** (*f*)
Notar **il notaio**
Reisebürokaufmann/-frau **l'agente** (*m/f*) **di viaggi**
Sozialarbeiter(in) **l'assistente** (*m/f*) **sociale**
Stenotypist(in) **il dattilografo, la dattilografa**
Steuerinspektor(in) **l'esattore** (*m/f*) **delle imposte**
Übersetzer(in) **il traduttore, la traduttrice**
Versicherungsvertreter(in) **l'agente** (*m/f*) **d'assicurazione**

Transportwesen

Busfahrer **il conducente d'autobus**
Fahrer(in) **l'autista** (*m/f*), **il/la conducente**
Fahrlehrer(in) **l'istruttore** (*m/f*) **di guida**
Flugbegleiter(in) **assistente** (*m/f*) **di volo**
Lkw-Fahrer(in) **il/la camionista**
Pilot(in) **il/la pilota**
Schaffner **il controllore**
Taxifahrer(in) **il/la tassista**

14b Arbeitsplätze

Ausbeuterbetrieb **l'azienda** (*f*) **che sfrutta la manodopera**
Bauernhof **l'azienda** (*f*) **agricola, la fattoria**
Baustelle **il cantiere di costruzione**
Bergwerk **la miniera di carbone**
Brauerei **la fabbrica di birra**
Brennerei **la distilleria**
Büro **l'ufficio** (*m*)
Fabrik **la fabbrica**
Geschäftszentrum **il centro, il complesso commerciale**
Gesellschaft mit beschränkter Haftung (GmbH) **la società a responsabilità limitata (srl)**
Gießerei **la fonderia**
Hochofen **la fornace**
Krankenhaus **l'ospedale** (*m*)
Laden **il negozio, la bottega**
Lagerhaus **il magazzino**
Papierfabrik **la carteria**
Sägemühle **la segheria**
Stahlwerk **l'acciaieria** (*f*)
Textilfabrik **lo stabilimento tessile**
Walzwerk **il laminatoio**
Weinberg **la vigna, il vigneto**

Werk **la fabbrica, lo stabilimento**
Werkstatt **l'officina** (*f*)

14b Firmenpersonal & -struktur

Abteilung **la divisione, il reparto**
Angestellte(r) **l'impiegato** (*m*), **l'impiegata** (*f*), **il / la dipendente**
Arbeitskraft **la manodopera**
Arbeitgeber **il datore di lavoro**
Assistent(in) **l'assistente** (*m / f*)
Aufsichtsrat **il consiglio d'amministrazione**
Auszubildende(r) **l'apprendista** (*m / f*)
Buchhaltung **il reparto contabilità**
Chef **il padrone, il capo**
Chefsekretär(in) **il segretario / la segretaria di direzione**
Direktor **il direttore, il dirigente**
Direktorin **la direttrice, la dirigente**
Filiale **la filiale**
Finanzdirektor **il direttore finanziario**
Führungskraft **l'esecutivo** (*m*)
Geschäftsführer **l'amministratore** (*m*) **delegato**
Geschäftsleitung **la gestione, la direzione**
Hauptsitz **la sede centrale**
Kollege(in) **il / la collega**
Marketingabteilung **il reparto marketing**
Personal **le risorse umane, il personale**
Personalabteilung **l'ufficio** (*m*) **del(le) personale / risorse umane**
Präsident **il presidente**
Praktikant(in) **lo / la stagista**
Produktionsabteilung **il reparto produzione**
Sekretär(in) **il segretario, la segretaria**
Spezialist(in) **lo / la specialista**
Team **il gruppo, l'équipe** (*f*)
Teilhaber **il socio**
Verkaufsabteilung **il reparto vendite**
Vizepräsident **il vice presidente**
Vorarbeiter **il caporeparto**
Vorgesetzter **il superiore**

15c Briefformeln

alles Liebe **baci, abbracci, un abbraccio, con affetto**
Anbei übersende ich ... **allego ... [-are]**
Herzlichst ... **cordialmente ...**
Lieber Peter ... **Caro Pietro ...**
Mit besten Grüßen ... **con I miei / nostri migliori saluti ...**
Mit besten Wünschen ... **con i miei / nostri migliori auguri ...**
Mit freundlichen Grüßen ... **distinti saluti ...**
Mit herzlichen Grüßen ... **cordiali saluti ...**
Sehr geehrte Damen und Herren ... **Gentili Signori ...**
Sehr geehrte Frau ... **Gentile Signora ...**
Sehr geehrter Herr ... **Egregio Signore / Signor** (*mit Name*) ...
Viele Grüße ... **tanti saluti da ...**

15d Computerhardware

Anschluss **la presa**
Anzeige **la visualizzazione, il display**
Auflösung **la risoluzione**
Ausdruck **la copia a stampa**
Band **il nastro**
Batterie **la pila**
Bildschirm **lo schermo**
CD-ROM **il CD-ROM**
Chip **il chip**
Computer **il computer, l'elaboratore** (*m*)
Cursor **il cursore**
Datensichtstation **il sistema dei dati sullo schermo**

Diskette **il disco, il dischetto**
mit doppelter Aufzeichnungsdichte **di doppia densità**
Diskettenlaufwerk **l'unità** (*f*) **disco, il diskdrive**
Drucker **la stampante**
Eingangskanal **l'unità** (*f*) **di input**
Festplatte **l'hard disc** (*m*)
Floppy Disk **il dischetto, il floppy**
Font/Schrift **il carattere**
Funktionstaste **il tasto funzione**
Großrechner **l'elaboratore** (*m*) **principale, l'unità** (*f*) **centrale di elaborazione**
Hard Copy **la copia a stampa**
Hardware **l'hardware** (*f*)
HD-Diskette (doppelseitig, mit vierfacher Aufzeichnungsdichte) **il disco ad alta densità**
Helligkeit **la luminosità**
IBM-kompatibel **compatibile con IBM**
integrierte Schaltung **il circuito integrato**
Kartusche **la cartuccia d'inchiostro**
kompatibel **compatibile**
Kompatibilität **la compatibilità**
Ladegerät **il caricabatterie**
Laptop **l'elaboratore** (*m*) **portatile**
Laserdrucker **la stampante laser**
Laufwerk **l'unità** (*f*) **(disco)**
LCD-Anzeige **lo schermo a cristalli liquidi**
Maus **il mouse**
Mikroprozessor **il microprocessore**
Minicomputer **il minicomputer**
Modem **il modem**
Netz **la rete**
Papiereinzug **il cassetto per la carta**
Personalcomputer/PC **il PC, il personal computer**
Pocketbook **il libro tascabile**
Prozessor (CPU) **l'elaboratore** (*m*), **il processore, l'unità** (*f*) **centrale di elaborazione**
RAM **la RAM**
Rollbalken **il rullo**
ROM **la ROM**
Speicher **la memoria**
Tastatur **la tastiera**
Terminal **il terminale**
Tintenstrahl **il getto d'inchiostro**
VDU **l'unità** (*f*) **di visualizzazione**
WAN (Fernnetz) **la WAN**

15d Computersoftware

algebraisch **algebrico**
algorithmisch **algoritmico**
Ausgabe **l'output** (*m*)
Befehl **il comando**
benutzerfreundlich **di facile uso**
Betriebssystem **il sistema operativo**
Byte **il byte**
CAD (computergestütztes Design) **la progettazione con aiuto di elaboratore, il CAD**
Computersprache **il linguaggio informatico**
Daten **i dati**
Datenbank **la banca dati**
Dateneingabe **la registrazione dei dati**
Datenerfassung **la formulazione dei dati**
Datenverarbeitung **l'elaborazione** (*f*) **dei dati**
Default-Option **l'opzione** (*f*) **di default**
Dokument **il documento**
Doppelklick **il doppio click (del mouse)**
ESCAPE/EXIT **l'uscita** (*f*)
Flussdiagramm **il diagramma di flusso**
Format **il formato**
Funktion **la funzione**

Grafik **i grafici** (*Pl*)
Grafikanwendung **l'applicazione** (*f*) **grafica**
Hilfe **l'assistenza** (*f*)
Hilfe-Menü **il menù d'assistenza**
Hinweisdatei **l'archivio** (*m*) **di consultazione**
Inhaltsverzeichnis **l'indice** (*m*)
kodiert **codificato**
Kodierung **la codifica**
Kopie **la copia**
Leerzeichen **lo spazio**
Leertaste **la barra spaziatrice**
logischer Schaltungsaufbau **il circuito logico**
Menü **il menu, l'elenco dei programmi**
Menübalken **il menu a barra**
Passwort **la parola chiave**
Programm **il programma**
Programmfehler **l'errore** (*m*), **il bug**
programmierbar **programmabile**
Programmierer **il programmatore**
Programmierung **la programmazione**
Software **il software**
Softwarepaket **il pacchetto software**
Speicher **la memoria**
Sprache **il linguaggio**
Spreadsheet **il foglio elettronico**
Statistikpaket **il pacchetto di statistiche**
Virus **il virus**

16a Hobbys

Angeln **la pesca con la lenza**
Antiquitäten sammeln **collezionare oggetti di antiquariato**
Archäologie **l'archeologia** (*f*)
Bienenzucht **l'apicoltura** (*f*)
Bogenschießen **il tiro all'arco**
Briefmarken sammeln **collezionare francobolli, la filatelia**
fernsehen **guardare la televisione**
fischen **andare a pesca, pescare**
Fotographie **la fotografia**
Gärtnerei **fare giardinaggio**
Glücksspiel **giocare d'azzardo**
ins Kino gehen **andare al cinema**
lesen **leggere**
Musik hören **ascoltare musica**
nähen **cucire**
Schach spielen **giocare a scacchi**
schreinern **lavorare il legno**
spazieren gehen **camminare**
spinnen **filare**
Standardtanz **il ballo liscio**
stricken **fare la maglia**
tanzen **ballare**
Vogelkunde **l'ornitologia** (*f*)

16c Fotographie

Amateurfilm **il film d'amatore**
Auslöser **lo scatto**
automatisch **automatico**
Belichtung **l'esposizione** (*f*), **la posa**
Belichtungsmesser **il contatore di esposizione / di pose**
Bild **la foto**
Blitz(licht) **il flash**
blockiert **bloccato**
Dia **la diapositiva**
Entwicklung **lo sviluppo**
feinkörnig **a grana fine**
Film **la pellicola**
  schwarzweiß **in bianco e nero**
  Farb- **a colori**
Filmkamera **la cinepresa**
Filmrolle **il rullino**
Filmtransporthebel **la leva d'avanzamento della pellicola**
Filter **il filtro**
Foto(graphie) **la foto(grafia)**
  Passfoto **la foto da passaporto**
  Urlaubsfoto **la foto delle vacanze**

Fotoalbum **l'album** (*m*) **delle fotografie**
ich entwickele **sviluppo [-are]**
ich fotografiere **faccio [fare] foto, fotografo [-are]**
ich stelle scharf **metto [-ere] a fuoco**
ich vergrößere **ingrandisco [-ire]**
Kamera **la macchina fotografica**
Kameratasche **la custodia per la macchina fotografica**
Licht **la luce**
künstlich **artificiale**
Tageslicht **la luce del giorno, naturale**
Lichtmesser **l'esposimetro** (*m*)
Negativ **il negativo**
Objektiv **l'obiettivo** (*m*), **la lente**
Tele- **il teleobiettivo**
Weitwinkel- **il grandangolare**
Objektivdeckel **il cappuccio per obiettivo**
scharf **a fuoco**
überbelichtet **sovraesposto**
Überbelichtung **la sovraesposizione**
unscharf **sfuocato**
Verschluss **l'otturatore** (*m*)
Videokamera **la telecamera**
Videokassette **la videocassetta**

17b Architektonische Begriffe

Alkoven **l'alcova** (*f*)
Architrav **l'architrave** (*f*)
Atrium **l'atrio** (*m*)
Bogen **l'arco** (*m*)
Dach **il tetto**
Dachtraufe **il cornicione**
Diptychon **il dittico**
Eckpfeiler **la pietra angolare**
Fassade **la facciata**
Fensterrose **il rosone**
Fischgrät- **a spina di pesce**
Flachrelief **il bassorilievo**
Gedenktafel **la lapide**
Gewölbe **la volta**
gewölbt **a volta**
Giebel **il frontone**
Girlande **il festone**
Hochrelief **l'altorilievo** (*m*)
Kapitell **il capitello**
Karyatide **la cariatide**
Kuppel **la cupola**
Mansardendach **la mansarda**
Pagode **la pagoda**
Pilaster **il pilastro**
Plinthe **il plinto**
Portikus **il portico, il colonnato**
Rotunde **la rotonda**
Sakristei **la sagrestia**
Säule **la colonna**
dorisch **dorica**
ionisch **ionica**
korinthisch **corinzia**
Säulengang **il colonnato, il portico**
Schießscharte **la strombatura**
Schiff (Kirchen-) **la navata**
Schnecke **la voluta**
Sockel **lo zoccolo**
Spitzbogen **l'ogiva** (*f*)
Spitzturm **la guglia**
Strebebogen **la contrafforte** (*m*)
Hängestütze **il contrafforte pensile**
Täfelung **il rivestimento di legno**
Triumphbogen **l'arco** (*m*) **trionfale**
Triptychon **il trittico**
vorspringend **sporgente**
Wasserspeier **la garguglia**
Zinne **il pinnacolo**
Zinnen **gli spalti** (*Pl*)
Zugbrücke **il ponte levatoio**

17d Musiker & Musikinstrumente

Akkordeonspieler(in) **il / la fisarmonicista** (*m / f*)
Altist(in) **il / la contralto, il falsetto**
Altstimme **la contralto**
Bariton **il baritono**
Bassetthorn **il corno di bassetto**

Bassist (Sänger) **il basso**
Bassklarinette **il basso clarinetto**
Begleiter(in) **l'accompagnatore** (*m*), **l'accompagnatrice** (*f*)
Blockflöte **il flauto dolce**
Bratsche **la viola da braccio**
Cellist(in) **il / la violoncellista** (*m / f*)
Cello **il violoncello**
Cembalist(in) **il suonatore di arpicordo**
Cembalo **il cimbalo, il clavicembalo, l'arpicordo** (*m*)
Chorsänger(in) **il / la corista** (*m / f*)
Drehorgel **l'organino** (*m*)
Dudelsack **la zampogna**
Erste Violine **il primo violino**
Fagott **il fagotto**
Fagottist(in) **il suonatore di fagotto**
Flageolett **lo zufolo**
Flöte **il piffero**
Flötist(in) **il / la flautista** (*m / f*)
Flügel **il pianoforte a coda**
Gitarre **la chitarra**
Gitarrist(in) **il / la chitarrista** (*m / f*)
Glockenspiel **le campane tubolari**
Harfe **l'arpa** (*f*)
Harfenist(in) **l'arpista** (*m / f*)
Harmonium **l'armonium** (*m*)
Horn **il corno**
Instrumentalist **il suonatore di strumento**
Jagdhorn **il corno da caccia**
Kastagnetten **le nacchere**
Klarinette **il clarinetto**
Klarinettist(in) **il / la clarinettista** (*m / f*)
Klassische Gitarre **la chitarra classica**
Klavier **il pianoforte**
Kontrabass **il contrabbasso**
Kontrafagott **il controfagotto**
Kornett **la cornetta**
Leier **la lira**
Librettist(in) **il / la librettista** (*m / f*)
Mandoline **il mandolino**
Maultrommel **lo scacciapensieri**
Mezzosopran **la mezzosoprano**
Mundharmonika **l'armonica** (*f*) **a bocca**
Oboe **l'oboe** (*m*)
Orchestermusiker **gli orchestrali**
Organist(in) **l'organista** (*m / f*)
Orgel **l'organo** (*m*)
Pianist **il / la pianista** (*m / f*)
Piano **il pianoforte**
Posaune **il trombone**
Querflöte **il flauto**
Quetschkommode **la concertina**
Sänger(in) **il / la cantante** (*m / f*)
Saxophon **il sassofono**
Saxophonist(in) **il / la sassofonista** (*m / f*)
Schlaginstrumente **gli strumenti a percussione**
Schlagzeug **la batteria**
Schlagzeuger(in) **il / la batterista** (*m / f*), **il suonatore di strumenti a percussione**
Sopran **la soprano**
Spinett **la spinetta**
Stimmgabel **il diapason**
Straßenmusikant **il suonatore ambulante**
Streichinstrumente **gli strumenti a corda**
Synthesizer **il sintetizzatore**
Tenor **il tenore**
Timpano **il timpano**
Triangel **il triangolo**
Trompete **la tromba**
Tuba **la tuba**
Viola **la viola**
Violaspieler(in) **il suonatore di viola**
Violine **il violino**
Violoncello **il violoncello**
Violonist(in) **il / la violinista** (*m / f*)
Xylophon **il silofono**
Zimbal **il salterio**

17d Musikformen

Arie **l'aria** (*f*)
Ballade **la ballata**
Choralmusik **la musica corale**
Duett **il duetto**
Fuge **la fuga**
Kammermusik **la musica da camera**
Kantate **la cantata**
Kirchenmusik **la musica sacra**
Konzert **il concerto**
  Klavierkonzert **il concerto per piano**
Liederzyklus **il ciclo di canzoni**
Madrigal **il madrigale**
Musical **la commedia musicale**
Musikdrama **il dramma in musica**
Nocturne **il notturno**
Oktett **l'ottetto** (*m*)
Oper **l'opera** (*f*)
Operette **l'operetta** (*f*)
Oratorium **l'oratorio** (*m*)
Overtüre **l'ouverture** (*f*)
Quartett **il quartetto**
Quintett **il quintetto**
Requiem **la messa da requiem**
Rezitativ **il recitativo**
Septett **il settimino**
Serenade **la serenata**
Sextett **il sestetto**
Sinfonie **la sinfonia**
Sonate **la sonata**
Streichquartett **il quartetto per archi**
Suite **la suite**
Trio **il trio**
  Klaviertrio **il trio per piano**
Vorspiel **il preludio**

17d Musikalische Begriffe

Akkord **l'accordo** (*m*)
Arpeggio **l'arpeggio** (*m*)
Begleitung **l'accompagnamento** (*m*)
Bogen **l'archetto** (*m*)
Bogentechnik **la tecnica dell'archetto**
Dirigent **il direttore d'orchestra**
Dissonanz **la dissonanza**
Dur **maggiore**
Erhöhungszeichen **diesis**
Erste Violine **il primo violino**
Improvisation **l'improvvisazione** (*f*)
Kadenz **la cadenza**
Kreuz **diesis**
Moll **minore**
Note **la nota**
  Achtel **croma**
  Brevis **breve**
  Halbe (Note) **minima**
  Sechzehntel **semicroma**
  Viertel **semiminima**
Notenblatt **il foglio di musica**
Partitur **la partitura, lo spartito**
Schlüssel **la chiave**
  Bassschlüssel **la chiave di basso**
  Violinschlüssel **la chiave di soprano**
stumm **la sordina**
Takt **la battuta**
Taktstrich **la battuta**
Tonleiter **la scala**

17e Filmgenres

Abenteuerfilm **il film di avventura**
Cartoons **i cartoni animati**
Dokumentarfilm **il documentario**
Horrorfilm **il film dell'orrore**
Komödie **la commedia**
Kriegsfilm **il film di guerra**
Kurzfilm **il cortometraggio**
Lowbudgetfilm **il film a basso costo**
Schnulze **il film lacrimoso**
schwarze Komödie **la commedia nera**
Schwarzweiß- **in bianco e nero**
Sciencefictionfilm **il film di fantascienza**
Spielfilm **il film, il lungometraggio**

Stummfilme **il cinema muto**
Thriller **il poliziesco**
Videoclip **l'inserto** (*m*) **filmato**
Western **il (film) western**
Zeichentrickfilm **il film di animazione**

19a Transportmittel

mit dem Auto **in auto**
mit dem Boot **in barca**
mit dem Bus **in autobus**
mit dem Fahrrad **in bicicletta**
mit dem Flugzeug **in aereo**
mit dem Hubschrauber **in elicottero**
mit dem Jumbo-Jet **in aereo jumbo**
mit dem Krankenwagen **in ambulanza**
mit dem Lastwagen **in camion**
mit dem Luftkissenboot **in hovercraft**
mit dem Oberleitungsbus **in filovia**
mit dem Reisebus **in pullman, in corriera**
mit dem Schiff **in nave**
mit dem Taxi **in taxi**
mit dem Tragflächenboot **in aliscafo**
mit der Fähre **in traghetto**
mit der Seilbahn **in funivia**
mit der Straßenbahn **in tram**
mit der U-Bahn **in metropolitana**

19c Autoteile

Anlasser **il motorino d'avviamento**
Armaturenbrett **il cruscotto**
Auspuff **il tubo di scarico**
Automatik **la frizione automatica**
Batterie **la batteria**
Blinker **l'indicatore** (*m*) **di direzione, la freccia**
Bremse **il freno**
Bremslichter **le luci dei freni**
Dach **la capote**
Dachgepäckträger **portabagagli**
Drosselklappe **la valvola d'aria**
Drosselventil **la valvola a farfalla**
Ersatzteile **i pezzi di ricambio**
Getriebe **il cambio di velocità**
Hinterrad **la ruota posteriore**
Hupe **il claxon**
Karosserie **la carrozzeria**
Katalysator **il catalizzatore**
Kofferraum **il bagagliaio**
Kupplung **la frizione**
Lichter **le luci**
Motor **il motore**
Motorhaube **il cofano**
Nebellampe **il fanale antinebbia**
Nummernschild **la targa**
Pedal **il pedale**
- Gaspedal **il pedale dell'acceleratore**
- Bremspedal **il pedale del freno**
- Kupplung **il pedale della frizione**

Rad **la ruota**
Reifen **la gomma, il pneumatico**
- Hinterreifen **la gomma posteriore**
- Vorderreifen **la gomma anteriore**
- Ersatzreifen **la gomma di scorta**

Reifendruck **la pressione delle gomme**
Reserverad **la ruota di ricambio**
Reservereifen **la gomma di ricambio**
Rücksitz **i sedili posteriori**
Rückspiegel **lo specchietto retrovisore**
Scheibenwischer **il tergicristallo**
Scheinwerfer **i fari, gli abbaglianti**
Sicherheitsgurt **la cintura di sicurezza**
Steuer **il volante**
Stoßstange **il paraurti**
Tachometer **il contachilometri**
Tank **il serbatoio**

Tür **la portiera**
Vordertür **la portiera anteriore**
Hintertür **la portiera posteriore**
Ventil **la valvola**
Vergaser **il carburatore**
Vorderrad **la ruota anteriore**
Vordersitze **i sedili anteriori**
Warndreieck **il triangolo rosso / d'emergenza**
Wechselstromgenerator **l'alternatore** (*m*)
Windschutzscheibe **il finestrino**

19c Verkehrszeichen

Autobahnauffahrt/-ausfahrt **ingresso / uscita autostrada**, **svincolo autostradale**
Durchfahrt freihalten **tenere libero il passaggio**
Ende der Autobahn **fine del regolamento autostradale**
Ende der Straßenarbeiten **fine dei lavori**
Ende der Umleitung **fine della deviazione**
Fußgängerübergang **passaggio pedonale**
gebührenfreies Parken **parcheggio gratuito**
Gefahr! **Pericolo!**
Höchstgeschwindigkeit **velocità massima**
kein Zugang **accesso vietato**
Ladezone **zona carico**
nur für Anlieger **riservato ai residenti**
Parkverbot **parcheggio vietato**
Stop **alt**
Straße gesperrt **strada sbarrata**
Straßenarbeiten **lavori in corso**
Straßengebühr **pedaggio**
Umleitung **deviazione**
Weiterfahren! **Avanti!**

20a Sehenswürdigkeiten

Abtei **l'abbazia** (*f*)
Amphitheater **l'anfiteatro** (*m*)
Aquarium **l'acquario** (*m*)
Ausstellung **l'esposizione** (*f*), **la mostra**
Bibliothek **la biblioteca**
Boulevard **il corso, il viale**
Brüstung **il parapetto**
Brunnen **la fontana**
Einkaufsgebiet **la zona dei negozi**
Festung **la fortezza**
Freizeitpark **il parco dei divertimenti**
Friedhof **il cimitero**
Gärten **i giardini**
Grab **la tomba**
Hafen **il porto**
Höhle **la grotta**
Kapelle **la cappella**
Katakomben **le catacombe**
Kathedrale **la cattedrale**
Kirche **la chiesa**
Kloster (Frauen) **il convento**
Kloster (Männer) **il monastero**
Konzertsaal **la sala dei concerti, l'auditorium** (*m*)
Kunstgallerie **la galleria d'arte**
Markt **il mercato**
Monument **il monumento**
Museum **il museo**
Opernhaus **il teatro dell'opera**
Palast **il palazzo**
Parlamentsgebäude **il Parlamento**
Pier **la banchina, il pontile**
Planetarium **il planetario**
Platz **la piazza**
Ruinen **le rovine**
Schlachtfeld **il campo di battaglia**
Schloss **il castello**
Stadion **lo stadio**
Stadt **la città**
Stadthalle **il municipio**
Statue **la statua**
Tempel **il templo**
Theater **il teatro**

Turm **la torre**
Universität **l'università** (*f*)
Zentrum (Stadt-) **il centro (città)**
Zoo **lo zoo**

20a Am Strand

Badekabine **la cabina**
Eimer und Schaufel **il secchiello e la paletta**
ich schwimme **nuoto [-are]**
ich surfe **faccio [fare] il surf**
ich tauche **mi tuffo [-are]**
ich windsurfe **faccio [fare] il windsurfing**
Küste **la costa, il litorale**
Liegestuhl **la sedia a sdraio**
Meer **il mare**
Sand **la sabbia, l'arena** (*f*)
Sandburg **il castello di sabbia**
Sandkorn **il granello di sabbia**
sandig **sabbioso, arenoso**
Schnorchel **il respiratore a tubo**
Sonnenschirm **l'ombrellone** (*m*)
Sonnenschutzmittel **la crema solare**
Strand **la spiaggia**
Strandball **il pallone da spiaggia**
Surfbrett **la tavola da surf**
Surfen **il surfing**
Tauchen **l'immersione** (*f*) **subacquea**
Taucher **il tuffatore, la tuffatrice**
Wasserski fahren **lo sci acquatico**
Windsurfen **il windsurfing**

20a Kontinente & Regionen

Afrika **l'Africa** (*f*)
Antarktis **l'Antartide** (*f*)
Arktis **l'Artide** (*f*)
Asien **l'Asia** (*f*)
Australasien **l'Australasia** (*f*)
Australien **l'Australia** (*f*)
Balkan **i Balcani**
die Baltischen Staaten **gli Stati Baltici**
Europa **l'Europa** (*f*)
die Europäische Union **l'Unione** (*f*) **Europea**
der Ferne Osten **l'Estremo Oriente** (*m*)
das ehemalige Jugoslawien **l'ex Iugoslavia** (*f*)
Mittelamerika **l'America** (*f*) **centrale**
der Mittlere Osten **il Medio Oriente**
Nordamerika **l'America** (*f*) **del Nord**
Osteuropa **l'Europa** (*f*) **orientale**
Ozeanien **l'Oceania** (*f*)
Skandinavien **la Scandinavia**
die ehemalige Sowjetunion **l'ex Unione** (*f*) **Sovietica**
Südamerika **l'America** (*f*) **del Sud**
die Westindischen Inseln **le Indie** (*f*) **occidentali**

20a Länder

Afghanistan **l'Afghanistan** (*m*)
Ägypten **l'Egitto** (*m*)
Albanien **l'Albania** (*f*)
Andorra **l'Andorra** (*f*)
Argentinien **l'Argentina** (*f*)
Belgien **il Belgio**
Bolivien **la Bolivia**
Bosnien **la Bosnia**
Brasilien **il Brasile**
Bulgarien **la Bulgaria**
China **la Cina**
Dänemark **la Danimarca**
Deutschland **la Germania**
Ecuador **l'Ecuador** (*m*)
England **l'Inghilterra** (*f*)
Estland **l'Estonia** (*f*)
Finnland **la Finlandia**
Frankreich **la Francia**
Griechenland **la Grecia**

Großbritannien **la Gran Bretagna**
Indien **l'India** (*f*)
Indonesien **l'Indonesia** (*f*)
Iran **l'Iran** (*m*)
Irak **l'Iraq** (*m*)
Irland **l'Irlanda** (*f*)
Island **l'Islanda** (*f*)
Israel **Israele**
Italien **l'Italia** (*f*)
Japan **il Giappone**
Jordanien **la Giordania**
Kanada **il Canadà**
Kenia **il Kenia**
Kolumbien **la Colombia**
Korea (Nord / Süd) **la Corea (del Nord / del Sud)**
Kroatien **la Croazia**
Kuba **Cuba**
Kuwait **il Kuwait**
Lettland **la Lettonia**
Libanon **il Libano**
Libyen **la Libia**
Litauen **la Lituania**
Luxemburg **il Lussemburgo**
Malaysia **la Malesia**
Marokko **il Marocco**
Mexiko **il Messico**
Mongolei **la Mongolia**
Neuseeland **la Nuova Zelanda**
Niederlande **i Paesi Bassi**
Norwegen **la Norvegia**
Österreich **l'Austria** (*f*)
Pakistan **il Pakistan**
Palästina **la Palestina**
Peru **il Perù**
Philippinen **le Filippine**
Polen **la Polonia**
Portugal **il Portogallo**
Rumänien **la Romania**
Russland **la Russia**
Saudi-Arabien **l'Arabia** (*f*) **Saudita**
Schottland **la Scozia**
Schweden **la Svezia**
Schweiz **la Svizzera**
Serbien **la Serbia**
Slowakei **la Slovacchia**
Slowenien **la Slovenia**
Spanien **la Spagna**
Sri Lanka **lo Sri Lanka**
Sudan **il Sudan**
Südafrika **il Sudafrica**
Syrien **la Siria**
Taiwan **il Taiwan**
Tansania **la Tanzania**
Thailand **la Tailandia**
Tibet **il Tibet**
Tschechische Republik **la Repubblica Ceca**
Türkei **la Turchia**
Tunesien **la Tunisia**
Uganda **l'Uganda** (*f*)
Ukraine **l'Ucraina** (*f*)
Ungarn **l'Ungheria** (*f*)
Uruguay **l'Uruguay** (*m*)
USA **gli Stati Uniti** (*Pl*)
Vietnam **il Vietnam**
Wales **il Galles**
Zaire **lo Zaire**
Zimbabwe **lo Zimbabue**
Zypern **Cipro**

20a Ozeane & Meere

Adriatisches Meer **l'Adriatico** (*m*)
Ärmelkanal **la Manica**
Atlantischer Ozean **l'oceano** (*m*) **Atlantico**
Golf von Biscaya **il golfo di Biscaglia**
Golf von Mexiko **il golfo del Messico**
Indischer Ozean **l'oceano** (*m*) **Indiano**
Mittelmeer **il (mare) Mediterraneo**
Nordpolarmeer **il mare Artico**
Ostsee **il Baltico**
Pazifischer Ozean **l'oceano** (*m*) **Pacifico**

20a Nationalitäten*

ägyptisch **egiziano**
algerisch **algerino**

* Im Italienischen stimmen Sprache und Nationalität (maskulin Singular) überein. Weitere Nationalitäten finden Sie unter Anh. 21a Sprachen

amerikanisch **americano**
argentinisch **argentino**
australisch **australiano**
belgisch **belga**
brasilianisch **brasiliano**
franko-kanadisch **francocanadese**
indianisch **amerindio**
indisch **indiano**
irakisch **iracheno**
iranisch **iraniano**
irisch **irlandese**
israelisch **israeliano**
kanadisch **canadese**
libanesisch **libanese**
marokkanisch **marocchino**
mexikanisch **messicano**
neuseeländisch **neozelandese**
österreichisch **austriaco**
pakistanisch **pakistano**
palästinensisch **palestinese**
saudi-arabisch **saudita**
schottisch **scozzese**
schweizerisch **svizzero**
südafrikanisch **sudafricano**
syrisch **siriano**

21a Sprachfamilien

Afro-asiatisch **afroasiatica**
Altaisch **altaica**
Australisch **australiana**
Chinesisch-tibetisch **sinotibetana**
Eskimoisch **Aleut, esquimese**
Indianisch **indiana nordamericana**
Indo-europäisch **indoeuropea**
- baltisch **baltica**
- germanisch **germanica**
- hellenisch **ellenica**
- indo-iranisch **indoiraniana**
- italiensch **italica**
- keltisch **celtica**
- romanisch **romanza**
- slawisch **slava**

Kaukasisch **caucasica**
Paleo-asiatisch **paleoasiatica**
Papua **papuasa**
unabhängig **indipendente**
Uralisch **uralica**
Zentral- **centrale**

*Sprachen***

Afrikaans **afrikaans**
Albanisch **albanese**
Arabisch **arabo**
Armenisch **armeno**
Baskisch **basco**
Bengali **bengali**
Bretonisch **bretone**
Bulgarisch **bulgaro**
Burmesisch **birmano**
Chinesisch **cinese**
Dänisch **danese**
Deutsch **tedesco**
Englisch **inglese**
Eskimosprache **esquimese**
Estnisch/Estländisch **estone**
Finnisch **finlandese**
Flämisch **fiammingo**
Französisch **francese**
Gälisch (Irisch) **gaelico irlandese**
Gälisch (Schottisch) **gaelico scozzese**
Griechisch **greco**
Hebräisch **ebraico**
Hindi **hindi**
Holländisch **olandese**
Indonesisch **indonesiano**
Isländisch **islandese**
Italienisch **italiano**
Japanisch **giapponese**
Koptisch **copto**
Koreanisch **coreano**
Kurdisch **curdo**
Lateinisch **latino**
Mongolisch **mongolo**
Norwegisch **norvegese**
Pandschabi **punjabi**
Persisch **persiano**
Polnisch **polacco**
Portugiesisch **portoghese**

** Im Italienischen sind alle Sprachen maskulin.

Rumänisch **rumeno**
Russisch **russo**
Schwedisch **svedese**
Slovakisch **slovacco**
Somali **somalo**
Spanisch **spagnolo**
Suaheli **swahili**
Tamil **tamil**
Thai **tailandese**
Tibetisch **tibetano**
Tschechisch **ceco**
Türkisch **turco**
Ungarisch **ungherese**
Urdu **urdu**
Vietnamesisch **vietnamita**
Walisisch **gallese**

21b Grammatik

Adjektiv **l'aggettivo** (*m*)
Adverb **l'avverbio** (*m*)
Akkusativ **l'accusativo** (*m*)
  Akkusativ- **accusativo**
Akkusativobjekt **il complemento oggetto**
Artikel **l'articolo** (*m*)
  bestimmter **determinativo**
  unbestimmter **indeterminativo**
Ausnahme **l'eccezione** (*f*)
bestimmt **definito**
Dativ **dativo**
Dativobjekt **il complemento indiretto**
Demonstrativ- **dimostrativo**
es stimmt mit ... überein **concorda [-are] con**
Fall **il caso**
Fallendung **la desinenza del caso**
Genitiv **il genitivo**
Geschlecht **il genere**
Interrogativ- **interrogativo**
Komparativ **il comparativo**
Konjunktion **la congiunzione**
negativ **negativo**
Nominativ **nominativo**
Objekt **l'oggetto** (*m*)
Plural **il plurale**
  Plural- **plurale**
Possessiv- **possessivo**
Präfix **il prefisso**
Präposition **la preposizione**
Pronomen **il pronome**
  Demonstrativ- **dimostrativo**
  Interrogativ- **interrogativo**
  Personal- **personale**
  Relativ- **relativo**
  unbestimmtes **indefinito**
Rechtschreibung **l'ortografia** (*f*)
Reflexivpronomen **il riflessivo**
  Reflexiv- **riflessivo**
Regel **la regola**
Satz **la frase**
Singular **singolare**
Subjekt **il soggetto**
Substantiv **il sostantivo**
Suffix **il suffiso**
Superlativ **il superlativo**
  Superlativ- **superlativo**
Übereinstimmung **la concordanza**
unbestimmt **indefinito**
Wortstellung **la costruzione della frase**
Zeitenfolge **la sequenza dei tempi**

Verben

Aktiv **la voce attiva**
Bildung **la formazione**
einfach **semplice**
Futur **il futuro**
Gebrauch **l'uso** (*m*)
Gerundium **il gerundio**
Hilfs- **ausiliario**
Imperativ **l'imperativo** (*m*)
Imperfekt **l'imperfetto** (*m*)
Infinitiv **l'infinito** (*m*)
intransitiv **intransitivo**
Konditional **il condizionale**
Konjunktiv **il congiuntivo**
Partizip **il participio**
Passiv **la voce passiva**
Perfekt **il passato prossimo**
Präsens **il presente**
Reflexiv- **il riflessivo**
  reflexiv **riflessivo**

regelmäßig **regolare**
schwach **debole**
stark **forte**
System **il sistema**
transitiv **transitivo**
unpersönlich **impersonale**
unregelmäßig **irregolare**
unvollständiges Verb **il difettivo**
Verb **il verbo**
Vergangenheit **il passato**
vergangen **passato**
Zeit **il tempo**
Zeitenfolge **la sequenza**
zusammengesetzt **composto**

21b Satzzeichen

Akzent **l'accento** (*m*)
Gravis / Akut **l'accento** (*m*) **grave / acuto**
Zirkumflex **circonflesso**
Anführungszeichen **le virgolette**
Apostroph **l'apostrofo** (*m*)
Ausrufezeichen **il punto esclamativo**
Bindestrich **il trattino**
Cedille **la cediglia**
Doppelpunkt **i due punti**
Fragezeichen **il punto interrogativo**
Gedankenstrich **la lineetta**
(in) Klammern **(fra) parentesi**
Klammer **la parentesi**
Komma **la virgola**
Punkt **il punto**
Semikolon **il punto e virgola**
Sternchen **l'asterisco** (*m*)
Umlaut **la dieresi**

22b Schreibmaterialien

Ablage für Ein-/Ausgänge **la cassetta per corrispondenza in arrivo / in partenza**
Akte **il farcicolo**
Aktenschrank **il casellario, lo schedario**
Bildschirm **lo schermo**
Blatt Papier **il foglio di carta**
Bleistift **la matita**
Briefumschlag **la busta**
Büroklammer **la graffetta**
Etikett **l'etichetta** (*f*)
Farbband **il nastro**
Filzstift **il pennarello**
Fotokopierer **la fotocopiatrice**
Füllfederhalter **la penna stilografica**
Geodreieck **la squadra a triangolo**
Gummiband **l'elastico** (*m*)
Hefter **la graffatrice**
Heftklammer **il punto metallico**
Heftzwecke **la puntina da disegno**
Karteikasten **lo schedario**
Kartusche **la cartuccia**
Klebeband **il nastro adesivo, lo scotch**
Klebstoff **la colla, l'adesivo** (*m*)
Klemmbrett **il portablocco a molla**
Kohlepapier **la carta carbone**
Korrekturflüssigkeit **il bianchetto**
Kreide **il gesso**
Kugelschreiber **la penna a sfera, la biro**
Leuchtstift **l'evidenziatore** (*m*)
Lineal **la riga, il righello**
Locher **la perforatrice**
Notizblock **il taccuino**
Notizbuch **il quaderno per gli appunti**
Papier **la carta**
Papierkorb **il cestino della carta straccia**
Papierschneider **la ghigliottina**
Radiergummi **la gomma da cancellare**
Ringbuch **il taccuino a fogli mobili**
Schere **le forbici** (*Pl*)
Schreibheft **il quaderno**

Schreibmaschine **la macchina da scrivere**
Schreibmaterial **la cancelleria**
Stempel **il timbro**
Stift **la penna**
Tageslichtprojektor **la lavagna luminosa**
Taschenrechner **la calcolatrice tascabile**
Terminkalender **l'agenda** (*f*)
Textbuch **il libro di testo**
Textmarker **il marcatore**
Tinte **l'inchiostro** (*m*)
Tintenpatrone **la carica d'inchiostro**
transparente Folie **il lucido**
Winkelmesser **il rapportatore**
Zirkel **il compasso**

23a Wissenschaftliche Zweige

angewandte Wissenschaften **le scienze applicate**
Anthropologie **l'antropologia** *(f)*
Astronomie **l'astronomia** *(f)*
Astrophysik **l'astrofisica** *(f)*
Biochemie **la biochimica**
Biologie **la biologia**
Botanik **la botanica**
Chemie **la chimica**
Geologie **la geologia**
Medizin **la medicina**
Mikrobiologie **la microbiologia**
Physik **la fisica**
Physiologie **la fisiologia**
Psychologie **la psicologia**
Sozialwissenschaften **le scienze sociali**
Technologie **la tecnologia**
Zoologie **la zoologia**

23b Chemische Elemente

Aluminium **l'alluminio** (*m*)
Arsen **l'arsenico** (*m*)
Blei **il piombo**
Chlor **il cloro**
Eisen **il ferro**
Gold **l'oro** (*m*)
Jod **lo iodio**
Kalium **il potassio**
Kalzium **il calcio**
Kohlenstoff **il carbone**
Kupfer **il rame**
Magnesium **il magnesio**
Natrium **il sodio**
Phosphor **il fosforo**
Platin **il platino**
Plutonium **il plutonio**
Quecksilber **il mercurio**
Sauerstoff **l'ossigeno** (*m*)
Schwefel **lo zolfo**
Silber **l'argento** (*m*)
Stickstoff **l'azoto** (*m*)
Uranium **l'uranio** (*m*)
Wasserstoff **l'idrogeno** (*m*)
Zink **lo zinco**

23b Verbindungen & Legierungen

Ammoniak **l'ammoniaca** (*f*)
Asbest **l'amianto** (*m*)
Bleioxyd **l'ossido** (*m*) **di piombo**
Eisenoxyd **l'ossido** (*m*) **di ferro**
es oxydiert **si ossida [-are]**
Essigsäure **l'acido** (*m*) **acetico**
Kohlendioxyd **l'anidride** (*f*) **carbonica**
Kohlenmonoxyd **l'ossido** (*m*) **di carbonio**
Legierung **la lega**
Messing **l'ottone** (*m*)
Natriumbikarbonat **il bicarbonato di sodio**
Natriumchlorid **il cloruro di sodio**
Natriumkarbonat **il carbonato di sodio**
Nickel **il nichel**
Ozon **l'ozono** (*m*)
Propan **il propano**
Salpetersäure **l'acido** (*m*) **nitrico**
Salzsäure **l'acido** (*m*) **cloridrico**

Schwefelsäure **l'acido solforico**
Silbernitrat **il nitrato d'argento**
Zinn **lo stagno**

23c Sternzeichen

Fische **Pesci**
Jungfrau **Vergine**
Krebs **Cancro**
Löwe **Leone**
Schütze **Sagittario**
Skorpion **Scorpione**
Steinbock **Capricorno**
Stier **Toro**
Waage **Bilancia**
Wassermann **Aquario**
Widder **Ariete**
Zwillinge **Gemelli**

23c Planeten & Sterne

Erde **Terra**
Großer Bär **l'Orsa** (*f*) **maggiore**
Halleyscher Komet **la cometa di Halley**
Jupiter **Giove**
Kleiner Bär **l'Orsa** (*f*) **minore**
Kreuz des Südens **la Croce del sud**
Mars **Marte**
Merkur **Mercurio**
Neptun **Nettuno**
Pluto **Plutone**
Polarstern **la stella polare**
Saturn **Saturno**
Uranus **Urano**
Venus **Venere**

24b Wilde Tiere

Affe **la scimmia**
Bär **l'orso** (*m*)
Biber **il castoro**
Bison/Büffel **il bufalo, il bisonte**
Dachs **il tasso**
Eichhörnchen **lo scoiattolo**
Eidechse **la lucertola**
Elch **l'alce** (*m*)
Elefant **l'elefante** (*m*)
Eisbär **l'orso** (*m*) **polare**
Frosch **la rana**
Fuchs **la volpe**
Gepard **il ghepardo**
Giraffe **la giraffa**
Gorilla **il gorilla**
Grizzly(bär) **l'orso grigio** (*m*)
Hase **la lepre**
Hyäne **la iena**
Igel **il riccio**
Jaguar **il giaguaro**
Kamel **il cammello**
Kojote **il coyote**
Kröte **il rospo**
Leopard **il leopardo**
Löwe **il leone**
Luchs **la lince**
Maulwurf **la talpa**
Maus **il topo**
Nerz **il visone**
Nilpferd **l'ippopotamo** (*m*)
Otter **la lontra**
Panther **la pantera**
Pavian **il babuino**
Puma **il puma, il coguaro**
Ratte **il ratto**
Rentier **la renna**
Rhinozeros **il rinoceronte**
Rotwild **i cervidi** (*pl*)
Schimpanse **lo scimpanzé**
Schlange **il serpente**
Tiger **la tigre**
Wal **la balena**
Wildkatze **il gatto selvatico**
Wolf **il lupo**
Zebra **la zebra**

24b Vögel

Adler **l'aquila** (*f*)
Albatros **l'albatro** (*m*)
Amsel **il merlo**
Buchfink **il fringuello**
Bussard **la poiana, il buzzago**

Drossel **il tordo**
Emu **l'emu** (*m*)
Falke **il falco**
Eisvogel **il martin pescatore**
Elster **la gazza (ladra)**
Eule **la civetta**
Kolibri **il colibrì**
Krähe **il corvo**
Mauersegler **il rondone**
Möwe **il gabbiano**
Papagei **il pappagallo**
Pelikan **il pellicano**
Pfau **il pavone**
Pinguin **il pinguino**
Reiher **l'airone** (*m*)
Rotkehlchen **il pettirosso**
Schwalbe **la rondine**
Schwan **il cigno**
Spatz **il passero**
Specht **il picchio**
Star **lo storno**
Steinadler **l'aquila** (*f*) **d'oro**
Strauß **lo struzzo**
Taube **il piccione, la colomba**
Wellensittich **il pappagallino ondulato**
Zaunkönig **lo scricciolo**

24b Körperteile (Tiere)

Euter **la mammella**
Feder **la penna, la piuma**
Fell **la pellicia**
Flosse **la pinna**
Flügel **l'ala** (*f*)
Haut, Leder **la pelle**
Huf **lo zoccolo**
Kamm **la cresta**
Kieme **il bargiglio, la branchia**
Klaue **lo zoccolo**
Kralle **l'artiglio** (*m*)
Mähne **la criniera**
Muschelschale **la conchiglia**
Pelz **la pelliccia**
Rüssel **la proboscide** (*f*)
Schnabel **il becco**
Schuppe **la scaglia**
Schwanz **la coda**
Stoßzahn **la zanna**
Vlies **il vello**

24c Bäume

Ahorn **l'acero** (*m*)
Apfelbaum **il melo**
Birnbaum **il pero**
Buche **il faggio**
Eibe **il tasso**
Eiche **la quercia**
Esche **il frassino**
Eukalyptus **l'eucalipto** (*m*)
Feigenbaum **il fico**
Kastanie **il castagno**
Kirschbaum **il ciliegio**
Nussbaum **il noce**
Obstbaum **l'albero** (*m*) **da frutto**
Olivenbaum **l'olivo** (*m*)
Palme **la palma**
Pappel **il pioppo**
Pfirsichbaum **il pesco**
Pflaumenbaum **il prugno**
Pinie **il pino**
Rhododendron **il rododendro**
Sequoia **la sequoia**
Stechpalme **l'agrifoglio** (*m*)
Tanne **l'abete** (*m*)
Weide **il salice**
Zypresse **il cipresso**

24c Blumen & Wildblumen

Azalee **l'azalea** (f)
Brennnessel **l'ortica** (*f*)
Chrysantheme **il crisantemo**
Dahlie **la dalia**
Distel **il cardo selvatico**
Farn **la felce**
Fingerhut **la digitale**
Geranie **il geranio**
Hortensie **l'ortensia**
Kaktus **il cactus**
Klee **il trifoglio**
Krokus **il croco**

Lilie **il giglio**
Löwenzahn **il dente di leone, il tarassaco**
Margerite **la margherita**
Mohn **il papavero**
Nelke **il garofano**
Orchidee **l'orchidea** (*f*)
Osterglocke **la giunchiglia**
Rose **la rosa**
Schlüsselblume **la primula**
Schneeglöckchen **il bucaneve**
Sonnenblume **il girasole**
Stiefmütterchen **la viola del pensiero**
Tulpe **il tulipano**
Veilchen **la violetta**

25a Politische Institutionen

Ausschuss **l'assemblea** (*f*)
Bündnis **la confederazione**
Föderation **la federazione**
Gemeiderat **il consiglio municipale / comunale**
Kabinett **il consiglio dei ministri**
Kommunalbehörde **il comune**
Kongress **il congresso**
Oberhaus **il Senato**
Parlament **il parlamento**
politische Partei **il partito**
Rat **il consiglio**
Rathaus **il municipio**
Repräsentantenhaus **l'Assemblea** (*f*) **Nazionale**
Schattenkabinett **il governo ombra**
Senat **il Senato**
Unterhaus **la Camera dei Deputati**
Verband **l'associazione** (*f*)
Zusammenschluss **la federazione**

25a Politiker

Außenminister **il Ministro degli Affari Esteri**
Innenminister **il ministro dell'interno**
Kanzler **il cancelliere**
Kongressabgeordneter **il membro del congresso**
Minister **il ministro**
Parlamentsabgeordnete(r) **il deputato, la deputata**
Parteivorsitzender **il segretario del partito**
Politiker **il politico**
politischer Führer **il capo, il leader**
Präfekt **il prefetto**
Präsident(in) **il / la presidente**
Premierminister(in) **il / la presidente del consiglio**
Senator(in) **il senatore, la senatrice**
Sprecher(in) **il / la portavoce**
Staatsoberhaupt **il Capo di Stato**
Vorsitzende(r) der Abgeordnetenkammer **il / la presidente della camera dei deputati**

27b Militärische Ränge

Admiral **l'ammiraglio** (*m*) **d'armata**
Brigadegeneral **il generale di brigata**
Feldmarschall **il maresciallo**
Feldwebel **il sergente**
General **il generale d'armata**
Kapitän **il capitano**
Kommodore **il commodoro**
Konteradmiral **l'ammiraglio** (*m*) **di divisione**
Leutnant **il tenente**
Luftmarschall **il generale di squadra aerea**
Major **il maggiore**
Oberfeldwebel **il maresciallo**
Obergefreiter **il caporale**
Soldat **il soldato**

27c Internationale Organisationen

ASEAN / Vereinigung südostasiatischer Nationen **l'Associazione** (*f*) **delle nazioni del sud-est asiatico / ASEAN**

Europarat **il Consiglio d'Europa**

Ministerrat **il consiglio dei ministri**

EG / Europäische Gemeinschaft **la Comunità Europea / CE**

EU / Europäische Union **l'Unione** (*f*) **europea / UE**

NATO / Nordatlantikpakt **l'Organizzazione** (*f*) **del trattato nord atlantico / NATO**

OECD / Organisation für wirtschaftliche Zusammenarbeit und Entwicklung **l'Organizzazione** (*f*) **per la cooperazione e lo sviluppo economico / OCSE**

OPEC / Organisation der erdölexportierenden Länder **l'Organizzazione** (*f*) **dei paesi esportatori di petrolio**

Sicherheitsrat **il consiglio di sicurezza**

UNO / Vereinte Nationen **l'Organizzazione** (*f*) **delle Nazioni Unite / ONU**

WHO / Weltgesundheitsorganisation **l'Organizzazione** (*f*) **mondiale della sanità / OMS**

Weltbank **la banca mondiale**

D

STICHWORTVERZEICHNIS

Stichwortverzeichnis

Die Zahlenangaben beziehen sich auf die Wortschatzliste

A

B

C

D

E

F

G

R

S

T